普通高等教育铁道部规划教材

铁路信息资源管理与规划

李学伟　主　编

马建军　主　审

中国铁道出版社

2009年·北　京

内 容 简 介

本书是普通高等教育铁道部规划教材，主要针对我国铁路信息化建设的发展规划，重点介绍铁路信息资源管理与规划的基础理论知识，并运用这些知识对现有典型铁路业务信息系统进行分析。全书共十章，主要包括信息资源基本概念、铁路信息资源建设与铁路信息化、铁路信息资源管理与规划内容、铁路信息资源相关技术、铁路信息资源分布、铁路信息资源共享、铁路信息资源利用、铁路信息资源安全与维护、Internet 铁路信息资源服务、典型铁路信息资源规划案例等内容。

本书为高等学校铁路相关专业的本科生与研究生教学用书，也可作为铁路相关专业高等职业院校的教材，并可供相关企事业单位业务与管理人员的学习和参考。

图书在版编目(CIP)数据

铁路信息资源管理与规划/李学伟主编．—北京：中国铁道出版社，2009.9

普通高等教育铁道部规划教材

ISBN 978-7-113-09991-6

Ⅰ．铁…　Ⅱ．李…　Ⅲ．铁路运输-信息管理-中国-高等学校-教材　Ⅳ．F532.1

中国版本图书馆 CIP 数据核字(2009)第 170162 号

书　　名：**铁路信息资源管理与规划**
作　　者：李学伟　主编

责任编辑：薛丽娜　　**电话**：010-51873134　　**电子信箱**：tdxuelina@163.com
封面设计：崔丽芳
责任校对：孙　玫
责任印制：陆　宁

出版发行：中国铁道出版社(100054，北京市宣武区右安门西街 8 号)
网　　址：http://www.tdpress.com
印　　刷：三河市华丰印刷厂
版　　次：2009 年 11 月第 1 版　　2009 年 11 月第 1 次印刷
开　　本：787 mm×960 mm　1/16　印张：13.25　字数：247 千
印　　数：1～3 000 册
书　　号：ISBN 978-7-113-09991-6/U・2500
定　　价：26.00 元

前　言

本书是普通高等教育铁道部规划教材，是由铁道部教材开发领导小组组织编写，并经铁道部相关业务部门审定，适用于高等院校铁路特色专业教学以及铁路专业技术人员使用。本书为铁路信息技术系列教材之一。

自20世纪90年代以来，信息技术的快速发展与广泛应用在给人类带来便利的同时，正从根本上改变员工的工作方式，从更深层次上影响着政府、企业的业务处理方法。企业信息化能赋予商务和生产活动更高的效率，借助信息网络技术给企业的创新、发展提供了新的机遇，给社会经济增长带来新的途径。

铁路是国家重要的基础设施，国民经济大动脉和大众化的交通工具，连接着社会经济的各个方面与相关行业。高水平的铁路信息化，能够提升方方面面的效率，带来巨大的经济效益与社会效益，也是铁路现代化的主要标志之一。自20世纪90年代以来，铁路信息化向系统化、网络化的多层次发展，逐步建成了覆盖运输组织、客货营销、经营管理领域的业务信息系统，形成了铁路运输生产实时性的网络系统。各类铁路业务信息系统的运用归根结底体现为各类业务信息的采集、存储、共享与应用，铁路信息化水平与铁路信息资源建设利用水平息息相关。

本书的总体目标是立足新世纪铁路信息化的总体发展规划，以铁路信息资源管理与规划的基本理论知识为基础，以现有铁路业务信息系统为案例，帮助学生了解铁路信息化与铁路信息资源的关系，重点掌握铁路信息资源的分布、共享、利用、安全与维护等内容，实现对铁路信息资源建设与开发利用的总体了解。

全书内容共十章。第一、二章叙述了信息、信息资源、信息系统的概念与关系，分析了铁路信息化与铁路信息资源建设的关联；第三、四章以信息资源管理理论为基础，结合目前网络协作与网络应用需求，描述了铁路信息资源管理与规划的具体内容，并介绍了信息编码、大型数据库、数据仓库以及信息检索等相关信息处理技术；第五、六、七、八章根据铁路信息资源管理与规划的具体内容，重点在铁路信息资源分布、共享、利用、安全与维护等方面进行了需求分析、方法描述；第九章针对 Internet 的普及应用，结合铁路业务，介绍了 Internet 铁路信息资源检索服务、铁路电子商务两方面的新应用领域；第十章以铁路客票发售与预订系统为案例，分析并阐述了此系统相关信息资源在分布、共享、利用、安全与维护等方面的解决方案，加强读者对铁路信息资源管理与规划内容的整体理解。

为能更好地辅助教师与学生的教与学，本书在逻辑架构、内容组织、案例选择与利用方法等方面进行了创新，强调实践性、方法性与探索性的融合，主要有如下四个特点。

(1)内容前瞻性与针对性强。教材内容充分反应了目前国际上在信息资源管理理论与应用上的最新进展，同时结合了当前铁路信息化进程中的具体需求、策略与方案。

(2)注重发展性与研究性。教材内容借鉴了近年来编写人员参加的一些铁路科技开发计划项目的研究成果，很多内容在阐述普遍方法基础上，也探索性描述了针对铁路发展趋势以及Internet社会需求而提出的正在发展应用中的研究结论。

(3)注重案例选择与利用的合理化。在案例选择上，抓住典型，选择了在社会上影响力较大、技术比较成熟的铁路客票发售与预订系统，便于师生结合中国国情进行分析，更具实践性，与理论内容配合较好。

(4)逻辑体系清晰，图文并茂，易于理解。系统性地安排各章各节的内容，章节之间富于逻辑，特别是在叙述知识点时，基本都以“产生背景与需求→定义→业务模式与业务流程→应用状况与事例”的主线来组织内容。

本书由北京交通大学李学伟主编，铁道部铁路信息化领导小组办公室马建军担任主审。编写分工如下：李学伟编写第一、二、九、十章；北京交通大学柯新生编写第三、四、八章；北京交通大学汪晓霞编写第五、六、七章。

本书适合作为高等学校铁路相关专业的本科生与研究生教学用书，也可作为铁路相关 企事业单位业务与管理人员的参考读物。

本书成稿历经一年多时间，期间得到了铁道部、北京交通大学相关部门的大力支持。虽然编者在编写过程非常努力，投入了大量心血，调研了大量国内外资料，但基于认知与精力有限，本书仍然存在很多不足，在此敬请读者提出宝贵意见，以期不断改进。

编　者

2009年4月

目　录

第一章
信息资源基本概念

【本章要点】 本章主要介绍信息以及信息资源等基本概念。首先,阐述了信息的基本概念及特征,从信息的生命周期、信息分类、信息与知识的关系等各方面入手,充分阐释信息的概念,并介绍铁路信息的概况。其次,详细介绍了信息资源定义及类型、特征、发展趋势,同时说明了铁路信息资源的概况。最后,从信息系统概念、应用、功能和结构,及其与信息资源的关系等方面对信息系统做了较全面的阐述,并介绍了铁路信息系统。

第一节　信　息

当今时代被称为是一个信息的时代,信息无处不在,无时不有。随着应用越来越广泛,作用越来越重要,信息作为一种重要的资源受到社会的广泛关注。信息普通存在于自然界和人类社会中,作为一种客观存在,从远古时期到当今社会,信息一直发挥着重要作用。然而人类对于信息的理解却经历了一个艰难的过程。

一、信息的基本概念及特征

(一)信息的基本概念

信息的概念源远流长,早在我国 2 000 多年前的汉代就有“信”字出现,这时候的“信”主要解释为音信、消息,这与我们现今社会日常生活中的信息的理解有些相似,但又不完全一样。

现代对于信息的理解始于 1928 年,当时哈特莱(Hartley)在一篇题为《信息传输》的文献中提出“信息是指有新内容、新知识的消息”,在这个定义中明确区分了消息和信息的界定。

经过多年的发展,信息的概念已经越来越广泛。各学科从不同的角度,不同的侧面出发表达信息的本质。下面简要介绍一下几个关于信息的主流基本概念。

1948 年,香农(Shannon)在《贝尔系统技术杂志》上发表的《通信的数学理论》中对信息进行了进一步详细的阐述,奠定了信息作为一门研究性学科的基础地位。在这篇论文中,香农认为,信息是通信的内容,是“用来消除未来的某种不确定性的东西”,信息的多少反映了所消除的不确定性的大小。通信的直接目的就是要消除接收端(信宿)对于发出端(信源)可能会发出哪

些消息的不确定性。

香农同时代的控制论创始人维纳(Wiener)则在他的《控制论》中提出:“信息是人们在适应客观世界的过程中与客观世界进行交换的内容的名称,是人与外部世界的中介。如果没有信息作为中介,人就会与外部世界隔绝,就不能认识世界和改造世界。”

1975 年,意大利学者郎高(G. Longo)在其出版的专著《信息论:新的趋势与未决问题》中指出:“信息是反映事物的形成、关系和差别的东西,它包含在事物的差异中,而不是在事物本身。”

1996 年,我国学者钟义信在《信息科学原理》一书中对各种信息说法进行了分析总结,认为定义信息时必须十分注意定义的条件,应当根据不同的条件区分不同的层次从而给出信息的定义。最高的层次是普遍的层次,也是无条件约束层次,叫做“本体论层次”;另一个是受主体约束的认识论层次。

从本体论的层次考察,信息被定义为“事物运动的状态以及它的状态的改变的方式”。在此,“事物”泛指一切可能的研究对象,包括外部世界的物质客体和主观世界的精神现象;“运动”泛指一切意义上的变化,包括物力运动、机械运动等;“运动方式”是指事物运动在时间上所呈现的过程和规律;“运动状态”则是事物运动在空间上所展示的性状与态势。由于空间一切事物都在运动,都有一定的运动状态和状态改变的方式,因而一切事物都在产生信息。

从认识论的角度考察,信息是主体所感知或者主体所描述的事物运动状态及其状态变化的方式。从这种角度来说,信息涵盖范围比较广泛,一般来说可以分为语法信息、语义信息、语用信息三种。语法信息指通过主体具有的观察力而获得的信息;语义信息是通过主体的理解领悟事物运动状态及其变化方式的逻辑含义而得到的信息;语用信息指通过主体很强的目的性,判断事物运动状态及其变化得到的信息。语法信息、语义信息、语用信息三者综合在一起构成认识论层次上的全部信息,即全信息。

除了上面介绍的几种说法,信息的概念定义还很多,这里就不一一介绍。在不同的场合需要从不同角度和立场了解信息的基本概念。

(二)信息的特征

不管信息如何定义,信息一般都具有如下特征。

1. 普遍性

前面提到信息是事物运动的一种状态和状态改变的方式,只要物质存在,有事物运动,就会有相应运动的状态和方式,就存在着信息,因而信息的这种普遍性是不言而喻的。在日常生活中,人们每时每刻都与信息打交道,这其中包括接收信息、加工信息和利用信息等。

信息的普遍性主要可以归结为两方面:一是信息不仅存在于人类社会、自然界,也存在于没有控制技术装置的无生命界;二是信息源远流长,与整个物质世界共存。

2. 客观性

信息是客观事物的反映,是以客观存在为前提。因此信息是客观存在的,不因人的主观意

识而改变,即使是主观信息(如决策、指令等),也有它的客观内容。

3. 主观性

信息在具有客观性的同时也具有主观性。这一点并不矛盾,信息的存在是客观的,但是同一信息对于不同的人来说则有很大的主观性。通常所说的"一千个人读哈姆雷特就会有一千个哈姆雷特"就是信息主观性的一种体现。

4. 价值性

信息是具有价值的,即信息能够满足人们在某些方面的需求,为社会服务,甚至在某些方面或一定程度上信息可以直接代替物质和劳动力资源。

信息的价值需要通过实际的需求来体现,如汇率的波动信息对于银行具有很高的价值,但对于业务基于国内食品加工的工厂来说汇率信息价值不大。因此,在现代的企业中,如何建立合适的信息价值体系是对企业高层的严峻考验。信息部门在对内发布有关信息时,需要按照不同的对象有选择地发放,以确保信息价值的最大化,避免信息资源的浪费,减少工时成本,提高效率,同时有利于加强信息的保密性。

5. 动态性

从信息产生的角度看,信息所表示的是特定时刻事务存在和运动的方式,由于事务的不断变化性,信息所表示的特定时刻、特定地点就是动态的。因此信息就具有动态性,其所有的内容及效用会随时间的推移而改变,也就形成了信息的另一特性——时效性,两者是相互关联,互不分开的。

6. 时效性

信息的时效性是指信息从发生、接受到利用的时间间隔及效率。信息的使用价值与其所提供的时间成反比,时间的延误会使信息的使用价值衰竭,甚至完全消失。

因此,人们在信息活动中要注意鉴别信息的"寿命",获取有效的信息,而不是过时的信息。同时,要认识到获得信息后不能就此满足,更不能有一劳永逸的思想,要注意不断对其更新。

另一方面注意信息的时效性并不意味着对产生出来的信息越早使用越好,这中间并没有必然的因果关系。信息越早使用固然可能实现其效用价值,但相反的情况亦屡见不鲜。随着时间的推移,某些信息可能像陈年的酒一样不断增值。处理信息的关键是要掌握时机,只有时机合适,信息才能充分发挥其价值。

7. 整体性

信息具有整体性,零碎的、片段的信息不仅没有价值,而且会造成误导,无益而有害。因为片面信息而导致的不良后果在日常生活中是十分常见的,最典型的例子就是在一些会议中人们只抓住其中一两个词语就大做文章,带来十分严重的不良影响。

只有当那些零碎的、片段的、零散的信息集成后,形成对客观事物的较完整概念时,它们的作用才真正得以发挥,并且可能会产生数倍的增值。因此,应当从系统的观点出发考察信息、收集信息、整合信息。

8. 层次性

信息的层次性是系统层次性的一种反映。例如,组织机构的管理信息就可分为战略管理层、策略管理层、操作管理层三部分,如图 1-1 所示就像一个金字塔,自下而上,信息的价值越来越大。实践中,只有合理地确定了信息的层次,才能正确地确定信息需求的范围、信息的处理方法,建立既相互区别、又相互联系,具有不同结构与功能的信息系统,来有效地完成相应的工作。

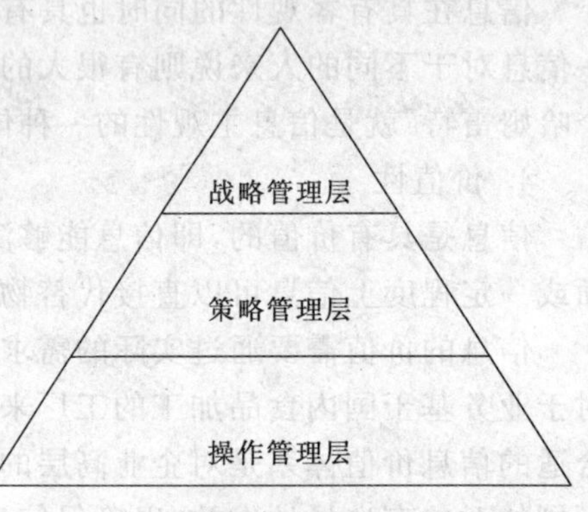

图 1-1　组织机构的管理信息层次

9. 依附性

信息的依附性是指信息的表示、传播、储存等过程必须依附于某种载体(如纸张、胶片、光盘等),并且信息与其对应的载体是不可分割的。因而从某种意义上说,没有信息载体,也就没有信息。

信息的载体是可以变换的,同一个信息可以依附不同的载体。例如,同样是一条会议纪要信息,人们可以通过纸张将其记录,也可以通过计算机硬盘将其保存。

10. 传递性

传递性是信息的另一个重要特征。信息的传递是通过信道来进行的,信源发出信息后,经由信道传递至信宿。这种传递可以指时间上的,也可以是空间上的。时间上的传递就形成了存储,而空间上的传递则形成了通信。存储和通信都是现代社会中信息传递研究的重点。

如图 1-2 所示的是一个典型信息传递图,但信息的传递手段和方式多种多样,同一信源可以把一条信息提供给多个信宿,每个信宿也可以从多个信源接收信息。在信息传递的过程中,信息传递速度的快慢对于信息的时效性和价值性至关重要,所以才会有“时间就是金钱,时间就是生命”的说法。

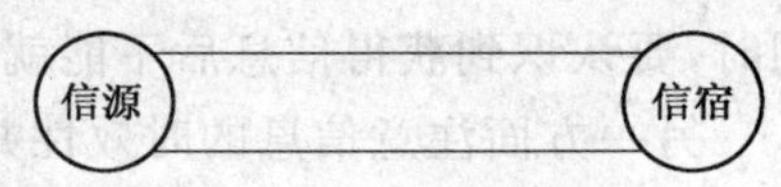

图 1-2　信息的传递

11. 共享性

信息的共享性是信息区别于物质的一个重要特征,在信息的众多特性中需要格外注意。在物质的交换中主要遵循物物交换的原则,即一方所得的正是另一方所失;而在信息交换的过程中,由于信息的共享性,信息不但可以被信源和信宿共享,还可以被众多的信宿共享,也就是说信息交换的双方不会失去其原有的信息,不仅如此信息还有可能因为这种交换而增值。正如英国剧作家、评论家萧伯纳曾经所说:“如果你有一个苹果,而我也有一个苹果,交换一下,我们各自仍然只是拥有一个苹果;但是思想则不一样,如果你有一个思想,我也拥有一个思想,交换一下,我们就都有了两个思想,甚至更多。”因此,信息的共享性有利于信息的扩散,使得信息资源得到比物质资源更广泛的开发利用。

12. 可存储性

信息的客观性决定了信息具有可存储性。有时加工处理后的信息并非立即要用，或者当时用了以后还可作参考，这样就可以把信息进行存储以备以后使用。信息的存储介质很多，包括纸张、光盘、硬盘等。信息的可存储性使人们能够搜集信息并对其进行系统的、全面的研究和分析。

13. 可加工性

人们对信息的需求往往具有一定的选择性，为了更好地开发和利用信息，需要对大量的信息用科学的方法进行筛选、分类、整理、概括、归纳，使其精炼浓缩，排除无用信息，选取自己所需要的信息，这就是信息可加工性的表现。

14. 可再生性

信息的再生性，使它成为人类社会取之不尽、用之不竭的资源。信息的可再生性包括两方面的含义：一是信息作为客观事物的一种反映，它为人们所接受、认识的过程，也是客观事物的再现过程；二是信息的内容可以物化在不同的载体上，传递过程中经由载体的变化而再现相同的内容。

15. 可增值性

信息的增值性一方面是指信息在使用的过程中会产生价值，另一方面是指信息在传输和扩散的过程中会不断丰富。信息的主要作用在于有利于信息的持有者进行决策，利用信息创造机会和价值，而信息在不断传输或存储的过程中会有所变化从而得到增值。信息的增值性是信息越来越受到重视的重要原因。信息的增值性和再生性，使“变废成宝”成为可能。

美国一家超市通过其对啤酒和尿布的历史销售数据(信息)的分析，发现周末啤酒销量特别好，但是奇怪的是啤酒销售好的同时往往尿布的销售也很好，后来通过某些渠道得知原来周末的时候往往是男人放假在家休息，喜欢一边喝啤酒一边看足球，而这个时候往往要兼顾起照顾小孩的任务，所以男人们买酒的时候往往也会一起买上尿布，后来超市就把尿布放在啤酒边上卖，结果尿布销量大增。这就是信息增值性的体现，是决策者应当格外注意的地方。

二、信息的生命周期及其分类

(一)信息的生命周期

生命周期的概念应用很广泛，其基本含义可以通俗地理解为一个事物“从摇篮到坟墓”的整个过程。信息作为一种客观存在的事物也符合这样的生命周期理论。如图 1-3 所示信息从产生到消亡需要经历需求、获得、服务和退出四个阶段。

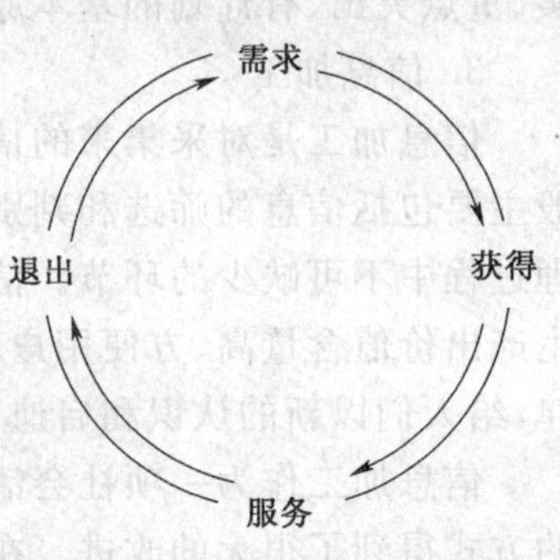

图 1-3 信息生命周期图

其中，需求阶段是信息孕育的阶段，是根据信息所需达到的目标，确定信息类型和结构的过程；获得阶段是将信息采集、传输、转换，并使之最终达到使用要求的过程；服务阶段是指把信息存储起来，以支持使用者各种管理活动和决策的过程；而退出阶段则是信息老化以后，失去了价值，对其进行更新或销毁的过程。

信息生命周期的各个阶段又可细分为多个子过程，这些子过程主要包括信息的需求分析、采集、加工、传输、存储、维护以及使用等部分，如图 1-4 所示。

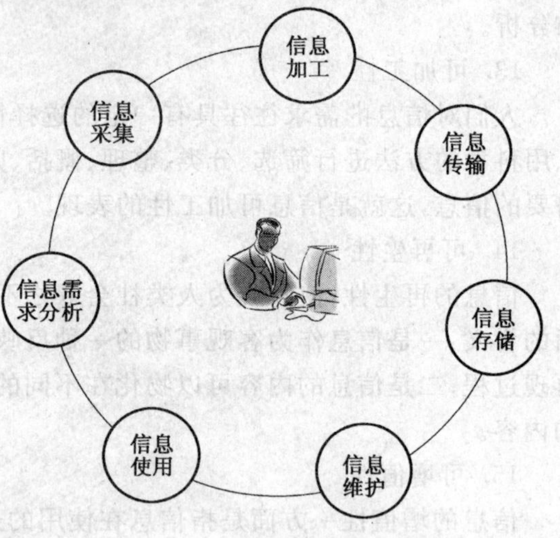

图 1-4　信息生命周期子过程图

1. 信息需求分析

需求是信息产生之本，没有需求就没有信息的产生，有了需求才有信息生命周期后面各个部分的存在。对信息进行相应的需求分析工作是十分必要的，通过分析，可以得到适用性较高的信息。

2. 信息采集

信息采集是信息应用的前提，是为了更好地掌握和使用信息，为了全面理解和把握信息采集的概念、特点、原则和过程，需要从广义和狭义两方面来研究信息采集。广义上看，信息采集研究所有与获取信息、汇聚信息活动相关的过程和方法，范围涉及整个人类社会，并不反映管理领域和管理信息系统的信息采集特点；狭义上看，信息采集的领域是管理领域，采集到的信息对象与管理信息系统密切关联。

信息采集一般分为动态信息采集和静态信息采集两种：动态信息是指直接从信息源中发出，尚未用文字符号或代码记录下来的信息；静态信息是指经过人的思维加工并用文字符号或代码记录下来的信息。

不管是哪种采集方式，为了保证所采集信息的质量，在信息采集时都应坚持及时、全面、真实、重点突出、有计划的基本原则。

3. 信息加工

信息加工是对采集来的信息进行去伪存真、去粗取精、由表及里、由此及彼的加工过程，一般主要包括信息的筛选和判别，信息的分类和排序，信息的分析和研究等。信息加工是信息管理过程中不可缺少的环节。信息经过加工后一般会使信息产生增值，会在原始信息的基础上，生产出价值含量高、方便用户利用的新信息。经过加工的信息，一般更能揭示信息的本质和规律，给人们以新的认识和启迪。

信息加工作为一项社会活动，是伴随着信息的出现而产生的。经过多年的发展，信息加工的方式得到了很大的改进。在夏商时代，人们利用甲骨文和竹简这些原始的加工手段对信息进行加工；在汉代，人们开始利用纸笔来加工处理信息；到了现代，人们利用计算机来加工处理

信息。信息的加工千变万化、纷繁芜杂，没有一个固定的方式，需要根据用户的具体需求和相关规范等条件进行相应的信息加工处理。在信息加工过程中，需要实事求是地对信息进行加工整理，为了做好信息加工工作，在信息加工过程中应该遵循一些基本原则，这些基本原则包括优化原则、效果和成本平衡原则等。

4. 信息传输

信息传输是指存储的信息或已加工的信息经信道流向信宿的过程，是信息应用中不可缺少的部分，尤其是在全球化“地球村”形成的今天，如何实现信息安全、有效的传输更成为信息研究的重点。

我国铁路部门遍及全国各地，涉及范围十分广泛。在这样大的范围之内，如何能够使铁路各种信息及时、准确的传输是铁路信息化研究的重点之一。

5. 信息存储

信息存储，顾名思义是将信息保存起来以备将来之需。信息存储主要解决的问题包括确定为什么要存储、以什么方式存储数据、存储到什么介质上、将来如何取用、对决策有何影响等。信息存储是信息化的重要方面，在今天信息爆炸性增长的时代，如何正确存储信息，以节省信息存储成本、加快信息检索速度，成为企业面临的问题之一。

为了做好信息存储工作，确保信息存储合理、有效，在信息存储工作的整体规划中应该遵循安全性、一致性、有序性、效率性、便利性、节约性的基本原则。

6. 信息维护

信息维护的主要目的是保护信息的准确、及时、安全和保密，使信息时刻处于可用状态，并且及时处理过时的信息。狭义上讲信息维护主要指经常更新存储器中的数据；广义上讲它包括系统建成后的全部数据管理工作。这是信息管理中的重要一环，没有好的信息维护，就没有好的信息使用，也没有好的信息信誉，尤其在我国，当前有重使用轻维护的倾向，信息维护的重要性需要充分强调。

7. 信息使用

信息使用是指管理人员利用管理信息系统提高管理效率、发现管理问题、识别管理机会的过程，是实现管理信息系统目的的主要环节。信息使用一般包括两个方面：一是技术方面，二是价值转化方面，这是信息管理中的主要部分。

(二)信息的分类

信息所包含的内容是多种多样的，可以从不同的角度进行划分。信息分类的目的是为了认识信息的性质和特征，以便描述信息和处理信息。无论从什么样的角度进行划分，不同种类的信息之间并没有绝对的界限，彼此间互有交叉重叠。下面列举几种常见的信息分类方式。

1. 按信息的来源划分

按信息的来源划分，信息可以分为内部信息和外部信息两种。目前，一些新闻信息是以这种方式划分的，例如，如图 1-5 所示武汉铁路局的新闻中心就是按照这种原则将新闻划分为局内新闻、路内新闻和社会新闻的。

图 1-5　武汉铁路局网站新闻

2. 按信息的获取方式划分

按照信息的获取方式可以划分为直接信息和间接信息两种。直接信息是指从人们的直接经验或者亲身实践中获得的信息；而间接信息是指从间接经验即利用他人的实践和认知成果获得的信息。

3. 按信息加工层次划分

按信息的加工程度划分为三类信息：一次信息、二次信息、三次信息。

一次信息是现实中所发生事件的原始记录，亦即原始信息　认信息一般是大量的、零星的、分散的、无规则的。因此在存储、检索、传递和应用方面存在困难，依据人们的能力和需求，其质量与价值有多重表现。

二次信息是为了更有效地利用一次信息，对其进行加工处理形成的信息。文献信息就是一种常见的二次信息，这种信息已呈现有序的、有规则的特征。

三次信息组成的服务是系统地组织、压缩和分析一次和二次信息的结果，是通过二次信息提供的线索对某一范围的一次信息、二次信息进行分析、综合研究、核算加工所生成的信息。例如财务报表等，是人们深入研究的结晶。

4. 按信息的传输存储的载体划分

按信息载体介质划分可分为纸介质信息、磁介质信息、光介质信息和生物介质信息等。

5. 按信息的应用领域划分

按信息应用领域划分可分为经济信息、管理信息、科技信息、政务信息、文化信息和军事信息。

经济信息是在经济活动过程中形成的。在原始的物物交换中，信息还只是隐含在各种具体商品中。随经济生活的发展，信息逐渐脱离了其具体载体，成为抽象的一般等价物，首先是货币，然后是各种有价证券，最后到现代的电子货币。在各种经济管理与经济活动中，还有繁多的其他形式的经济信息，国家经济政策法规信息、新技术开发与应用信息、生产经营信息、劳动人事信息、商业贸易信息、金融投资信息、市场需求信息等等都是经济信息。

管理信息是指各行业各个层次管理与决策活动所需要的信息。如人事、工资、计划、财务、统计等多方面的内容，以及经济、政治等外部信息。

科技信息从内容性质上看有两部分：一是科学技术成果与科研方法等知识信息；二是科学研究计划管理等工作活动的信息。科技信息较多地通过报刊、电视网络等媒介传递。知识经济时代，科学技术构成经济发展的重要因素，经济分析离不开科技信息。

政务信息是指政府机关活动产生的信息，如方针政策、法规条例、政府决议、公报条约、国际往来、社会状况及日常活动等形成政务信息。政务信息多以文件形式传播。政务活动对人类的其他活动都有影响，经济管理决策也离不开政务信息，这是信息管理与信息开发人员不容忽视的一个方面。

文化信息是一个广泛的含义，包括人类创造的物质文明和精神文明的总和。这里指教育、体育、文学、艺术等有关信息。

军事信息包括国防、战争等与军事活动有关的信息，如国防与军队的现代化建设、武器研制、战略战术研究等。

不管如何对信息进行分类，目的只是为了便于对信息的管理，各种类型的信息是相互交融、相互关联的。工作中，应把握住信息的特征，尤其信息的整体性特征，用系统思想指导我们的信息管理工作。

三、信息与知识

(一)知　识

从前面的介绍可知，信息从广义上讲是事物运动时发出的信号所带来的消息，是事物存在方式和运动规律的一种表现形式。信息是存在于我们意识之外的东西，它普遍存在于自然界、社会界以及人的思维之中，是客观事物本质特征千差万别的反应。而知识存在于我们大脑之中，它是与不确定性相伴而生的，我们一般是用知识而不是信息来减少不确定性。

一般说来，知识是人们对自然现象与自然现象中规律的认识和描述，从某种意义上讲，是人们对客观事物和规律的认识。知识一般可以分为理性知识和感性知识两类。理性知识是对客观事物本质和规律的认识，是经过思维加工以后构成的知识体系；而感性知识则是对客观事物的描述和对具体现象、事实的感知，是没有加工过的知识。

知识和信息是对客观事物认识的不同阶段的反映。信息是对数据进行组织从而具有结构,具有意义。知识则更进一步,是具有因果关系的信息,是信息经过人脑的创新产生的,它能够预测未来,指导人们做什么。如果说信息是有序的经过组织的数据,知识则是经过人脑加工的反映事物之间联系的原理、规律和诀窍等。

把握知识和信息的关系,要从两方面进行。首先,从信息的流动性出发,知识进入了传播状态就成了信息,或说信息是流动形态的知识。这如同产品和商品的关系一样,商品首先是产品,只不过具有流通性;产品一进入市场流通体系就成了商品。同样知识进入传播体系变为流动形态就是信息。其次,从知识和信息的相对性出发,知识和信息是相对的,对于某个个体来说,可能是信息,而对另一个个体来说可能就是知识了。知识进入传播即信息,经过创新加工变成知识,再传播变为信息,再创新变为知识,如此源源不断。并非所有知识都可以转化成信息,有些知识却难以转化成信息,如诀窍、工作经验等。由此看出,信息是知识的流动形态,知识包括信息。

(二)信息经济

每一次社会的变革必然会带来经济形态的相对改变。早在20世纪中叶,国外许多社会学家和经济经济学家对当今世界的经济形态进行了卓有成效的分析和研究。随着信息作为一种基本资源在现代社会发展中的重要性越来越显著,社会经济结构发生了重大变化,导致了信息经济的出现。信息经济作为一种新生的经济形态,是20世纪40年代开始,20世纪70年代加速,20世纪90年代全面展开的信息革命的产物。

信息经济是以信息资源为基础,以信息技术为手段,通过生产知识密集型的社会产品和信息服务来把握经济增长、社会产出和劳动就业的一种新型的经济形态,它被认为是继农业经济和工业经济之后的最现代化的经济形态。信息经济社会是信息产业高度发达并在产业结构中占据优势的社会,它反映了从可触摸的有形物质产品起主导作用到难以触摸的信息产品起主导作用的根本性转变。

信息经济和以往的经济形态最大的区别在于资源利用的不同。在农业社会和工业社会的经济形态中,物质和能源是主要资源,所从事的是大规模的物质生产,而在信息经济中,信息成为比物质和能源更为重要的资源,以开发和利用信息资源为目的信息经济活动迅速扩大,逐渐取代工业生产活动而成为国民经济活动的主要内容。信息经济在国民经济中占据主导地位,并构成社会信息化的物质基础,而以计算机、微电子和通信技术为主的信息技术革命是社会信息化的动力源泉。

在信息经济时代,人们的社会生活和经济生活都发生了急剧变化,这些变化主要表现在以下几方面。

1. 经济运行的直接化

信息经济以前的工业经济中,经济呈现一种迂回的形式。信息经济则回到了农业经济形态中的直接经济。信息经济中的这种直接经济,缩短甚至消灭生产和消费之间的时空距离,不

仅使经济活动可以全天候运作，而且使经济结构的中间层次趋于消失。

2. 经济运行的全球化

由于信息的快速传递，消除了时间和空间的限制，促使企业完全进入市场化，按照市场经济的规律运作，成为全球一体化。

3. 经济运行的高效性

在信息经济时代，知识资本获得历史地位，成为价值增值的主要因素。建立在这种高知识、高集成、高资本、高性能基础上的信息经济成为真正的高速发展的经济形态。

(三)知识经济

知识经济是一种经济形态，是以知识为基础的经济，简称知识经济。知识经济概念的出现，源于经济学家对经济危机产生原因和保持经济持续增长的条件的思考；知识经济的诞生是以计算机技术和通信技术为两大支柱的现代信息技术的兴起所带来的必然结果。

国际经济合作发展组织对知识经济的定义为：知识经济是以知识为基础的经济，是建立在知识和信息的生产、分配和使用之上的经济形态。

在知识经济这种经济形态中，知识是经济发展的主导因素，具有如下的基本特征。

1. 信息产业是知识经济的基础

以信息产业为中心包括知识的生产、传播和使用的知识产业是知识经济的主要产业，信息产业的增长和发展将成为促进国民经济增长的主要因素。只有信息产业达到一定的水平，知识经济才能充分发展。

2. 信息资源管理是知识经济管理的主要方面

在知识经济时代，由于信息资源是可以共享的，因此很容易引出侵犯知识产权、个人隐私等问题，这些都要求加强信息资源的管理。

3. 知识和人才成为提高生产率的决定性因素

随着知识成为生产力发展的关键要素以及生产的高度自动化，知识劳动力的需求逐渐上升，作为生产的主要要素的社会劳动力结构发生根本的变化，知识和人才成为提高生产率的决定性因素。

总之，知识经济作为一种发展中的经济形态，至少包括生产、消费和分配等层面，在这些层面上知识都是起主导作用的。

信息经济与知识经济是时代发展的不同阶段，知识经济是信息经济发展的最终方向，信息经济是知识经济的初级阶段。作为信息经济的高级阶段，知识经济是信息经济的发展和延续。知识经济反映了社会经济发展的趋势，是当今时代经济特征的概括和总结。

四、铁路信息

(一)铁路信息现状

铁路信息顾名思义是指在铁路运输活动中产生的原始性、基础的数据，以及按照不同系统

的需求加工而成的数据产品和相关信息。

铁路生产运营系统日复一日地生产着大量的信息，车、机、工、电、辆等各种反映不同时间、不同地点的大量运输信息被沉淀在了各部门的数据库中。大量的铁路信息数据或以原始的形态保存，或被加工成半成品储存起来。目前，铁路信息的处理方式还存在着一定的缺陷，例如，数据资源的分布不合理、数据资源的应用不充分等。

铁路信息虽然得到了一定的利用（如在客票信息方面，实现了联网售票），但这种利用还是有限的、不完善的，尤其是在将信息加工成更高形态的知识，进而成为决策的依据，还只是处于探索阶段。这种铁路信息处理的不足，直接影响了铁路信息化建设的效果与发展进程。例如，铁路部门虽然建立了面向社会 Internet 网站，但目前客户大多时候并不一定能从网站中查询到自己想要的信息，这主要是因为网站后台没有大量科学、实用的信息支持，铁路业务生产中产生的相关信息没有及时合理地组织和运用。

虽然公路、航空等其他的交通方式也有了很大的发展，但是铁路仍是我国大多数人出行的一种最主要的方式。因此，为了促进铁路事业的发展，有必要对铁路信息进行分析、整理、加工，从而增加旅客出行的便捷性，降低铁路部门的运营成本，提高工作效率，促进铁路整体效益的增长。

（二）铁路信息的特征

铁路信息具有信息的普遍特征，但也具有特殊性。处理铁路信息时需要格外注意铁路信息与其他信息的区别，铁路信息的主要特征包括以下几个方面。

1. 海量性

顾名思义，海量性是指铁路信息的内容十分庞大。仅就中国而言，到 2008 年底，铁路总里程达 7.9 万 km。这样一个庞大的系统，其产生的信息量可谓巨大。

2. 广域性、分散性

我国铁路布局广阔，涵盖 18 个铁路局（集团公司），每个铁路局（集团公司）又包含了众多基层站段，这就使得其信息获得范围十分广泛。

3. 强流动性

铁路信息的流动性是指信息在铁路各部门、各系统之间的传输、交换等活动。铁路各部门之间的这种信息的流动是广泛存在的，而且经常是跨区域的，如图 1-6 所示，不仅铁路局与铁道部之间存在着信息流动性，各个铁路局之间、铁路局的各个系统之间也都存在着信息的流动。

4. 频繁交换性

信息之间流动的主要目的之一就是实现信息交换。在铁路系统中，信息的这种交换性尤其频繁，这与铁路生产岗位的分散性、运输活动的高度协同性、配合性以及铁路运输管理机构的层次性和运输系统的开放性是分不开的。铁路信息的这种交换频繁性主要体现在以下三方面。

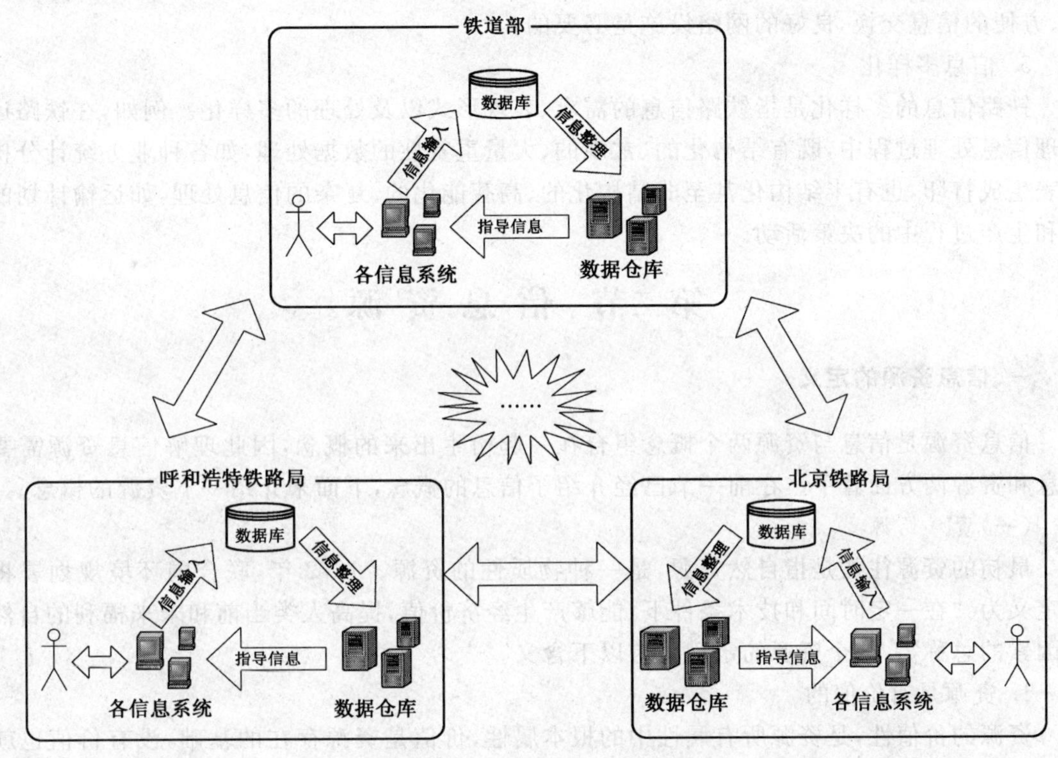

图 1-6　铁路信息流动图

(1)铁路局内各系统之间的信息交换。各铁路局内部存在着诸多的系统,各系统之间存在着频繁的信息交换。例如,铁路运输管理信息系统、机务管理信息系统、车辆管理信息系统之间的信息交换。运输管理信息系统接到运输请求,需要与车辆管理信息系统交换相关车辆信息,确定是否有空闲车次可以完成此次任务,并需要与机务管理信息系统进行联系,查询有关乘务组人员信息,然后才能对整个运输任务进行调度。

(2)铁路局之间的信息交换。随着网络技术的快速发展,各铁路局之间的信息交换也变得相当频繁。例如,武汉铁路局需要增开汉口至北京方向的列车,那么它首先需要从北京以及沿途所经各铁路局查询站台、铁道线路相关信息,确定是否和其他车辆冲突,如果存在冲突,则返回信息至武汉铁路局,武汉铁路局再根据返回信息对车次进行调整。

(3)铁路局与铁道部之间的信息交换。各铁路局与铁道部之间的信息交换也是十分频繁的。例如,各铁路局的人力资源部门通过人事管理信息系统将人员信息传到铁道部,铁道部收到人事信息以后,进行统一整理、统一调度,如果某个铁路局出现人员不足等状况,铁道部根据情况进行相关调度。

由于铁路信息这种频繁交换性的存在，为了实现相关部门、单位、工种和岗位之间完善、通达、方便的信息交换，良好的网络设施是必要的。

5. 信息多样化

铁路信息的多样化是指铁路信息的需求、表现形式以及处理的多样化。例如，在铁路运营管理信息处理过程中，既有结构化的、常规的、大量重复性的数据处理，如各种业务统计分析和报表生成打印，也有半结构化甚至非结构化的、高智能化的、复杂的信息处理，如运输计划的编制和生产过程中的决策活动。

第二节　信息资源

一、信息资源的定义

信息资源是信息与资源两个概念组合在一起衍生出来的概念，因此理解信息资源需要从信息和资源两方面着手。在前一节已经介绍了信息的概念，下面来介绍一下资源的概念。

(一)资　　源

最初的资源往往是指自然资源，是一种物质性的资源。1972 年，联合国环境规划署将资源定义为："在一定时间和技术条件下，能够产生经济价值，提高人类当前和未来福利的自然环境因素的总称"。这个资源的定义具有以下含义。

1. 资源是有价值的

资源的价值性，是资源所有属性中的根本属性，价值是资源存在的基础，没有价值也就不能称之为资源。资源的价值性的主要体现在经济上，可以提高人类当前和未来的福利水平。例如，水是人类最常见的资源，水可以用来灌溉、发电，如果水的这些利用价值都没有了，就不能称之为资源。

2. 资源是可感知的

早期的资源定义都是指自然资源，不管是水、矿藏，还是森林，这些资源总是实实在在存在的，是可被人们可感知的东西。

3. 资源是自然存在的

资源是自然存在的，是大自然的赠与，是人类制造的，人力所做的是发现并且利用它为人类带来利益。

随着资源内涵与外延的扩充与延伸以及资源概念使用范围的拓展，人们从不同的角度赋予其不同的含义。

现在，人们普遍认为材料、能源、信息是现实世界三项可供利用的宝贵资源。资源的定义发生了很大的变化，现代的资源已经不仅仅局限于自然资源这些可见的、可感知的、自然存在的资源，还包括社会、技术等人类创造的，与人类生活离不开的资源。在传统经济中，人们对资源的争夺主要表现在自然资源(如争夺对土地、矿藏的占有权)。而今天，随着社会的不断发

展，信息的重要性也与日俱增，信息资源逐渐成为人们争夺的重点。以智力资源为主要依托的知识经济是世界经济发展的必然趋势，并且是不以人们的主观意识为转移的。

(二)信息资源

信息资源是信息和资源衍生的概念，兼具两者的特点，却并不是简单的累加，存在的一定的区别，尤其是在作为一种科学研究对象时，更需要严格区分三者的关系。信息是普遍存在的，但这些普遍存在的信息并非全都是信息资源，只有满足一定条件的信息才能称之为信息资源。信息资源作为众多资源中的一种，是有其自身的特点的，只有抓住信息资源自身的特点才能更好地利用信息资源为人类创造更大的财富。信息资源一般指可利用信息的集合，也就是说作为资源的信息必须是有用的。信息资源作为用户可以控制和利用的信息集合，它既不同于传统的信息概念，也不同于一般的物质资源概念，是附加了人类劳动的，经过处理的信息，这就是我们一般所理解的信息资源。

关于"信息资源"的概念，无论是国内还是国外尚未形成统一的认识，"信息资源"还是一个正在发展着的新概念。目前国内外对于信息资源的定义主要有以下几种。

1. 国外信息资源定义

1979 年，美国信息管理专家霍顿(F. W. Horton)认为信息资源具有两层意思：①当单词"资源"为单数(resource)时，信息资源是指某种内容的来源，即包含在文件和公文中的信息内容；②当单词"资源"为复数(resources)时，信息资源指支持工具，包括供给、设备、环境、人员、资金等。

1982 年，美国信息管理专家列维坦(K. B. Levitan)提出了著名的信息生产寿命周期说，并对信息资源进行了定义。他认为从字面上和具体地讲，信息资源就是已经建立的，因而能够一再使用的信息源。换句话说，它是一系列已经制度化了的，为一个或多个用户集团反复使用的信息。

1986 年，霍顿与马尔香(D. A. Marchand)认为信息资源的含义包括：①拥有信息技能的个人；②信息技术及其硬件与软件；③诸如图书馆、计算机中心、传播中心、信息中心等信息设施；④信息操作和处理人员。

2. 国内信息资源定义

国内对信息资源概念及其有关问题的研究始于 20 世纪 80 年代中期，其后一些学者开始对"信息资源"进行定义，比较有代表性的是以下几位学者的定义。

著名经济学家，我国数量经济学和信息经济学创始人乌家培教授认为对信息资源有两种理解：一种是狭义的理解，即指信息内容本身；另一种是广义的理解，指的是除信息内容本身外，还包括与其紧密相连的信息设备、信息人员、信息系统、信息网络等。

武汉大学马大川教授认为广义的信息资源是指信息和它的生产者及信息技术的集合。即广义的信息资源由三部分组成：①人类社会经济活动中的各类有用信息；②为某种目的而生产有用信息的信息生产者；③加工、处理和传递有用信息的技术。狭义的信息资源则仅仅指人类社会经济活动中经过加工处理有序化并大量积累后的有用信息的集合,它包括科学技术信息、政策法规信息、社会发展信息、经济信息、市场信息、金融信息等多方面内容。

厦门大学朱立文认为信息资源是反映客观事物的各种信息的总称,也是各种信息的集合体。

武汉大学邱均平认为信息资源归纳起来无外乎两种:一是狭义的理解,认为信息资源是指文献资源或数据资源,抑或各种媒介和形式的信息的集合,包括文字、声像、印刷品、电子信息、数据库等,这些都限于信息本身;二是广义的理解,认为信息资源是信息活动中各种要素的总称,既包含了信息本身,也包括了与信息相关的人员、设备、技术和资金等各种资源。

在本书中对于信息资源的定义,主要选用广义的概念。

二、信息资源的类型

迄今为止,国内外的研究学者主要从以下几方面对信息资源进行分类。

(一)按信息资源性质划分

按性质分,信息资源可分为自然信息资源和社会信息资源两类。

1. 自然信息资源

自然信息资源指产生于自然界的信息资源,如地质信息资源、地理信息资源、太空信息资源、气象信息资源、地震信息资源、生命信息资源、海洋信息资源等。

2. 社会信息资源

社会信息资源指产生于人类生产与社会实践活动过程中的信息资源,按内容可分为教育信息资源、体育信息资源、法律信息资源、物质信息资源、经济信息资源、医疗信息资源等。

(二)按信息资源载体划分

按载体材料和存储技术分,信息资源可分为印刷型、缩微型、声像型和数字化信息资源四种。

1. 印刷型信息资源

印刷型信息资源以纸质材料为载体,以手写、打印、印刷等为记录手段,把文字或图像记录存储在纸张上而形成。例如,书籍、纸质档案等,既是文献信息资源的传统形式,也是现代文献信息资源的主要形式之一。

这种信息资源的主要优点是便于阅读和流传;缺点是存储密度小、体积大,不便于管理和长期保存。

2. 缩微型信息资源

缩微型信息资源以感光材料为载体,采用光学缩微技术将文字或图像记录存储在感光材料上,有缩微平片、缩微胶卷和缩微卡片之分。

缩微型信息资源特点是存储密度大、体积小,便于保存和传递,但必须借助专门的设备才能阅读。世界上许多文献信息服务机构都将打算长期收藏的文献制成缩微品加以保存。

3. 声像型信息资源

声像型信息资源又称为音视频信息资源，是以磁性和光学材料为载体，采用磁录技术和光录技术将声音和图像记录存储在磁性或光学材料上，主要包括唱片、录音录像带、电影胶卷、幻灯片等。

声像型信息资源特点是形象、直观，尤其适于记录用文字、符号难以描述的复杂信息和自然现象，但其制作、阅读需要利用专门设备。

4. 数字化信息资源

数字化信息资源又称电子信息资源，是指采用计算机技术和存储技术，把文字、图像和音视频资料等转换为数字化信息，记录在磁带、磁盘、磁鼓、光盘、磁光盘和网络等载体上的各种信息资源，也称机读型文献。目前，电子型文献种类多、数量大、内容丰富，如各种电子图书、电子期刊、联机数据库、网络数据库、网络新闻、光盘数据库等。

数字化信息资源的特点是信息存储量大，出版周期短、易更新，传递信息迅速，存取速度快，可以融文本、图像、声音等多媒体信息于一体，信息共享性好、易复制，但必须利用计算机才能阅读。

(三)按信息资源的形态划分

按信息资源的形态分，信息资源可分为有形信息资源和无形信息资源两类。

1. 有形信息资源

有形信息资源是指有独立形态，并且可以独立存在或是人们可以直接感知到的信息资源，主要包括人、存储介质、自然物质的生产和存储者、人工产品、信息机构、信息设备等。

2. 无形信息资源

无形信息资源是相对于有形而言的，是指信息资源中没有独立形态不能脱离载体而独立存在或是人需要间接感知的部分。如信息内容本身、信息处理技术软件、信息机构的运行机制等。

(四)按信息资源加工深度划分

按信息资源加工深度来划分，信息资源可分为零次信息资源、一次信息资源、二次信息资源和三次信息资源。

1. 零次信息资源

零次信息资源是指成为文献前的信息存在状态，通常指有关正在进行的事情产生的信息资源，即所谓“进行中的研究”。其形式一般表现为进行中的研究项目的名称、预算规模、研究目标及进展情况。

2. 一次信息资源

一次信息资源是指以作者本人的研究工作或研制成果为依据撰写、制作和发布的信息资源，又称为原始文献或第一手资料，包括已正式出版和公开发行的图书、期刊、会议文献等，同时也包括一些未公开的记录、草稿等。一次信息在内容上比较具体、详细、系统化，原创性强，

往往可提供新的信息和知识，有直接参考、借鉴和使用的价值，是人们检索和利用的主要对象。

3. 二次信息资源

二次信息资源是信息工作者为了便于管理和利用大量的、分散的、无序的一次信息资源，按照一定的方法对一次信息资源进行整理、加工、提炼和压缩之后编辑、出版或累积起来的工具性信息资源，习惯上也称为二手资料。

4. 三次信息资源

三次信息资源是在大量利用有关的一、二次信息资源和其他三次信息资源的基础上，根据一定的目的和需求，对有关信息资源和知识进行综合分析、提炼、重组、概括而成的信息资源。三次信息资源具有综合性强、系统性好、参考价值高等特点。

信息资源从零次、一次、二次到三次信息的逐步提升的过程，是信息资源由博而约，由分散到集中，由无序到系统化的增值过程，是对信息和知识进行不同层次的加工过程，也是社会分工的结果。每一环节所起的作用不同，所产生的信息资源的质和量也不同。

三、信息资源的特征及发展趋势

信息资源广泛存在于经济、社会各个领域和部门，是各种事物形态、内在规律、和其他事物联系等各种条件、关系的反映。随着社会的不断发展，信息资源对国家和民族的发展，对人们工作、生活至关重要，成为国民经济和社会发展的重要战略资源。它的开发和利用是整个信息化体系的核心内容。充分了解信息资源的特征和发展趋势是开发和利用信息资源的关键。

(一)信息资源的特征

信息资源的特征主要包括以下几个方面。

1. 需求性

这是信息资源作为一般经济学资源所具有的属性特征。传统的物质活动主要依赖于物质原料、劳动工具、劳动力等物质资源和能源资源的投入，而现代信息经济活动则更多地依赖于信息、信息技术、信息劳动力等信息资源的投入。人类之所以把信息资源当作一种生产要素，主要是因为信息不仅本身就是一种重要的生产要素，可以取代物质资料等非信息投入要素，更主要的是，信息可以通过与这些非信息要素的相互作用使之增值，这就是信息资源需求性的体现。

2. 稀缺性

稀缺性也是经济资源的特殊属性。在一定资源和技术条件下，物质资源和能源资源都是有限的，不能自由取用。虽然从广义的角度来看，人类可以无穷无尽地创造信息，但是信息资源同样也具有稀缺性。信息资源的稀缺不是空间形式上的稀缺，而是一种时间形式上的稀缺。

3. 可选性

可选性是信息资源作为一般经济资源的又一重要特征。信息资源具有很强的渗透性，可以广泛地渗透到各项活动中。同一信息资源作用于不同的对象，会产生不同的效果，因此，决

策者根据这些不同的效果对信息资源的使用进行选择。

4. 驾驭性

这是信息资源区别于其他经济资源的地方。驾驭性是指信息资源具有开发、支持和指导利用其他资源的能力。生产过程中，知识含量越高，人们利用信息资源驾驭其他自然资源的能力越强，则人们利用自然资源的效率也就越高。信息资源的驾驭能力与信息社会化的程度和科技发展水平成正比。

5. 不可分性

信息资源的不可分性表现在生产和使用两个方面：首先，作为资源的信息在生产中是不可分的，信息生产者为一个用户生产一组信息与为许多用户生产同一组信息比起来，两者所花费的努力几乎没有什么差别；其次，作为一种资源的信息在使用中也具有不可分性，即信息资源不能像多少吨煤或者多少吨水泥那样任意的计量，有时，即使信息在交换中是可分的，某一组信息的一部分也具有市场价值，但对于特定的具体目标而言，如果整个信息集合都是必需的，不能任意缺少的，则只有整个的信息集合都付诸使用，其使用价值才能得到最直接的发挥。

6. 共享性

物质资源和能源资源的利用表现为占有和消耗，而信息资源的利用不存在竞争关系，各利用者可以同等程度的共享某一份信息资源。而在网络平台上，信息资源的共享更加快捷、方便。

7. 不同一性

不同一性是指对于既定的信息资源而言，它必定是不同内容信息的集合，集合中的每一信息都具有独特的性质。

除此以外，信息资源还有很多其他的特点，读者可自己进行总结归纳，加深对信息资源的理解。

(二)信息资源发展趋势

进入新世纪，信息资源得到了很大的发展，总结起来信息资源主要有以下几个发展趋势。

1. 信息资源形式多样化

这里的信息资源形式，指的是信息资源的表现形式，信息资源的表现形式和其载体是分不开的，正是由于信息资源可依附载体的多样性，信息资源的表现形式也就丰富多样。在信息资源类型中提到过，根据信息资源所依附的载体划分，信息资源可以分为印刷型、缩微型、声像型和数字化信息资源四种。

随着科学技术的不断发展，这四种载体的信息资源内容越来越丰富，除了传统的文本外，还包括图像、声音、动画等多种表现形式，所以为了保证信息资源的质量，信息管理人员在选择信息资源形式时，应当根据企业的实际状况选择适当形式进行储存或传输。

2. 信息资源数量大、增长快

信息资源作为科学知识，在人类社会的发展过程中，每时每刻都在大量的产生和积累，如此快速的发展与计算机的广泛应用是分不开的。

从 1946 年研制出世界上第一台计算机以来，先后经历了电子管、半导体、集成电路、大规模和超大规模集成电路几代的发展，计算机性能提高了 1 000 万倍。计算机性能的不断提高增加了处理信息的速度，使得包括印刷型信息资源、数字化信息资源在内的多种信息资源数量骤增。

早在 19 世纪，印刷型信息资源文献增长为每 50 年增加 1 倍；到了 20 世纪中叶是每 10 年增加 1 倍；如今则是每 3～5 年增加 1 倍，有些尖端领域和新兴学科（如生物科学、环境科学等），其文献量每 2～3 年就增加 1 倍。

除了印刷型信息资源的增长，数字化信息资源的增加也是很明显的。这可以从计算机、服务器等硬盘的容量变化看出。在 20 世纪 90 年代，一般计算机的硬盘只有 40 G，进入 21 世纪就连笔记本电脑的硬盘一般也在 100 G 以上。然而虽然硬盘变大了，人们并没有觉得计算机的空间变大，相反有计算机硬盘越来越不够用的感觉，这都是信息资源骤增的表现。

总之，科学知识及科学技术的飞速发展，引发新学科不断涌现，使得科学知识这个永不枯竭的资源，继续以更高的速度发展，覆盖更广的领域，而信息资源也必将随着这种发展，不断发展、壮大。

3. 高度精确化

信息资源的高度精确化与现代科学技术不断的高、精、尖、新的发展是离不开的。人类科学技术的发展已经进入了一个崭新的阶段，在这个阶段中，科学技术正逼向自然界的各种“极限”（如超高温、超低温、超强磁场等），相应的信息资源的精确化程度也就越高。

4. 综合化

与精确化相对应的是综合化。现代科学技术的发展还有另外一个特点，就是融合性越来越高，即越来越多的学科是由相互交叉渗透的多学科融合发展的。如信息管理、电子商务等，都是交叉学科的产物。由于这种跨学科技术的发展，信息资源的综合化成为一种必然的发展趋势。

5. 规范化

规范化是指信息资源的规范性要求越来越高，尤其是针对数字化的信息，这点更为明显。现代信息系统的飞速发展，产生了大量的信息资源，这些信息资源如何准确传输、存储成了当代科学技术研究的重点之一。信息编码就是在这种情况下产生的对信息资源进行规范化处理，使之更有效的传输、存储的科学技术，本书在第四章中会有详细介绍。

除了以上介绍的几点，信息资源还有其他的一些发展趋势，如共享性需求的增加、数字化程度的增加等。

四、铁路信息资源概况

随着社会的不断发展，信息资源对国家和民族的发展，对人们工作、生活都起着至关重要

的作用，成为国民经济和社会发展的重要战略资源。它的开发和利用是整个信息化体系的核心内容。

当代社会是信息社会，企业只有充分利用信息资源，才能在激烈的市场竞争中取得优势。业务信息系统的核心之一是信息资源的建设，没有好的信息资源支持，运行的业务信息系统就好比无本之木，不能很好地解决实际业务问题。各级铁路部门如何合理规划铁路各部门产生的海量信息资源，以便铁路内外用户能及时方便合理地共享和使用，充分发挥信息资源的价值，是目前铁路信息化建设中重点研究的课题之一。

狭义的铁路信息资源是指“铁路系统在开展社会生产经济活动中经过加工、处理、有序化，大量积累的对决策者有用的信息（数据）集合”。在这一概念层次上，铁路信息资源即有用的铁路信息。铁路系统作为一个庞大的国民经济生产部门，从开始建设到现在，特别是计算机技术得到普遍的应用以后，拥有大量的数据积累，经过一定的整理、分类，即成为信息资源。这些信息资源正是现在已投入运行的铁路业务信息系统的基础，为铁路的业务生产和社会服务发挥着显著的作用。

广义的铁路信息资源是指铁路信息活动中各种要素的总称，包括信息、技术、设备、资金和人等要素，它们相互联系、相互作用构成有机整体。除包括狭义的信息资源外，它还包括为某种目的而生产有用信息的信息生产者的集合；加工、处理和传递有用信息的信息技术的集合；其他信息活动要素（如信息设备、信息系统、信息网络、信息活动经费等）的集合。

按照铁路各业务部门信息资源应用和分布分类，铁路现有信息资源可分为空间信息资源、铁路运输基础信息资源、铁路业务应用系统信息资源和决策支持信息资源四类。这四类信息资源的内容及特点，在本书后面的章节会有详细的介绍。

第三节 信息系统与信息资源

一、信息系统及其应用

（一）信息系统

在企业生产经营活动中，随着事务流、物资流、资金流及其他流的产生，会同时产生一个信息流。一个组织及其各职能子系统要充分有效地工作，就必须充分利用信息流对其他事务流、物资流、资金流等进行控制、监督和协调，进而形成一个信息系统。通俗地说，信息系统一般由信息源、信息处理器、信息接收器和信息管理者组成，是为了达到特定目标，对信息进行采集、加工、存储、检索、分析、传递、使用、维护的若干个要素所组成的集合体。

信息系统不仅存在于人类社会中，也存在于自然界中；不仅指现代以计算机为基础的信息系统，还代表以手工为基础的信息系统。例如，蚂蚁通过味觉、触角传递信息，就是自然界的一个信息系统；古代的驿站传递系统、档案系统等是以手工为基础的信息系统。

现代所说的信息系统通常是指狭义的信息系统。这种信息系统是基于计算机、通信技术等现代化信息技术手段且服务于管理领域的系统，包括人、计算机、软件、数据等要素。在本书中，我们也将采用这种定义方法。在这种基于计算机的信息系统中，使用信息系统的人称为终端用户，使用信息系统的目的是为了及时地输出和传递决策所需的信息。

（二）信息系统的特征

现代基于计算机的信息系统一般具有如下的特征。

1．信息输入/输出的都是数据

这是信息系统区别于其他物质或能量系统的地方。物质系统的输入/输出都是物质，能量系统的输入/输出都是能量，信息系统则相应的输入/输出的都是数据。

2．信息系统是动态的、整体的

信息系统不是孤立的存在的，而是和其他的系统相互关联、相互作用而成的。如果要合理利用信息系统，就需要从整体、动态的观点去看待信息系统。

3．信息系统中的数据形式多样

信息系统中数据的形式多样，主要包括两点：一是信息载体的多样性，二是信息表现形式的多样性。载体的多样性主要表现在信息的存储介质的多样性，主要有磁盘、光盘、磁带等；而表现的多样性则是出于用户角度考虑产生的，目前主要的表现形式有文字、视频、表格等。

4．信息系统技术手段复杂

信息系统是多学科相结合的产物，它试图用先进的技术手段解决社会经济问题。因此，掌握这些复杂的技术就成为信息系统建设的主要任务之一。

5．人—机交换

信息系统是一个向组织提供信息服务的人—机交互系统，其信息可以共享到整个组织、部门，甚至是每一个员工。

6．投资大，效益难估计

信息系统建设，从开发到维护需要大量的资金投入。而这种投入带来的经济效益大多是无形的间接效益，是难以估算的。

除此以外，信息系统还有其他的特点（如内容复杂多变，目标不一致等问题），这些都是企业信息化建设中需要考虑的问题。

（三）信息系统的发展

现代信息系统的发展主要经历了以下几个阶段。

1．数据处理系统

数据处理系统始于20世纪五六十年代，那时的企业开始运用计算机来进行库存控制、发票管理、工资核算等。传统的数据处理系统较少涉及管理的本质，它以计算机应用技术、通信技术和数据处理技术为主，一般不做任何预测、规划、调节和控制等管理活动，其目的在于改进组织内的操作与数据流。经过数据处理系统处理的信息具有详尽、具体、结构严谨、精确和数据量大的特点。

2. 信息报告系统

信息报告系统是管理信息系统的雏形，其特点是按事先规定的要求提供管理报告，用来支持决策制定。当时出现的多种状态报告系统都属于这一类型，其中包括生产状态报告系统、业务状态报告系统、研究状态报告系统等。

3. 管理信息系统(Management Information System，简称 MIS)

管理信息系统出现在 20 世纪 60 年代，以利用信息系统产生管理报告为其主要特征。在这个系统中，人员设置范围比较广，包括高层决策人员、中层职能人员和基层业务人员；机器则主要包括计算机、各种办公设备和通信设备等。

4. 决策支持系统(Decision Support System，简称 DSS)

决策支持系统出现在 20 世纪 70 年代，是在人和计算机交互的过程中帮助决策者探索可能的方案，为管理者提供决策所需信息，并支持决策者解决半结构化、非结构化的决策问题的系统。

5. 专家系统(Expert System，简称 ES)

专家系统的目标是发展有思想的计算机。专家系统是人工智能的一种实际应用，并运用于知识和推理的机制去解决某个应用领域的复杂问题。

6. 企业资源计划(Enterprise Resource Plan，简称 ERP)

20 世纪 90 年代，贯穿企业运营各个方面和部门的 ERP 产生，主要是优化企业结构，充分利用一切市场资源，快速高效地生产经营。近年来，ERP 与企业流程重组相结合，打破旧的管理结构，对企业的总体结构、组织、流程及所有环节进行考察和重建，建立新的管理程序，真正实现其合理化和现代化。

7. 计算机集成制造系统(Computer Integrated Manufacturing System，简称 CIMS)

计算机集成制造系统被称为是 21 世纪的管理系统，是管理信息系统、计算机辅助设计、辅助制造和计算机辅助工艺规程设计的集成。计算机集成制造系统可以达到设计、制造和管理过程的自动化。

(四)信息系统的应用

信息系统在社会各界得到了广泛的应用，尤其是在企业中的应用最为显著。一般信息系统的建设如图 1-7 所示，经历了一个从基础到复杂，从内部到外部的过程，一般包括以下几个方面。

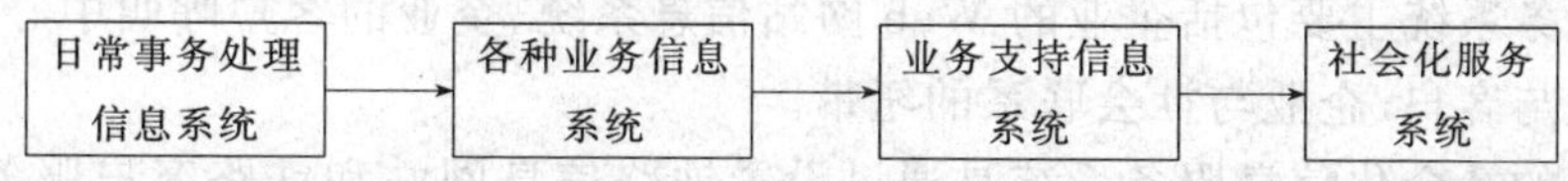

图 1-7　企业信息系统建设

1. 日常事务处理信息系统

信息系统建设是一个浩大复杂的工程，不可能一蹴而就，我们应该遵循“由简入繁，由易入难，循序渐进”的原则，进行信息系统建设，一般是从日常事务处理开始的。在这方面得到广泛应用的主要有企业办公自动化信息系统。

办公自动化信息系统是面向行政及业务管理人员的，为提高办公效率和加速信息传递及共享的高效、智能化的办公系统。它通过机关局域网和各种现代化办公设备，使系统具备数据、文字、声音和图像的综合处理能力。办公自动化信息系统与业务管理信息系统的互联使行政及业务管理人员获取与共享更加广泛的信息，全面提高办公质量与效率。此外，该系统还应提供访问因特网的功能。

铁路部门的办公信息系统（Office Management Information System，简称 OMIS）是在机关局域网及广域网的基础上构建的，目的是最大限度地实现铁路办公信息资源共享，使办公信息系统成为各级机关传送电子信息的重要渠道，代替书面文件和材料，逐步做到“无纸办公”，使办公信息系统成为机关办公的重要工具。

2. 各种业务信息系统

完成日常事务处理信息系统建设以后，下一个目标就是各种业务的信息系统建设。在这方面主要有财务管理信息、物料资源计划信息系统、企业资源计划信息系统等。这部分也是信息系统建设的重中之重。

业务信息系统是铁路信息化体系中的核心系统，是面向各业务管理部门如车务、机务、工务、电务、车辆、财务、人事、劳资、计划、统计等各级业务人员的信息系统，以帮助各业务部门管理人员快速、准确地获取、处理、传递和应用信息，并具有一定的决策功能。

目前，铁路业务信息系统主要包括运输组织类、客货营销类、经营管理类信息系统。客票发售与预订系统（Ticketing & Reservation System，简称 TRS）就是其中的典型代表。

3. 各种业务支持信息系统

完成业务信息系统的建设，接着进行的一般是各种业务支持信息系统的建设。各种业务支持系统一般以业务管理信息系统为依托，根据不同应用方向及处理功能的需要，通过通信网络获取系统运行所必要的信息资源，进行专门的技术加工处理，以实现系统的专项服务和辅助决策功能。该部分由业务管理综合统计分析系统、宏观与微观综合发展预测系统、政策及生产管理仿真系统、计算机辅助编制生产经营计划系统、决策支持系统及专家系统组成。

4. 社会化信息服务系统

社会化服务系统主要包括企业的 Web 网站信息系统、企业的客户呼叫中心等。社会化服务系统是企业与客户、企业与社会联系的纽带。

铁路部门的社会化信息服务系统是通过设置铁路信息网站和铁路客户服务中心，发挥综合信息优势，全面向旅客和货主提供各种级别的信息咨询服务，扩大铁路影响，进而发展为网上订、售票，网上申请货物运输等电子商务活动，并开展科技信息服务、广告业务等社会化信息增值服务，提高铁路运输服务质量，争取更大的运输市场份额。

二、信息系统基本结构与功能

（一）信息系统基本结构

结构是系统诸要素在时空联系和逻辑联系上相对稳定的联系方式和秩序。系统基本结构一般是由输入、输出和处理机制组成的。信息系统基本结构也遵循这样的原则，是由输入、加工、输出、控制四部分构成，如图 1-8 所示。

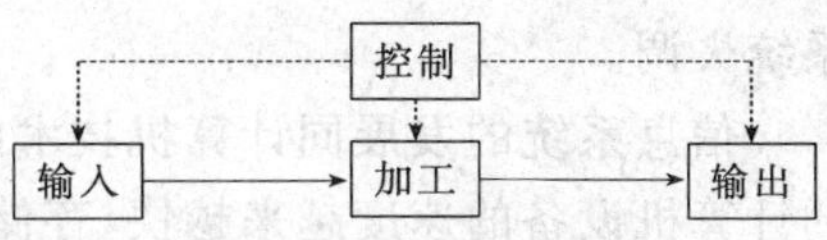

图 1-8　信息系统基本结构图

1. 信息系统输入

在信息系统中，输入是采集原始数据的活动。一般信息系统的输入包括以下三方面的内容。

(1)信息输入，即通过信息系统有针对性的“信息搜集”活动，形成信息系统能够处理的信息基础。其中，必须注意信息搜集的目的性、广泛性、联系性和选择性。

(2)物质输入，主要是信息系统技术设备、建筑设备及其他信息系统所需要的纸张、磁盘等装置和设备，使信息系统具有充足的物质保障。其中，必须注意物质条件的发展性、配套性和服务性。

(3)能量输入，提供和支持经济投入、政策保证、人员配备等发展因素，是信息系统具有长期、正常、高效运作的活力。在能量输入的过程中，必须注意发展因素的完善性、动态性、效用性和易变性。

2. 信息系统加工

在信息系统运行中，系统加工是对信息系统输入要素的识别、转换、存储、重组和传输。信息系统加工是信息系统最基本的功能，是信息系统输出的前期工作。系统加工的基本方式包括信息组织、物质组织和能量组织三个方面，三者是相互联系、相互作用的整体。在不同的活动中三者各有不同的侧重点，例如，信息系统组织中技术设备管理和库房环境的维护以物质组织为重点，信息系统组织中人员分工、机构设置、经费审核、资金划拨以能量组织为重点。

3. 信息系统输出

信息系统就是满足特定信息用户的特定信息需求，以“精、准、快”为目标，将信息输出、物质输出和能量输出汇聚一体的系统。

信息系统输出的参数主要有定性参数和定量参数两部分。定性参数包括信息用户需求满足深度，信息产品和服务准确性和扩展性，信息系统用户友好性，信息系统管理目标的契合度等。定量参数包括信息产品、服务的种类和数量，信息产品、服务的平均响应时间等。

4. 信息系统控制

信息系统控制是对信息系统三种基本要素，即信息、物质、能量的运行状态和效果的有效控制，以期达到对信息输入实现渠道、载体、质量速度等的控制；对信息组织实现方式、容量结构、标准效率等控制；对信息输出实现方向、品种、特色等控制的目标。

(二)信息系统的功能

信息系统的功能,从形式化的角度来说是完成信息管理工作。信息管理借助信息处理来完成,具体的信息处理工作包括信息的收集、传输、存储、加工、运用、更新和维护等。在具体的信息系统中,实现机制是不相同的,在设计中考虑的优先次序也是不同的。但是,任何一个信息系统,都必须设置必要的构成部分去实现这些功能,任何一个环节上的疏漏都将使整个信息系统失调。

信息系统的发展同计算机技术的发展密切相关,正是计算机技术的发展,使得信息系统中的计算机设备的速度越来越快,存储能力越来越大、输入和输出功能越来越强,从而使得信息系统的采集、传输、加工、存储的手段也越来越强,使得信息系统从简单到复杂,从单一功能到综合功能越来越强。

三、信息系统与信息资源的关系

信息系统是开发和利用信息资源有效的系统化手段,是实现信息资源管理的表现形式。信息系统的管理是信息资源管理的重要组成部分,信息资源管理在信息资源的概念、信息的内容和研究范围上都比信息系统有了扩充。信息资源和信息系统的关系如图 1-9 所示。

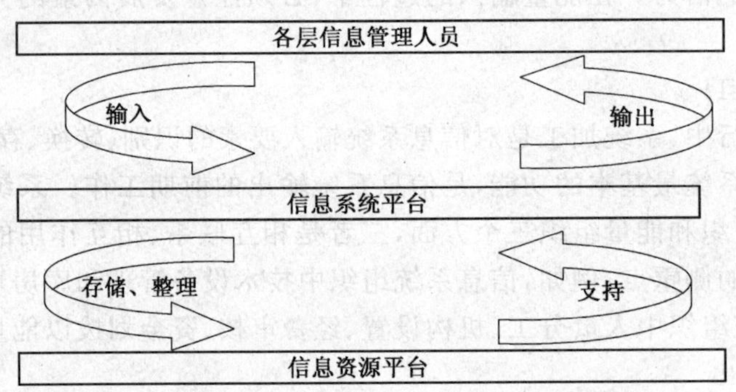

图 1-9　信息资源与信息系统的关系

1. 信息资源为信息系统的正常运行提供数据支持

信息资源是信息系统运行的基础,如果没有信息资源信息系统就不能正常运行,不能为各层决策者提供信息,也就失去了信息系统的意义。所以,信息资源平台是信息系统正常运行的保障,只有信息资源平台的支持,信息系统才能称之为信息系统。

2. 信息系统促进了信息资源价值的体现

信息资源对一个企业的价值是不言而喻的,但是这种价值不一定被人们所知,所以信息系统作为一个使信息资源得以充分利用的平台就格外重要。

3. 信息系统为信息资源提供新的数据信息

信息是有时效性的，如果没有信息系统对信息的输入，然后存储整理为信息资源，给信息资源提供新的血液，信息资源也就失去了其本身的功能。进而信息系统也就不能给管理者提供正确的信息。

总之，信息资源是信息系统的基础，信息系统是实现信息资源管理的方式，两者相辅相成，两者充分利用会给企业带来巨大的经济效益。

四、铁路信息系统概述

铁路信息系统是指以计算机和通信网络为基础，充分利用现代信息技术，对铁路管理信息进行采集、存储、加工、检索、传输以及应用的人—机信息系统。

在我国，铁路部门是较早采用计算机进行生产和管理的部门，特别是近几年积极采用先进的网络与信息技术来加快铁路的信息化建设。铁路部门应用计算机起步于 20 世纪 60 年代，40 多年来，我国铁路信息系统的建设取得了巨大的成就。从简单的单机应用，逐步发展到今天涉及了铁路各部门，覆盖了车务、机车、工务、电务、车辆、财务、统计、办公等铁路各系统，功能深入到铁路运输生产和管理内部环节。尤其是铁路管理信息系统(Transportation Management Information System，简称 TMIS)建设以来，货票系统、车站系统、货运营销与生产管理系统、客票发售与预订系统、车号自动识别系统、局间分界站货车使用费清算系统、客运清算等系统陆续也均已投入使用。

整个铁路信息系统建设体系结构如图 1-10 所示，主要由虚线框内的业务应用层和虚线框外的铁路信息化的公共基础平台两部分。

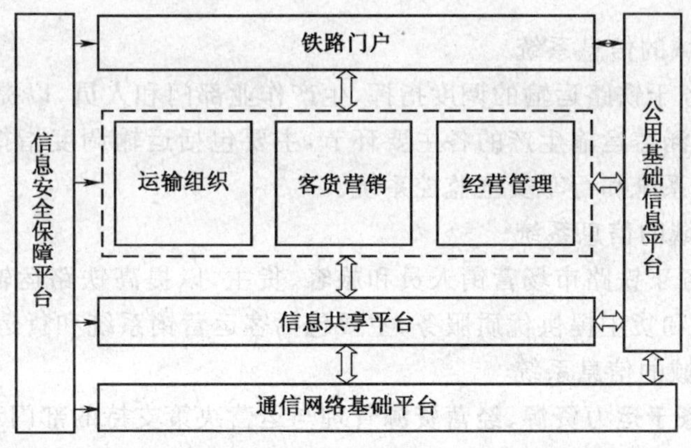

图 1-10　铁路信息系统体系结构图

(一)业务应用层

业务应用层是铁路信息化体系的应用领域实现层，每个应用领域包含若干主要方面，每个

主要方面由多个相关的信息系统支撑，主要方面和信息系统可以根据发展的需要进行重组和扩充。

铁路部门目前的信息系统建设主要集中在如图 1-11 所示的虚线框内的业务应用层的运输组织、客货营销、经营管理三大领域。

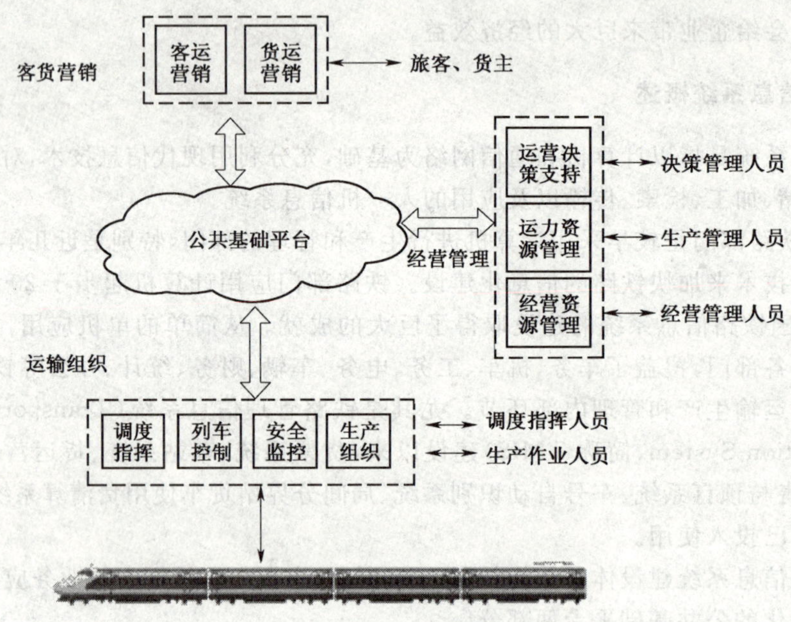

图 1-11　铁路业务信息系统体系结构图

1. 运输组织领域的信息系统

该系统主要服务于铁路运输的调度指挥、生产作业部门和人员，以提高运输生产效率和保障运输安全为目标，涵盖运输生产的各主要环节，主要包括运输调度指挥系统、运输生产组织系统、列车运行控制系统和行车安全监控系统。

2. 客货营销领域的信息系统

该系统主要服务于铁路市场营销人员和旅客、货主，以提高铁路运输市场竞争能力、增运增收为目标，向旅客和货主提供优质服务，主要包括客运营销系统和货运营销系统。

3. 经营管理领域的信息系统

该系统主要服务于运力资源、经营资源管理与运营决策支持的部门和人员，以保障铁路运输的运力资源的优化配置和降低运输成本为目标，提高铁路运输效益，主要包括运力资源管理系统、经营资源管理系统、办公信息管理系统和决策支持系统。

(二)铁路信息化的公共基础平台

铁路信息化的公共基础平台为业务应用层的各系统提供公用的基础环境，主要包括以下

内容。

1. 通信网络基础平台

通信网络基础平台主要包括构建完善的铁路宽带高速通信网络，满足信息系统语音、数据、图像传输的要求；建设安全可靠的铁路计算机网络，满足应用系统互联互通和社会化服务的需要等。

2. 计算机网络与信息安全

计算机网络与信息安全主要是建立铁路信息化完备的信息安全保障体系，确保铁路信息系统的可靠性、可用性、保密性、完整性和可控性。

3. 信息共享平台

建设信息共享平台的目的是使信息遵循统一的铁路信息系统交换、共享规范，建立信息系统的信息传输交换及共享机制，实现三大领域信息系统间信息共享。

4. 公用基础信息平台

公用基础信息平台是实现公用基础信息（基础编码、铁路空间信息、运输基础信息等）的统一维护，并且可以为各信息系统提供标准的中间服务。

5. 铁路门户

铁路门户主要用来提供铁路信息系统对外的统一通道和服务。

由于铁路信息系统的覆盖面广、技术难度较大、受信息技术发展水平的制约以及主观认识的限制，在铁路信息系统的建设中还存在着较多不足，如信息系统间的兼容等问题，在以后的建设中应当给予关注。

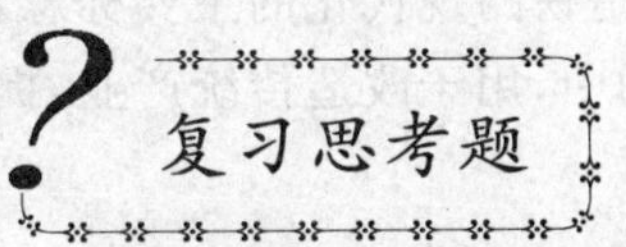

1. 什么是信息？它的特征是什么？你认为是否还有其他的特征？如果有，是什么？
2. 如何理解信息的生命周期？
3. 简述信息和知识的区别与联系。
4. 简述铁路信息有何特征，如何才能更有效地利用铁路信息？
5. 简述信息资源的概念、分类、特征及其发展趋势。
6. 简述信息系统的特征、结构、功能及应用。
7. 简述信息资源与信息系统的关系。

第二章

铁路信息资源建设与铁路信息化

【本章要点】 本章主要讲述了铁路信息资源建设与铁路信息化方面的情况。首先,从国内外铁路信息化建设的概况分析了铁路信息资源建设与铁路信息化的重要性及两者之间的相互关系。其次,从信息资源集成和共享水平、信息资源质量、信息资源配置、信息资源建设规划、企业管理观念和制度等不同方面,分析了铁路现有信息资源建设问题,阐述了铁路信息资源对铁路信息化的建设和铁路企业的运营的影响。最后,具体描述了铁路信息资源建设目标与原则。

第一节　铁路信息化建设的现状

铁路信息资源的建设已经提升到了铁路企业发展的战略高度,是铁路企业信息化的核心问题,也是铁路信息化得以稳步发展的基础和关键。铁路信息化是铁路现代化的主要标志,其主要目的是将现代信息技术广泛应用于铁路生产经营的各项活动中,用于改造传统产业,提高铁路运输生产力与竞争力。

一、国外铁路信息化建设

发达国家从 20 世纪 60 年代就开始将计算机运用于铁路生产与管理中,先后建设了服务于铁路客货运输、调度指挥的各类管理信息系统,并且伴随着计算机技术和网络技术的发展,信息技术运用也越来越广泛和深入。目前,发达国家大多已建有完善的客货运输管理信息系统以及铁路运输综合信息系统,并且各类专业信息系统不断向综合化、集成化方向发展,铁路也向着操作自动化、管理系统化、决策智能化的方向发展。各国先进的计算机管理技术的应用给铁路运输带来了巨大的变化,使铁路运输管理的传输方式和模式发生了深刻的变化,并且已取得显著的经济和社会效益。

美国铁路公司从 1954 年就购置和应用计算机,其信息系统在 20 世纪 60 年代取得了很大发展。20 世纪 60 年代中期,美国南太平洋铁路公司研制建立了综合运营管理信息系统(Total Operations Processing System,简称 TOPS),获得了很大成功,使之成为铁路运输管理系统中

应用计算机进行自动综合管理的典范。美国 CSX 铁路公司是国际上铁路信息系统走向综合化、集成化的典型，开发了 TWSnet 系统，基于 Internet 技术的交互工具实现了实时的用户自我服务。联合太平洋铁路公司（UP）开发应用的信息系统有货运列车管理系统、货运管理服务系统、运输控制系统、电子商务与电子数据交换（Electronic Data Interchange，简称 EDI）系统、铁路基础设施管理系统。

加拿大国铁（CN）从 20 世纪 70 年代开始信息系统建设，目前已经建成了管理和业务两大信息系统，有 4 000 多万条指令在运行，涵盖了加拿大国铁所有的业务部门。在业务信息系统中，已将面向运输组织管理的基于文件系统技术的运输报告与控制系统（Traffic Reporting and Control System，简称 TRACS），改造为面向客货营销与成本控制的基于数据库技术的客货营销服务系统，主要整合了车站、列车、货票、运行图、收入、多式联运以及与外部相关企业连接的业务信息系统，对每辆货车实行号码制管理，实时追踪、记录车辆动态和沿途发生的运输成本。加拿大国铁全线采用了“先进列车控制系统”，防止列车超速并进行智能调度指挥。

日本铁路在 20 世纪 70 年代初建成了铁路数据收集和分配系统（DACS）及完善的客票预售系统。日本铁路货运公司 1994 年开始启用货物信息网络系统，该系统具有运输预约申请、货运单据打印输出、集装箱列车管理、货车管理、集装箱管理和各种报表生成功能。1972 年，冈山线开通的同时，最初的计算机辅助行车控制系统（COMTRAC）投入使用，经过不断完善，使用至今。它主要由运输计划系统、车辆管理系统、运行管理系统、旅客引导系统、资料管理系统和系统管理系统组成。1995 年，JR 东日本公司又开发了功能更强的新干线新型列车运行管理系统（COSMOS），该系统由运输计划、运行管理、维护作业管理、设备管理、电力控制、集中信息监视、车辆管理、站内工作管理等子系统组成。

英国引进 TOPS 技术加以改造，增加了客运管理系统，1975 年，研制成英国铁路综合运营管理系统（British TOPS）。

德国铁路公司投入营运的信息系统有很多，其中较大的系统有 90 年代旅行、信息和客票预订、售票系统（KURS90），90 年代货物运输控制系统（TS90），联合运输调度系统（DISK）等。这些系统服务旅客和货主，集营运管理、咨询服务于一体。德国还采用欧洲铁路运输管理系统（ERTMS）、无线列控系统（FZB）、铁路数字移动无线通信系统（GSM-R）以及高速线上的计算机辅助行车调度系统（RZU）支持调度判断。

法国国营铁路公司在 20 世纪 70 年代货物运输集中管理系统（GCTM）基础上开发了一系列新的货运管理信息系统。1989 年，投入运用的新型货车运行管理系统（NEW）用于制定统一运输计划和安排运输方式，如长期货运、特快货运以及快速货运等。1990 年起，在法国推广应用的货运商务作业和管理系统（SESAME），主要用于有关货运文件、合同的准备。1993 年，法国国营铁路公司开发了“货运现状”计算机信息系统，用来监督铁路危险货物运输，以便货主和铁路部门及时、准确地了解危险货物的发送和到达情况。1994 年，该系统的适用范围扩大到木材、玻璃、纸张、铁矿石和钢材等的运输，1995 年扩展到国际货物运输。法国目前还采用

实时追踪自动化系统(ASTREE),其 TGV 高速铁路的行车指挥系统也具有综合功能,但仅限于行车调度和电力调度。法国国营铁路公司综合客运服务预约系统是为适应 TGV 高速列车高速客流增长和预约车票人数增多的需要,在 1992～1993 年引入美国航空公司 Sabre 坐席预约系统的基础上开发的 Socrate 电子预约系统。1995 年,Socrate 系统增加了预订汽车和宾馆的功能,形成综合客运服务系统。1997 年,引入的中央客票预订发售系统(PDSD)服务于法国铁路干线和区域客运。

欧洲铁路有“全欧列车控制系统”(ETCS),已经建成的泛欧铁路客票预订联网系统,以及建设中的欧洲铁路国际货运计划管理系统(HERMES)。

对上述国外七个国家和地区铁路信息化应用情况作比较分析,为了突出各国应用信息系统的重点领域,将铁路业务区分为调度指挥、运输管理(计划、调度)和商务服务(货物追踪、监控)三个方面,绘制这些国家和地区铁路信息化应用情况对比分析图,如图 2-1 所示。

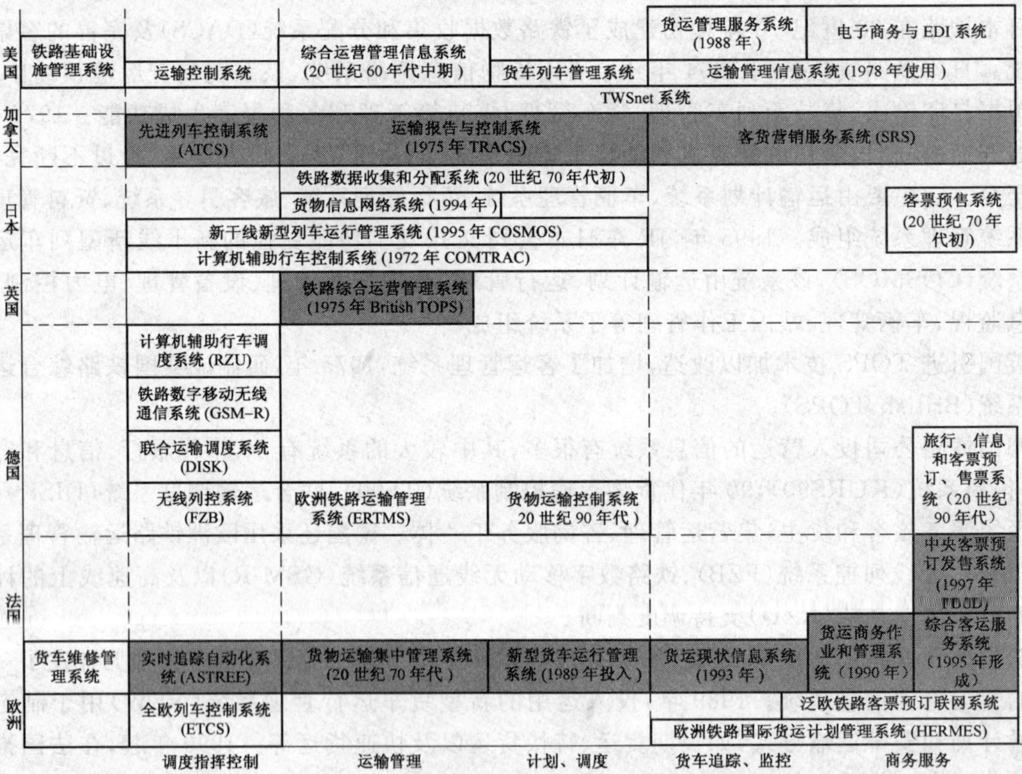

美国
铁路基础设施管理系统
运输控制系统
综合运营管理信息系统(20 世纪 60 年代中期)
货车列车管理系统
货运管理服务系统(1988 年)
电子商务与 EDI 系统
运输管理信息系统(1978 年使用)
TWSnet 系统

加拿大
先进列车控制系统(ATCS)
运输报告与控制系统(1975 年 TRACS)
客货营销服务系统(SRS)

日本
铁路数据收集和分配系统(20 世纪 70 年代初)
货物信息网络系统(1994 年)
新干线新型列车运行管理系统(1995 年 COSMOS)
计算机辅助行车控制系统(1972 年 COMTRAC)
客票预售系统(20 世纪 70 年代初)

英国
铁路综合运营管理系统(1975 年 British TOPS)

德国
计算机辅助行车调度系统(RZU)
铁路数字移动无线通信系统(GSM-R)
联合运输调度系统(DISK)
无线列控系统(FZB)
欧洲铁路运输管理系统(ERTMS)
货物运输控制系统 20 世纪 90 年代
旅行、信息和客票预订、售票系统(20 世纪 90 年代)

法国
中央客票预订发售系统(1997 年 PDSD)
货车维修管理系统
实时追踪自动化系统(ASTREE)
货物运输集中管理系统(20 世纪 70 年代)
新型货车运行管理系统(1989 年投入)
货运现状信息系统(1993 年)
货运商务作业和管理系统(1990 年)
综合客运服务系统(1995 年形成)

欧洲
全欧列车控制系统(ETCS)
泛欧铁路客票预订联网系统
欧洲铁路国际货运计划管理系统(HERMES)

调度指挥控制　运输管理　计划、调度　货车追踪、监控　商务服务

图 2-1　国外铁路信息化应用情况对比分析图

由图 2-1 可见这些国家的铁路信息化应用有如下突出特点。

(1)以客户服务为核心,为货主、旅客提供完善的信息咨询以及电子商务服务。在货物运

输方面为货主记录、追踪并主动地全面监控自己的货物提供实时联机查询服务；实现货物运输的商务作业信息管理。在旅客运输方面大量采用先进的计算机联网售票预订系统、自动售票系统和客运信息查询共用系统，实现跨国家、跨地区、跨行业的旅行服务，为旅客提供方便、快捷、舒适的旅行条件。

(2)以客户服务为驱动，优化综合运输职能，全面实现管理的现代化。这包括运输计划、行车指挥、机车及车辆、货车运用、集装箱运用、编组站、货运站、机务段、车辆段、运输设备、财务和统计等各种铁路运输组织管理职能。

国外铁路信息化与现代企业重视客户关系管理，以市场、客户需求为导向，重视开展信息资源的综合应用，进行业务流程再造和组织变革的理念不谋而合，同时也适应铁路物流运输业务的规定性要求。

二、中国铁路信息化建设

中国铁路信息化建设起步较早，发展较快。20 世纪 60 年代初，信息技术主要用于铁路运输计划编制、运输工作日常统计、工程计算和教学等方面。直到 20 世纪 70 年代初信息技术的应用才开始全面规划，并且进行了计算机选型。20 世纪 80 年代，伴随着计算机设备的引进，信息技术的应用有了一个较大的发展，先后进行了京沪铁路运营管理信息系统总体设计和全路运营管理系统总体规划，计算机广泛应用于铁路各部门。20 世纪 90 年代，铁路信息应用向系统化、网络化的多层次发展，建成了车、机、工、电、财务、统计、办公等各业务信息系统，形成了全路运输生产实时性的网络系统。这期间取得的重大成果有：

(1)运输管理信息系统(TMIS)，1994 年立项，1995 年开始实施，现已完成建设，并竣工验收。

(2)车号自动识别系统(Automatic Train Identification System，简称 ATIS)，1999 年开始工程设计，2000 年开始安装并投入应用。

(3)客票发售与预订系统(TRS)，已初具规模，到现在为止，客票发售与预订系统已经较为成熟。全路有客运业务车站均已建设 TRS，并联网运行。

(4)列车调度指挥系统(Train operation Dispatching Command System，简称 TDCS，原名为 DMIS)，经过十多年建设，特别是 2005～2007 年的大规模建设，已基本完成建设任务。TDCS 已覆盖全路 18 个铁路局(集团公司)，约 6 000 个车站，在列车调度指挥工作中发挥了非常重要的作用。

(5)1999 年 11 月，铁道财会信息化建设总体设计方案通过评审，已由铁道部在全路范围内逐步实施。目前，财务会计管理信息系统已推广应用。

(6)1999 年，铁路办公信息系统组织开发并实施，铁道部、铁路局都建立了各自的办公系统。铁道部政府网站工程完成建设。

(7)调度集中系统(Centralized Traffic Control System，简称 CTC)系统的建成应用。

2003 年 11 月 26 日，青藏铁路公司仅利用 70 d 时间在西哈段（西宁—哈尔盖）建成了世界先进的 CTC 系统。2004 年 5 月 23 日，这个系统正式开通使用。CTC 建成后，青藏线西哈段共有 17 个车站，10 个车站实现行车指挥无人化，无人化率达到 58.8%，车务部门运转人员减少 119 人，仅此一项每年可节约人工成本支出 122 万元，如果算上管理费以及各种补贴等费用，年节约运输成本支出超过 200 万元，减员增效十分显著。

(8)其他业务信息系统，如人事资源管理系统、统计分析系统、车辆管理信息系统、机务管理信息系统、工务管理信息系统等系统的建设均取得了很大进展。

(9)实现 T/D 结合。2004 年 7 月底，兰州铁路局在全国铁路率先实现 DMIS（现为 TDCS）全局覆盖、率先实现 T/D(TMIS/DMIS)结合、率先建成三级调度指挥体系。目前铁路已基本实现 T/D 结合，使铁路调度指挥工作效率和基础数据的利用率都有了大幅提高。

总的来说，我国铁路信息化经过几十年的建设，取得了一定的成绩。客票发售与预订、财务会计管理、车号自动识别等系统全面投入运用，铁路运输管理信息系统全面建成，列车调度指挥系统投入运用，新一代调度集中系统建设积极推进，办公信息系统联网运行，在运输组织、客货营销和经营管理中发挥了重要的作用。上述只是铁路信息化建设所走出的第一步，铁路信息化建设还应进一步加快建设步伐。

同时，在信息化建设过程中，也还存在一些不足：一是铁路信息化总体思路形成较早，有些规划已经不能适应新的形势；二是信息系统还没有构成完全的有机整体，信息资源一定程度上还难以共享，综合应用难以展开，整体效益难以发挥；三是投入应用的有些信息系统运行质量不高，特别是原始信息的采集不够及时、准确、完整，与实用要求有差距。

我国铁路一直从实际出发以信息工程的观点关注具体信息系统的开发建设，其存在的问题一方面呈现了信息化初级发展阶段的必然特征，另一方面，从协调发展角度看，信息技术设施与信息资源配置间的均衡发展至关重要。信息资源配置环节的相对滞后，已经成为制约我国铁路信息化发展的瓶颈。

三、铁路信息化与铁路信息资源

信息化是当今世界经济和社会发展的大趋势，是指在经济和社会生活中，通过普遍地采用信息技术和电子信息装备，更有效地开发和利用信息资源，推动经济发展和社会进步，使由于利用了信息资源而创造的劳动价值在国民生产总值的比重逐步上升，直到占主导地位的过程。它深刻地影响人类的经济、政治、科技、教育、文化等领域，改变着人们的工作方式、学习方式和生活方式。对于铁路而言，信息化与信息资源的建设是息息相关的。

(一)铁路信息化

信息化是我国铁路实现又好又快发展的重要支撑力量。铁路信息化覆盖运输组织、运输安全、技术装备、客货营销、经营管理等各个方面。信息技术的广泛渗透和关联带动作用将对各生产要素起到催化作用，可以使我国铁路在较高的起点上，大力推进产业的技术升

级。

铁路信息化的内涵丰富，可以简要概括为在统一规划及有序组织下，充分利用国内外先进的信息技术与网络资源，深入开发、运用各种信息资源及信息系统，逐步实现铁路市场经营、运输生产、社会服务、运行维护和管理决策等方面的现代化。铁路信息化的目的就是要有效运用先进信息技术改造和提升铁路产业，适应国民经济和社会发展的需求，最大限度提高铁路运输能力，增强市场竞争能力，实现减员增效，提高铁路行业经济效益和社会效益，为国民经济快速健康发展做出积极贡献。

经过几十年的建设，我国铁路信息化建设已初具规模，但仍需进一步提升以下四个方面。

1. 突出重点

中国铁路面临的主要矛盾仍然是铁路运能不能满足社会需求的问题，信息化建设必须按照铁路发展的思路，围绕提高运能的重点，优先安排有利于提高铁路运输能力和保障运输安全的项目。以调度指挥现代化为核心，加快新一代 CTC、TDCS 和计划调度管理系统（Operation Planning Management System，简称 OPMS）的建设，提高运输组织水平和线路通过能力；加快列车超速防护系统的试验，统一信号制式，为铁路大提速提供技术支撑；以实现货车追踪为重点，开展系统整合，提高车流推算和调整能力，结合运输生产布局调整，研究开发车流合理调整和空车合理分配的系统，压缩车辆使用周期；加强机车和车辆管理信息系统的建设，积极开展车辆检修运用的管理，促进车辆定期修向状态修的转变；建立集中的机车技术履历信息库，促进机车按机务段的固定配属向无固定配属或按大区域配属的转变，提高机车使用效率；加快线路、桥隧、气象等监测报警系统建设，形成综合监测中心，建立铁路监测报警、调度指挥、故障排除的有效机制，保障铁路运输安全，减少各种事故对运输生产的干扰。

2. 加强基础

信息系统能否正常运转并发挥应有效益，很大程度上取决于基层系统的运用情况，而因地制宜采用有效的信息采集或输入手段，是保证基层系统运用质量的重要环节。我国现有的一些系统运用效果不明显，很大程度上是由于原始信息的完整性、及时性、准确性达不到要求。因此，加强基础应是我国铁路信息化建设的一个重要方面，要在加快通道建设的前提下，采用多种联网方式，消灭信息报告的盲区，采用移动设备、语音设备等，增强信息报告的手段，保证信息的完整性和及时性；大力发展信息自动采集设备，保证信息的准确性；积极开展无线通信系统建设，解决车、地信息交换问题，将列车运行信息纳入系统管理。

3. 重视标准

标准化是实现资源共享的前提。统一的技术标准、基础编码标准和数据交换格式标准，不仅有利于铁路各信息系统内资源的共享，也有利于铁路与其他运输业、物流业和社会各行业的资源共享。

4. 系统整合

由于历史的原因，我国铁路各专业的信息系统是各自分期、独立开发建设的，各系统间、系

统内都存在资源共享不方便的问题，严重制约了综合应用的发展和投资效益的发挥。因此，加强系统整合，规范各专业系统的建设，避免重复投资，加强软、硬件和信息资源的共享，并为管理的集中化和逐步上移打好基础，已成为铁路信息化建设的重点。

(二)铁路信息资源

铁路现有信息资源大致可以分为 4 类，即铁路空间信息、铁路运输基础信息、铁路业务应用系统信息和决策支持信息。

铁路空间信息是关于铁路系统庞大的物质要素存在的空间分布和时序变化及其相互作用的信息。主要包括我国铁路运输系统内的管理和生产部门(如铁道部、铁路局、基层站段)、固定设备(如线路、桥梁、隧道、车站、信号)和移动设备(如机车、车辆)等的时空分布及相互联系的信息，如站名、线名、区段名、局名、分界口等字典，列车时刻表等信息。这部分信息一旦确定，一般不会发生改变。同时这部分信息也最为基础，支持铁路所有的生产运营活动。

铁路运输基础信息，即围绕铁路运输产生的信息，以十大基础信息为核心。十大基础信息分别是货运需求信息、货票信息、货物列车确报信息、客票信息、行包信息、机务信息、工务信息、车辆信息、财务信息和基础公用信息。例如，车数、车种、吨数、品名、发到站、装载名、吨数、车辆到站、车辆数、空车去向、发送办理件数、重量、品名、发到站、车辆分布、车辆履历、车辆状态、检修信息、票额分配、售票退票记录、机车出入段时分、列车运行及编组情况、机车履历、机车状态要求、编组内容、车次号、车种、编组顺序、货物装载品等信息都属于运输基础信息。这些信息大都由运输生产基层部门产生，是保证铁路运输生产正常运转的基础，也是形成铁路其他各种信息的基础。铁路运输基础信息与空间信息一样是整个铁路运输生产正常运转的信息资源基础，是铁路信息系统的总信息源之一。

铁路业务应用系统信息，即铁路业务管理信息系统产生的信息，是对铁路运输生产环节各工作的特征描述和分析。例如，机务管理信息系统、车辆管理信息系统、工务管理信息系统等系统中的信息，同时这部分信息还能够在分析的基础上产生新的、可供运输生产管理参考的信息(如统计分析系统、TMIS 系统、财务会计管理信息系统等系统中的信息)。这些管理信息系统产生的信息是通过对铁路基础信息进行筛选、甄别等工作，删除对于铁路运输生产经营没有价值的信息后产生的信息资源。

决策支持信息，主要是指能够辅助铁道部、铁路局、基层站段等各业务管理和生产部门的领导进行决策的信息。决策支持信息主要由业务综合管理分析系统、宏观与微观综合发展预测系统、生产管理仿真系统和专家与决策支持系统等综合应用与决策系统产生和提供。这类信息是在结合铁路空间信息、铁路运输基础信息及铁路业务应用信息的基础上，经过数据挖掘和知识发现的方法生成的数据。这类信息需要人工加工，而且由于参考的信息和个人主观上的一些因素，都可能导致此类信息的应用发生变化。目前，此类信息在很多企业中仍处于探讨阶段，在铁路行业中亦是如此。

这四类信息为铁路信息系统的建设提供了帮助和支持，使得铁路信息系统的建设有了依据，进一步为铁路信息化的实现提供了良好的基础。

铁路信息化的建设为铁路信息资源建设提供良好的基础，在进行铁路信息资源建设的过程中，铁路企业充分运用铁路信息化的成果，包括各个已经成功实施和正在实施的信息系统，这些成果可以更好地进行铁路信息资源的建设，使获取的基础数据保持一致，在进行信息资源的后期工作中，可以更加顺畅。反过来，铁路信息资源的建设又影响着铁路信息化的实施进程，铁路信息化的过程中涉及铁路信息系统的建立，在铁路信息系统建立的过程中，需要提供很多的基础数据，这些基础数据的一致性和可加工处理性越高，信息资源建设的程度越好，信息化的实施就越容易，铁路信息化建设的步伐也就越快。

第二节　铁路现有信息资源建设问题分析

信息技术的成熟应用加速了铁路信息化和铁路信息资源建设的进程，铁路信息化在投资、开发到再投资、再开发的循环往复中，虽然技术装备不断得到升级，而效果却不能同步提高，其问题表现在以下几个方面。

一、信息资源集成和共享水平相对不足

20 世纪 90 年代，铁路各部门在大规模开发或引进各种应用软件时，侧重于各种信息系统的独立开发应用。系统建设管理上没有统一的领导组织机构，缺乏全局规划的观念，数据的使用与维护上无统一的协调管理机构，缺少有效的指挥与协调，直接造成建设管理上的无序。铁路企业前期的信息资源建设大多缺乏长远与统筹规划，不同阶段只考虑各种局部需求，造成了各种不同应用系统的盲目引进，其中有上级部门下发推广的，也有自行开发或合作开发引进的。由于大多数应用系统之间没有统一的技术和数据标准，数据不能自动传递，缺乏有效的关联和共享，从而形成一个个彼此隔离的信息孤岛。

所谓的信息孤岛，是指相互之间在功能上不能关联互助、信息不能共享交换以及信息与业务流程和应用相互脱节的计算机应用系统。在整个信息技术产业飞速发展过程中，铁路企业信息技术应用也伴随着技术的发展而前进。与企业的其他变革明显不同的是，信息技术应用的变化速度更快，也就是说，企业每一次局部信息技术应用都可能与以前的应用不配套，也可能与以后的“更高级”的应用不兼容。因此，从铁路行业发展的角度来看，信息孤岛的产生有着一定的必然性。

在企业信息资源建设前期，各管理系统的建设没有遵循统一的标准规范，硬件与数据平台不统一，不同系统之间的连通性和互操作性较差，大量的基础数据需各系统各自维护，许多管理信息难以为其他系统及其管理人员及时利用，已建成的各系统之间难以实现数据的快捷流通，形成信息孤岛，这造成现有系统的相互割裂和信息利用的低效，给系统维护和软件推广工

作带来很大困难。例如，铁路的 TMIS 系统的许多子系统就是在不同的软硬件平台环境开发的，各自都有自身的运行环境要求，其运行方式、使用方式和信息数据的编码格式都不同（仅 TMIS 中就有 3 套编码格式）。因此，用户想要查询某个信息系统的信息数据时，必须在信息系统运行的软硬件环境下，采取与之相对应的查询方法。如果用户需要查询多个信息系统的信息数据时，必须学习、熟悉每个信息系统的各种命令和参数或请相关负责人进行查询，给用户的使用带来了极大的不便。同时，对于用户来说，需要为不同的信息系统配置不同的软硬件环境和终端，造成了设备资源的严重浪费。信息孤岛的存在所带来的弊端主要表现在以下几个方面。

（1）影响数据的一致性和准确性。信息孤岛的存在导致信息的多口采集、重复输入以及多头使用和维护，信息更新的同步性差，从而影响了数据的一致性和正确性，并使企业的信息资源拆乱分散和大量冗余，信息使用和管理效率低下，且失去了统一的、准确的依据。

（2）信息不能及时共享、反馈。由于业务功能缺乏信息共享与交互，致使铁路企业的物流、资金流和信息流脱节，结果造成账账不符、账物不符，不仅难以进行准确的财务核算，而且难以对业务过程及业务标准实施有效监控，导致不能及时发现经营管理过程中的问题，造成计划失控、库存过量、采购与销售环节的暗箱操作等现象，给企业带来无效劳动、资源浪费和效益流失等严重后果。

（3）铁路企业中的信息处于分散的状态。孤立的信息系统无法有效地提供跨部门、跨系统的综合性信息，各类数据不能形成有价值的信息，局部的信息不能提升为管理知识，以致对企业的决策支持作用受到影响。

（4）影响行业的发展。铁路企业信息孤岛的存在将影响信息化的集团化、行业化应用。不利于形成统一的规范。铁路是影响我国国民经济发展的一个行业，随着公路、民航参与竞争，铁路必须利用其特有的优势形成一个特定的行业优势。

现代铁路企业呈现出集团化、多元化的发展趋势，同一企业需要及时了解各地的运营情况，同一企业内不同部门、不同地区的员工也需要及时共享、交流大量的企业内部信息。随着铁路信息技术的普及，生产运营部门大量的数据都以原始形态保存，或者被加工成半成品储存起来，没有形成一定的知识体系。各个部门之间缺乏交流，仅仅能了解一些和自己部门相关的信息，对综合决策需要的其他部门的信息一无所知或者知之甚少；此外，部门之间交流的手段仍然没有与整个社会完全接轨，交流手段仍比较落后，更多的采用的是纸面交流的方式，各部门不能及时了解单位内部的最新动态，相关部门员工对铁路企业的整个近期发展战略、市场行情、部门经营状况、客货运营销状况没有一个系统的了解，这些都对管理人员的创新性和工作积极性造成了一定的影响。

随着铁路企业信息系统建设的深入，网络技术的不断成熟，企业管理信息系统的进一步发展，各企业均面临“系统整合”(Integration)和“系统重建”(Reengineering)两大基本问题，此时企业应做好以下几方面工作。

(1)理解企业的数据流。铁路企业庞大的数据信息，使得在进行信息资源建设时，必须要理顺这些基础数据，才能更好地与现代信息技术相结合。铁路信息系统的建设是铁路信息资源建设的核心，信息系统的实施是建立在完善的基础数据之上的，信息系统的成功运行则是基于对基础数据的科学管理。铁路企业需要一个很严密的信息系统，数据处理的准备性、及时性和可靠性是以各业务环节数据的完整性和准确性为基础的。理解企业的数据流是铁路企业进行信息资源建设成功的关键之一。

(2)统一进行信息资源规划。进行信息资源建设时统筹协调机构，对信息资源建设进行整体规划及统一部署，建立各部门协调发展的可持续发展目标，改变各机构各部门自行其是的现象。

(3)通过集成平台实现系统应用的集成。集成平台是可以适应于不同系统之间信息共享的通用工具，就是通过企业应用集成技术将企业的业务流程、公共数据、应用软件、硬件和各种标准联合起来，在不同企业应用系统之间实现无缝集成，使它们像一个整体一样进行业务处理和信息共享。当在多个企业系统之间进行商务交易的时候，集成平台也可以为不同企业之间实现系统集成。集成时还应该注意数据信息的有序性、系统性，要进行全局范围内的信息资源规划工作。

信息孤岛是一个长期存在的现象，对现存的信息孤岛采用集成的方式，对个别无法集成的旧系统采用替换升级的方式实现信息共享，必要时从规划开始对现有系统进行全面的升级和改造。通过统一的信息化规划，保证信息标准的统一和来源的唯一性，在满足目前信息化需求的同时为将来实施新的系统奠定良好的基础，确保实施新系统时遵循统一标准，实现系统之间的集成和信息共享，避免出现新的信息孤岛，从而高起点、高效率地进行高效益的信息资源建设。

二、信息资源质量相对较差

随着铁路采用各种应用系统，相关业务数据开始以几何级数迅速增长，所处理的信息量正在迅速膨胀，铁路信息资源建设过程中面临着信息过剩、信息污染的局面。由于信息存储在不同的地方，通过不同的系统获取，数据之间很难整合和共享，甚至相同地方的数据也存在着数据的不一致和不完整。

大量的数据无法得到处理，沉积在铁道部各级部门数据库中的各种信息无法通过分类、归并和汇总等操作实现信息和数据的集成和共享，使铁路企业的信息资源建设过程中信息资源质量较差。无法明确部门间哪些数据需要共享，哪些数据要上报企业领导，哪些部门需要获取外部的知识或信息，企业的哪些数据需要对外发布和宣传，哪些数据需要保密，站段与铁路局交换哪些数据等。因此，也就造成了信息资源的内容质量较差，冗余数据、过时数据、错误数据多，微观信息多而支持宏观决策的高层次信息少，面向路外服务和与路外单位交换的信息更少，这些客观因素不能满足目前铁路适应信息社会环境、加强竞争能力和提高服务水平的需要。

三、信息资源配置不够合理

信息资源配置是指以人们的信息资源需求为依据，以信息资源配置的效率和效果为指导，调整当前的信息资源分布和分配预期的过程。从管理层次上看，信息资源配置可分为宏观管理、中观管理和微观管理。

基于我国铁路目前的管理层次，铁路信息资源配置涵盖宏观、中观和微观层次的内容，具有其特殊复杂性。

铁路现有的信息资源，即铁路空间信息、铁路运输基础信息、铁路业务应用系统信息、决策支持信息，四种信息资源的分布成金字塔形。在这个结构框架中，每一层所产生的信息数量是不相同的，基层站段产生的信息最多，铁路局次之，铁道部最少。

宏观层次的信息资源配置是一种战略性管理。铁路企业的宏观层次的信息主要是指铁路的决策支持信息。决策支持信息要求有来自各个铁路局信息的支持，铁路局的信息又需要各个基层站段信息的支持，铁路企业业务流程复杂，传递范围跨区域、跨时区，它们在各个区域、各个部门产生海量数据，而这些信息资源又不分层次的保存在各自的部门或是铁路局内，每个地区各自为政，相互沟通滞后现象严重。例如，铁路上级部门需要具体数据，但是各个铁路局由于所采用的系统不一致，虽然有海量的基础信息数据，但是上下级之间的数据语义冲突，下级不能很好地为上级提供决策支持数据，造成了决策支持信息的相对缺乏。

中观层次的信息资源配置具有承上启下的作用。铁路的业务应用系统信息是属于中观层次的，铁路的业务信息与铁路所处的的位置和外部环境，通常交通主干道上的业务信息是比较庞大和复杂的。铁路的基础建设和信息资源的分布必须结合所在区域的建设情况和所在线路的特点，进行规划。我国铁路采用的是客货混运，对业务应用系统的要求相对较高，加之国家铁路线分布复杂，各基层站段缺乏沟通和联系或者只和自己周围的站段进行联系，使得铁路局在进行信息资源规划的时候缺乏宏观的指导，进而影响铁路信息资源的建设和铁路信息化的发展。

微观层次的信息资源配置是信息资源管理的实施层。铁路现有资源中，铁路空间信息和运输基础信息是最多的，而且以各个站段的收集整理为主，站段之间的沟通较少，资源不能得到很好的利用及汇总，铁路局获得的信息是在各站段基础上的，信息之间的相互不匹配没有得以解决，使得可以供决策支持的信息大量减少。

四、信息资源建设规划不足

铁路企业信息化起步较早，铁路信息化总体思路形成较早。20 世纪 90 年代就开始实施面向业务操作层面的部门业务计算机应用，这些企业的部门主要从部门内部的业务出发，开发满足部门业务操作的管理系统，每建立一个应用系统就单独建立一个数据库，这样不同的应用就拥有不同的数据库。这些数据库可能来自不同的厂商、不同版本，各个数据库自成体系，互

相之间没有联系，数据编码和信息标准也不统一，给后期的信息资源建设规划造成了一定的影响。

在2005年铁路改革之前，铁路企业所使用的信息系统缺乏统一的维护接口和统一的标准等；另一方面没有规划好一个可靠易用的网络共享平台，造成了铁路现有的信息资源共享并没有达到理想状况，从而不能充分利用整个铁路系统中所蕴涵的丰富的铁路信息资源。

随着信息技术手段在信息资源建设过程中的应用和不断推进，原有的信息资源规划已经不能满足现在的信息资源建设的要求，不能适应新形势下的信息资源建设的新趋势。在进行现有信息资源规划的过程中，由于对新形势的认识和估计不足，以及资金等各方面的问题，导致信息资源建设规划过程不统一。

在铁路改革之后，铁道部党组决定撤销全路所有铁路分局，实行铁路局直接管理站段体制，实行大面积、大范围的信息系统更换和升级，已经取得了初步的成就。但是在进行信息资源建设时仍要统筹协调机构，对信息资源建设进行整体规划及统一部署，建立各部门协调发展的可持续发展目标，改变各机构、各部门自行其是的现象。机构内部的各种资源的配置要从整体优化的角度考虑，资金、设备、技术、人员、信息等要素要达到低投入、低消耗、高效率的可持续使用。这样有助于解决信息资源的低水平重复建设及开发利用效率低等问题，有助于管理者通过对系统内外界环境的分析，从全局上把握信息资源建设的方向及目标，采用有效手段配置信息资源，使信息资源在时间、空间上分布合理，通过制定信息战略目标、重点和策略来协调各部门、各单位的活动，使之形成合力，实现组织高效率运作及长远目标规划。

五、企业管理观念和制度相对落后

长期以来，社会环境的各种变化都给铁路的管理理念和制度提出了新的挑战，铁路特有的性质限制了其管理理念的深层变革，它的公有制体系也给其工作人员带来了一些局限性。从深层原因看，铁路企业管理的条条框框阻碍了信息的畅通。各铁路局分管了铁路的各项业务，并且一些业务也只能是分开执行的，这在无意中也就分割了铁路企业原本应该统一的信息数据。各铁路局的信息化程度和信息资源建设的程度有所不同，甚至各铁路局在做出一些决策的时候缺乏和同级部门的横向交流，造成了铁路企业总体信息资源建设需求的不同。因此，企业有关管理人员在对信息资源建设进行规划和管理时，会因为所关心的重点不同造成其方案可能会缺乏全局观，从而使企业整体的业务流和数据流在信息资源建设和各信息系统建设的过程中不能很好地反映出来。

信息资源建设需要各方面的配合，尤其与企业管理理念相结合，才能真正融入企业管理的实践中去，才能发挥信息资源的最大作用。首先，一些铁路单位长期以来处于技术和管理理念相对落后、状态，生产和管理过程尚未合理化、规范化，缺乏内部增值动力和外部竞争压力，没有把开发利用信息资源作为企业自我发展的内在需求和提高企业竞争力的有效途径。其次，采用信息技术后，仍沿用传统的作业流程，组织机构、管理流程和规章制度没有实质性的改变，

信息化效益难以充分发挥。部分铁路局虽然自建或引进了先进的管理信息系统，但是管理观念和管理制度也没有得到相应的更新换代，致使企业的管理活动存在很多障碍，企业的信息资源建设不能秩序井然的进行，其整体效应也就很难发挥。再次，没有全体员工的热情参与和支持，企业的信息资源开发利用工作是不可能取得成功的。负责信息化的部门认识到信息资源的重要性，但是其他部门对信息资源建设的认识则相对比较肤浅。随着信息化浪潮的冲击，员工对信息工作的认识一般会有所提高，但不一定会很深刻具体。与一些信息化程度较高和信息资源建设较好的企业（如金融行业）相比，铁路企业员工的信息化技能水平相对较低，致使铁路员工在行动上受到了一定的限制，不能积极配合铁路企业实现信息化工作的良好开展，也造成了铁路信息工作在开展上不能如期达到预期效果。

信息资源建设是一个长期而复杂的工程，随着时代的进步也在不断发展变化之中。信息技术的发展，尤其是铁路信息系统的建设，加快了铁路信息资源建设的步伐，同时也对铁路信息资源建设提出了一定的挑战。首先，铁路企业中的一些部门信息共享意识相对比较落后，信息共享性相对比较差，没有认识到信息资源建设的最终目的，对信息共享的认识存在着一定的误区，比如认为拥有的信息越多，权力也越大，决策也越好等，因此很多应该共享的信息不愿与其他部门共享，致使信息资源分布不能得到优化。其次，在信息资源的供给和需求之间存在着一种不平衡关系。从资源短缺假设与供求平衡原理的适用性看，信息资源相对于人们无限多样的需求而言是稀缺的。在信息市场机制没有建立起来的时候，没有制度、机制对市场需求进行引导，不能用经济手段鼓励铁路各方面建设信息数据库，从而开发信息资源就不会有供求关系的均衡发展。信息资源开发利用的滞后，表层现象是开发者积极性不高，实质上是与没有建立利益补偿机制有关，缺少组织开发与利用信息资源的原动力。解决信息资源开发利用滞后的关键，是平衡各方之间的利益关系。最后，从保护个人产权假设与等价交换原理适用性看，信息资源的保护问题相当敏感，其中最突出的是版权保护。尤其在网络环境下，信息资源开发和增值作为无形资产，加强保护意识对促进信息的加工、开发、流通、保护的意义非常重大。

第三节　铁路信息资源对铁路信息化的影响

铁路信息化就像加速器和催化剂，能够高效、安全地推动铁路运输生产和管理的发展。铁路信息化的建设与实现，使铁路信息资源、设备资源的各项功能得到有效的利用，运输安全、运输指挥、运输效率、运输经营有可靠的支撑，运输经济才能够持续、稳定地发展。铁路信息资源建设的水平对于铁路信息化的建设与实现有着不可忽视的作用。

一、信息资源建设水平对信息化水平的影响

信息资源是企业最重要的资源之一，开发信息资源既是企业信息化的出发点，又是企业信息化的归宿。而建立信息资源管理的基础标准，从而保证标准化、规范化地组织好信息，就是

开发信息资源的基本工作。1997年，国务院出台的“国家信息化规划”就明确了中国信息化建设的基本框架，如图2-2所示。从图中可以看出，信息资源的建设在企业信息化的建设中起着重要的作用。

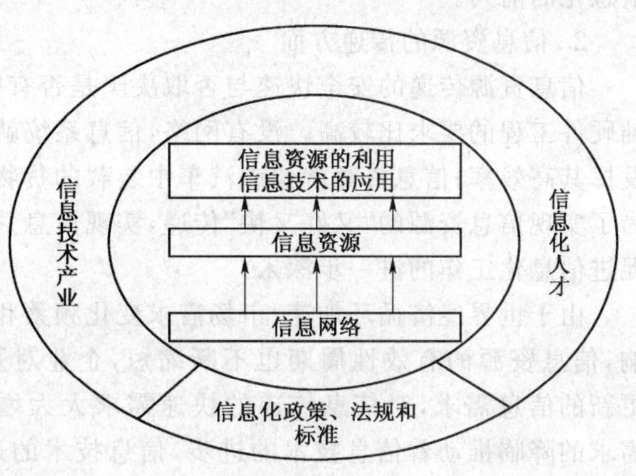

图2-2　中国信息化建设基本框架

1. 信息资源的采集方面

对于一个中大型企业来说，其业务处理方式多种多样，随着时间的变化及组织结构的改变，业务处理方式也会随之发生变化，业务处理必然涉及大量的数据信息，这些信息被采集后进入到各种复杂的业务处理过程中。如果信息冗余大、一致性差、准确度低，那么必然会影响到业务处理。所以，实现企业信息化的首要问题就是信息的采集。

信息资源的采集和积累是企业信息化的前提和基础，采集的信息资源的质量是企业信息化应用是否发挥作用的关键所在。首先，信息资源不是仅靠花钱就可以买到的，它是信息化建设中最重要的基础性的软设施。形象地说，铁路企业计算机通信网络平台就好比是路，企业信息资源就好比是货物，TMIS、TDCS、CTC等各种应用系统好比是交通工具，只有对信息资源的充分采集开发才能避免“跑空车”的现象，才能确保信息化的成效。其次，缺乏信息标准就会造成信息采集不全面，该采集的信息没有采集，该录入的信息没有录入的问题，使得大量的信息仍以一次性信息的方式存在，无法实现共享和进一步的利用。再次，不规范造成信息采集质量不高，采集录入的信息项目不全，存在信息失真等现象，导致不能为日常的业务处理和决策支持提供有力的支持。最后，只有对信息资源的采集及时，才能发挥其作用，使得企业抓住商机。因此，信息资源的采集是企业信息化应用效益提高的关键环节，信息越全面、质量越高、时效性和共享性越强，企业立足本职，掌握市场，把握商机的信息优势就越大。

为保证信息的较高层次的质量和标准化，信息的采集起着至关重要的作用。针对信息多头统计、冗余大、共享性差、一致性差、准确度低的问题，国内一些企业都采取了一定的措施。例如，人民银行实施的信息采集流程方案是：统一考虑全行各主要部门的需求，对常规工作所需的由下级机构或其他金融机构上报的主要金融信息，变各部门分别采集为统一采集，达到一次采集，多次使用。即以一个较稳定的、相对集中的信息集为基础，对它一次采集，在此基础上派生出人民银行各部门所需的各种信息，建立管理信息系统。这个采集信息集被称为基础信息集，它是由金融机构通过营运而得到的，直接反映金融系统基本情况的信息。经过累加、汇总、组合，它可派生出人民银行各部门所需的各类金融信息。基础信息集具有相对稳定、无冗余的特点，可较好适应人民银行在当前情况下业务处理方式多变的要求。该方案的推广使得人民银行不仅是最大的金融信息收集者，而且是金融信息资源的最大拥有者，走在了国内企业信息化的前列。

2. 信息资源的传递方面

信息资源传递的安全快速与否取决于是否有四通八达的网络传输通道，即对于信息化基础硬件工程的要求比较高。没有网络，信息系统就像在泥泞的路面上行驶的汽车一样，不可能发挥其高效率；信息资源就像该汽车中装载的货物，无法更好更快地送到目的地。因此，企业为了实现信息资源的“又好又快”传递，实现信息共享，会注入大量的资金建设网络基础设施，促进信息化工作的进一步深入。

由于世界经济循环加速、市场需求变化频繁和企业生产稳定性周期不断缩短等因素的影响，信息资源的有效性周期也不断缩短，企业对及时更新的信息需求，对信息传递的快速需求大大增强。需求的降临推动着信息技术的进步，信息技术的进步推动着信息资源传递的更加高效、快捷，信息资源传递的高速、快捷深化信息资源运用的深度和广度，进而不断充实企业信息化的内涵。如图 2-3 所示，显示了信息需求、信息技术和信息资源运用的深度和广度三者之间的关系。

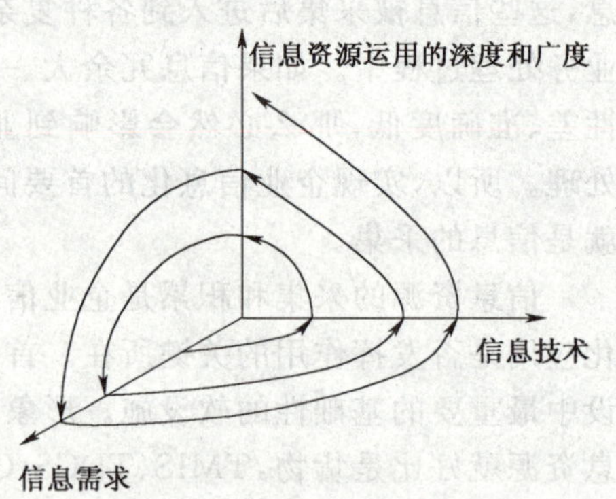

图 2-3　信息需求、信息技术和信息资源运用的深度和广度三者之间的关系

加快信息资源的传递，可以简化管理运作环节和程序，促进组织结构的改革，降低管理成本，提高管理效率，提升企业信息化水平。信息资源“又好又快”地传递促进组织结构的变革。根据需求，缩短甚至取消中间不必要的管理层或者用软件取代其功能，减少流程节点中不增值的环节，使流程快捷、顺畅，更好地满足内、外部客户的需要。此外，组织结构的变革也重新定义，影响和丰富着信息资源策略发展的内涵。

信息资源“又好又快”地传递决定着企业业务的重组，鼓励企业发展新业务模式，增强企业核心竞争力。通过把各种相对独立的流程中的信息共享，促使很多物理上相对独立的流程形成虚拟的统一的流程体系，进而发展出更加敏捷反应的业务模式。围绕着信息资源开发利用为主旋律的企业信息化发展，正逐渐改变企业的核心竞争力。

3. 信息资源的存储方面

如果说信息资源的采集和传递是在为企业创造财富，那么就可以认为信息资源的存储是在为企业守住财富。我们要做的是要保证数据不仅在采集的时候是高质的，也要守住高质，不让信息资源的质量因为时间的推移而变质。众所周知，信息时代的来临已使企业和信息技术日益紧密地结合在一起，企业业务的发展离不开信息系统，信息化为企业带来了高效的传输、方便的管理、高质的服务水平和敏捷的反应能力等等。然而，硬件与软件都无法构成信息系统

的核心价值，只有存储于计算机中的数据才是真正的财富，新的程序和应用需要信息的驱动才能真正发挥效益。对于企业的关键业务来说，哪怕是几分钟的业务中断和数据丢失所带来的损失也往往是难以估量的。

只有完整的数据存储备份策略才能为企业信息化提供万无一失的数据安全保护。有些企业虽然对数据进行了备份，但存储数据的设备其实就在同一台服务器内的不同磁盘，或者因为存储数据的磁带因为种种外界原因受到影响，而无法恢复数据。例如，由于战争、地震等造成的灾害是属于不可恢复性的，存储在同一地方的数据可能因为这些原因造成不可恢复，所以对数据存储的要求也提出了更高的要求。网络存储特有的特点让它在近几年得到迅猛发展，远程异地备份逐渐成为企业首选的备份方案，当某一服务器受到损害之后，存储于数据中心的数据能迅速得到恢复。此外，随着企业规模的迅速增长，导致它需要在世界各地开设办事处或者分公司，而这时同样需要把各个地区的数据集中备份起来，以便信息能得到迅速的交流。

如今，信息资源的存储已经得到了企业的高度重视，企业纷纷为此付出大量的财力物力，并且取得了一定的成果。

4. 信息资源的应用方面

美国著名未来学家托夫勒说过："谁掌握了信息，控制了网络，谁将拥有整个世界"，这里需要将"掌握"、"控制"不只理解为"占有"，更应理解为"充分挖掘、充分利用"。企业一方面拥有大量的信息，一方面企业在利用信息的时候，有用信息又较少。通常企业拥有大量的信息（如销售额，供应商、客户基本信息等），现在的关键是能从大量的信息中获得对业务开展，决策支持有用的信息。信息资源的应用是企业信息化的目的和归宿，企业实现信息化是以有效利用信息资源为核心。

（1）企业信息化水平的提升不断扩大信息资源的应用的内涵。从 MRP（Material Requirement Planning，物资需求计划）到 ERP（Enterprise Resource Planning，企业资源计划），再到 SCM（Supply Chain Management，供应链管理），企业信息资源应用模式从企业内部信息资源的管理逐渐转化为超越企业之外的企业内外部业务协同。这些信息化的产品始终以企业的经营目标为前提，以管理目标为对象推进着信息资源运用范围的不断深入，不断扩大着信息资源应用的内涵与外延，不断地为企业赢得更多的效益。而且，随着信息资源运用到一定程度也势必要扩张信息资源的获取范围，促进这企业信息化的深入。

（2）信息资源的应用在低层应用和高层应用两个环节实现着企业信息化的目的。其中，低层应用指的是企业业务处理层次的应用。如促进企业内部员工交流、共享信息的 OA 系统，提升企业信息资源向客户服务的效率的各种数据库，发布企业动态信息的门户网站，MRP、ERP、SCM 等各种支持企业业务经营的管理信息系统等。通过对成功案例的简要分析得出结论，即从信息资源的采集和传递到信息资源的管理与应用，无一不在企业实现信息化的过程中起着十分重要的作用。采集是前提，传递是基础，管理是关键，应用是目的。只有抓好信息资源建设过程中的每一个环节，才能使信息系统真正发挥作用，也就使企业真正实现信息化成为可能。

二、铁路信息资源建设对铁路信息化的影响

铁路运输是国民经济的大动脉，连接着社会经济的各个方面和各个行业。铁路各级管理人员既要进行计划、组织与协调工作，又要及时、准确地发布指挥命令；既要进行信息处理工作，又要考虑动态变化的环境影响和各种随机因素的干扰。因此，铁路系统的复杂性几乎超出了人工掌握的限度，铁路信息资源建设的脚步必须及时跟进。

结合信息资源在信息化建设中所处的地位和铁路企业的特点，铁路信息资源的建设将直接影响铁路信息化的建设和铁路企业的运营，主要体现在以下几个方面。

1. 运输组织与生产的效率

铁路信息化首先保证的是运输组织与生产的效率。生产效率的提高与铁路信息资源的建设水平相关，有关客、货运输市场的生产、经营的大量信息必须实时、准确、快速地反映到各层业务与技术操作人员，他们根据这些信息分析、判断并做出迅速的反应，实现对铁路运输中的营销、生产、经营活动的精确控制。这一过程的实现有赖于铁路企业信息资源建设的水平。

我国铁路网覆盖的范围广大，要求铁路企业对于铁路网的控制能力比较强。一些地区的铁路网在遇到自然灾害时，容易引起中断，尤其是运输任务比较繁重的京广线上，在 2008 年初的冰冻灾害中，铁路网的运输一度受阻，造成火车滞留的现象，这对于铁路信息化也提出了更高的要求，如何保证铁路最高质量、高效率的运输也成为铁路信息化所面临的一个主要问题。

各业务信息系统的广泛应用，为铁路信息资源建设提供了良好的基础，不但在管理上摆脱了繁重的日常劳动，解放了生产力，而且使得信息的采集更加容易和准确，使公文与政令的传递速度加快，业务管理人员及时了解相关部门的情况、掌握有关信息，使各方面工作更加协调，从而大幅度提高铁路运输组织与生产的效率。

2. 铁路的行车安全

铁路的行车安全与铁路信息资源建设的水平息息相关。铁路信息资源建设中各个铁路局的信息采集过程统一之后，可以对列车进行实时监控，改变了原有的行车方式，这也为铁路提速提供了一个良好的基础。

信息化与过程控制、信号系统构成了完整的列车安全保障运行体系，保证准确、及时、完善的基础数据采集和可靠的信号指令，从而使铁路各相关业务部门全面了解基础设备完好状态、行车安全状态、客货运输安全状态等，做到车上、车下行车与安全基础数据共享，实时交互控制与反馈，使现场工作人员和控制管理人员掌握其操作的设备及其工作环境的相关情况，并根据掌握的实时信息，一旦出现异常情况，能够迅速做出反映和决断，避免故障的扩大和事故的发生，使行车系统安全有了强有力的信息化保障。

3. 营销、客货服务的高度现代化

铁路信息化的实现将缩短旅客和货主与铁路的距离，旅客和货主不但可及时了解铁路提供的各种服务，还可及时查询他们所关心的各种信息，如列车到发时刻、票价、托运货物的状态及到达时间等。旅客和货主可以足不出户，办理各种业务，通过 Internet 直接订票、购票及申请和办理货物托运，最大限度地缩短他们获得铁路服务的时间。例如，旅客可在家中通过计算机接入 Internet 实时动态地查询列车时刻表、票价和城市间列车的接续时间，最终确定自己的旅行计划；旅客也可通过 Internet 到铁路站点查询实时的列车到发信息，方便旅客迎接客人，避免接站的人长时间等待晚点列车并造成车站拥堵；货主可通过电子商务或 EDI 系统在家中或办公室向铁路部门询价，填写货物运输申请单，并运用电子商务手段办理货物运输委托与网上支付运费等；货主可通过自己的计算机追踪所托货物的位置与状态，一旦出现偏差及时与铁路联系采取补救措施；如若发生货物到达时间延迟或货物丢损，货主可在网上申请理赔与补偿。

上述过程都需要铁路的整个客票和货票系统实现信息资源的统一性和充分共享性，与信息资源建设息息相关。目前，中国的 TRS 已经能基本满足旅客的需求，旅客可以通过计算机查询自己所需要的信息，包括列车时刻表、票价等方面的信息，并进行远程订票。

4. 运输管理、决策科学化的实现

铁路企业的运输管理和决策都需要依靠信息化进行科学运作经营。管理部门进行决策的基础是有足够的决策支持信息。如果铁路运营各部门、各层次之间能够互通、互联并达到信息资源共享，那么系统资源（信息资源、信息技术、网络资源以及国内外各种信息技术、信息资源）必将科学用于管理决策之中。

全路生产经营的各级部门和领导，都可以根据市场行情、市场信息、铁路系统各种资源现状和利用情况，进行及时的预测分析，研究科学的管理、生产、经营与发展的科学决策方案。也就是说，铁路信息资源建设将帮助铁路信息化，使全路的经营始终处于科学、有序、可靠、安全的运行状态，从而发挥铁路最大的经济效益。

5. 管理体制及其改革

随着信息资源逐渐成为企业的战略资源之一，信息资源建设在企业中所处的地位越来越重要，信息资源的建设将影响铁路企业的管理体制的改革和发展。铁路信息资源建设需要一定素质和知识基础的技术人员，信息资源建设为铁路信息化提供支持，在信息资源建设的基础上，信息化的实现不但起到了提高工作效益和减少人员的双重目的，而且可以协调和改造全路产业结构，以及培养全面的高素质科技人才和管理干部，为铁路改革与发展注入新的活力。铁路撤销分局，直接由铁路局实现对基层站段的管理，也立足于高水平的铁路信息资源建设。实行铁路局直接管理站段的管理体制，减少了运力配置的中间层次，有利于提高组织管理效能，优化运输组织，提高运输效率；有利于发挥铁路新技术装备的作用；有利于减少运营管理成本；有利于推进铁路运输企业建立现代企业制度，构建铁路新的管理体制；有利于铁路局更好地履行安全责任主体的职责，提高安全管理效率。

第四节　铁路信息资源建设目标与原则

在进行铁路信息资源建设的过程中，为能够满足用户需求，信息资源建设必须遵循一定的原则，从而达到铁路信息资源建设的目标。

一、铁路信息资源建设目标

从上述铁路信息资源建设中出现的问题和特性的分析，可以拟定信息资源建设的目标为：从信息网络整体出发，进行合理的信息资源建设，并最终实现各种信息资源的协调合作，逐步形成一个互通有无、互相补充、方便用户使用的信息资源结构体系，从而在有限的客观条件下，利用群体优势，以尽可能小的投入发挥尽可能大的网络中各类信息资源的整体效益。

铁路信息资源建设的最终目标是为了实现资源的有效共享和充分满足各类用户的需求，从而提高铁路企业的生产力和竞争力。对于中国铁路这样一个庞大的铁路网，铁路信息资源的目标也应该分级建设，从基层站段开始抓起，从一开始就使信息的采集更加有效，进而加强各个铁路局之间沟通和交流，使得信息资源建设过程更加流畅。

在铁路各基层站段信息资源建设中，首先应该注意的是数据的采集。国外铁路公司非常重视数据的采集，他们通过引进多种新设备丰富数据自动采集和信息上报的手段。其中，美国联合太平洋铁路公司通过安装地面读出器，报告列车编组、出发、到达和车辆摘挂情况，同时还为机车乘务员配备了专用的便携式手写输入计算机，供机车乘务员报告工作情况。在集装箱车站建立了无线报告系统，货车司机携带可移动报告装置，随时报告集装箱进出和场内移动信息。这些措施都使得信息资源的采集更加准确。中国铁路由于其自身的特点，不能单纯模仿国外铁路公司，应该在借鉴国外铁路信息资源建设经验的基础上，结合本地特征进行信息资源建设过程的规划，基层站段信息资源建设的目标则是保证数据采集的一致性和与其他站段之间的沟通，为铁路局和铁道部信息资源建设提供良好的基础和接口。

在各铁路局信息资源建设中，主要进行的工作就是信息的传递和加工，他们的主要任务就是把从各基层站段收集到的信息进行加工、存储和优化成为上一级服务的信息，并做好与其他铁路局的信息交换和传递工作。中国铁路线覆盖范围之广，各个铁路局之间需要交换大量的信息。国外铁路公司也非常重视铁路信息交换的问题，并为此出台了许多规定和标准，规定了必须交换的信息，数据格式和基础编码等。此外，国外对于进行交换的数据的标准也做了大量的工作。

中国铁路在这一方面做得比较好的就是客票发售与预订系统，中国铁路客票发售与预订系统由中央级、地区级与车站级三层结构组成，包括全国票务中心管理系统、地区票务中心管理系统与车站电子售票系统，系统采取集中与分布相结合的方案，在全路票务中心内安装中央数据库，主要用于计划与调度全系统的数据，并接收下一系统的统计数据与财务结算数据；

在地区票务中心设有地区数据库，主要用于计划与调度本地区数据，并可响应异地购票请求；车站售票系统，它主要具有售票、预订、退票、异地售票、统计等多种功能。中国铁路客票发售与预订系统实现了计算机联网售票，并且有出售返程、联程等异地购票的功能，实现了票额、坐席、制票、计算、结算与统计等计算机管理，提高了数据的一致性和标准性。其他的业务系统可以参照铁路客票发售与预订系统。目前中国铁路正在以 TDCS 为平台，以 CTC 为核心，实现 TMIS 和 TDCS 的结合，大力推进铁路运输调度生产指挥现代化。因此，各铁路局以技术为依托，实现对基础信息的加工，做好与其他铁路局的交流，实现初步的集中调度指挥。

铁道部具体拟定铁路行业技术政策、标准和管理法规，负责铁路技术监督，组织重大新技术、新产品的研究和成果鉴定；组织引进国外先进技术；培育和规范铁路运输市场，统一管理全国铁路调度指挥工作；负责国家铁路运输的宏观管理、监督、检查国家铁路安全生产和路风建设；组织管理国家铁路战备工作。主要实现的是宏观管理的过程，因此铁道部应该利用各基层站段和各铁路局所提供的信息，结合市场和行业特点，对铁路企业信息资源建设进行规划，使得信息资源最终能够得到有效共享和充分满足用户需求，利用好信息资源这一战略资源，提高铁路企业在运输领域的竞争力。

二、铁路信息资源建设原则

铁路在信息资源建设中，总是要遵照一定的方针、原则来规划、调整、组织、管理信息资源。通过对铁路信息资源建设中实践经验的总结与概括，并结合铁路信息资源建设的目标，可以归纳出我国铁路信息资源建设的主要原则。该原则主要包括以下几个方面。

1. 满足需求原则

铁路信息资源建设的目的就是为了方便用户更加有效地利用信息资源，即进行信息资源建设时，应以满足信息用户需求作为出发点和归宿。因此，需求是信息资源建设过程构建和运行的基础，同时需求也是信息资源建设的动力之所在。因此，从信息需求的角度出发，适应和满足铁路经济发展和建设的需要是进行信息资源建设时应遵循的最基本的原则。

用户的信息需求体现了用户的需要，用户的需求是一种客观存在，它的产生通常不取决于人的主观意志，是用户自身及其所处的自然环境和社会条件等多种因素的综合产物。在进行信息资源建设的过程中，必须一切以满足用户需求出发，同时在满足用户现有需求的基础上，还应该预测用户未来的信息需求，从而更准确、更及时地进行信息资源建设。随着铁路信息化的进一步推进，铁路信息资源建设在跟进铁路信息化的基础上也应该充分考虑铁路未来的信息需求，从而保证铁路信息资源建设的顺利进行。

2. 系统性、完整性原则

即从时间、空间和数量三方面尽可能保持整个信息资源网络中信息资源的全面性、系统

性，以保证能充分满足用户多方面的需求。

3. 合作性原则

在进行信息资源建设过程中，分立的各信息系统能够进行合理分工与合作，立足整体，放眼全局，以大局为重，相互配合，调剂余缺，避免不必要的重复建设和浪费，从而使信息资源建设的整体效益达到最大。

4. 一致性原则

在进行信息资源建设过程中，其基础信息的建设要进行统一规划，即信息资源的加工、标引等要统一，实行标准化，这样才能保证信息资源建设的目的，最大限度地实现信息共享。铁路客票发售与预订系统已经很好地做到了这一点，票价、票面整体实现了一致性，保证了在每一个联网售票点都能得到相同的车票。

5. 层次性原则

信息资源本身的层次性和用户需求的层次性决定了信息资源建设的层次性。所谓信息资源的层次性是指信息内容上的层次性和信息载体的层次性。信息资源中包含的内容有深有浅，可以是基础信息，也可以是加工处理后的信息，或者是最终的决策支持信息；载体上的层次性则是指信息所呈现出来的形式，包括文献信息、脱机的电子文件信息、在线的电子信息以及实务信息等。用户需求的层次性是指不同层次用户对信息的需求是不同的，体现为不同的用户群对信息资源的需求和使用，在类别、时间、水平、范围、深度上都有所不同，从而形成一定的专指性和不同的层次。

6. 动态性原则

信息资源建设是一个长期的事情，而且建成的信息资源不是一成不变的，尽管信息资源在一定时间内具有相对的稳定性，但是信息资源建设总的趋势是不断变化、发展的。信息资源建设过程的动态性主要受下面几个方面的因素影响。

(1)信息资源供给能力的动态性。受社会政治、经济和科技等因素的影响，信息资源供给能力是不断变化的，而且呈不断上升的趋势。

(2)信息资源本身的动态性。信息资源本身的动态性包括两个方面：一是信息资源载体的动态性，铁路企业每时每刻都在产生大量的基础信息，这些基础信息可能承载于不同的物质载体之上，而信息的载体具有一定的使用寿命，必须对其进行备份和更新；二是信息资源的内容具有一定的时代性和局限性，因此需要对其不断地进行剔旧和更新。

(3)信息资源需求的动态性。信息资源需求的动态性是指随着社会的发展和时代的进步，信息用户的兴趣、爱好、追求和任务等也在不断的变化之中，从而直接导致信息资源需求的动态性。

除上述几个方面因素外，信息资源建设的动态性还受信息资源价格的动态性和购买者经济实力的影响。

7. 渐进性原则

信息资源的建设需要一个逐步趋近合理的过程。所谓合理性从实际使用出发，规划、选择、收集、整序、组织和管理信息资源，以最大限度地符合其信息资源建设的宗旨，并满足其使用者的需求。合理性也是信息资源建设追求的目标。在这个过程中，需要不断地进行修正，以达到信息资源建设的目的。

除上述原则外，结合当前的网络环境的需求，还要特别注意以下几点。

(1)信息资源的建设既要有整体观、全局观，又要充分考虑当时当地所处环境的软硬件条件、资源条件和用户实际需求，尽可能便于用户对于信息资源的使用。要充分考虑用户对信息资源在地理上的可近性、在获取方式上的方便性、在形式上的可接受性和在内容上的可理解性。例如，在一些通信技术欠发达的铁路基层站段过分强调网络信息资源，而忽视脱机的磁带、光盘等信息资源，则显得有点脱离实际。

(2)进行信息资源建设的过程中应该突出信息安全这一原则。从宏观来讲，铁路在进行信息资源建设过程中需要配置广域网，应该充分考虑铁路安全的需要，铁路信息资源可能会因种种意外和人为因素遭受侵袭、破坏等，因此，信息资源在地理上的分布应有相对应的分布配置。从微观看，信息资源建设的目的就是为了实现信息资源的共享，但是共享的前提是确保信息的安全和信息不被损坏和随意篡改，而且涉及安全、隐私、与其他企业竞争利益等方面的信息资源也必须在保证安全的前提下实现信息资源共享。

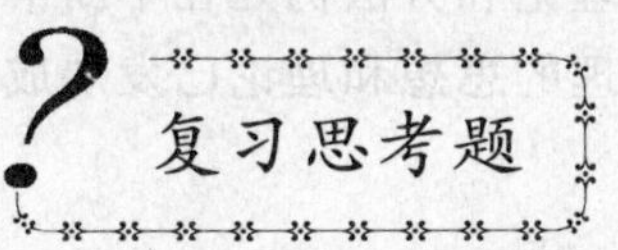

1. 试述中国铁路信息化建设各个时期取得的重大成果。
2. 铁路信息资源可以分为哪几类？它们的内容分别是什么？
3. 试述中国现有铁路信息资源建设中的问题。结合所学你认为应该如何解决这些问题？
4. 什么是“信息孤岛”？它有什么弊端？如何减少“信息孤岛”？
5. 简述铁路信息资源建设水平对铁路信息化水平的影响。
6. 试述我国铁路信息资源建设的主要原则。

第三章 铁路信息资源管理与规划内容

【本章要点】 首先，详细介绍了信息资源管理的相关理论基础；其次，阐述铁路信息资源管理与规划意义及必要性；最后，介绍了铁路信息资源需求、采集、加工与存储、分布、共享、利用、安全维护等，阐述了铁路信息资源管理与规划的具体内容。

第一节 信息资源管理理论

信息资源管理(Information Resources Management，简称 IRM)是 20 世纪 70 年代末 80 年代初产生于美国的一个崭新的研究领域。尽管信息资源管理的理论和方法仍处在不断丰富和完善的过程中，但作为人类管理活动的总结和升华，信息资源管理的思想和理论已发展成为一门独立的应用管理学科。

一、信息资源管理的发展与概念

信息资源管理起源于政府部门的文书管理领域和工商行业的企业管理领域。当前，信息资源管理从总体上来说仍处于发展之中。

(一)信息资源管理的产生

信息资源管理的产生与发展既是信息社会的必然产物，也是多种因素融合的结果。对于如何划分信息资源管理的发展阶段，学术界对此尚无定论。目前主要有两种不同的认识：一是马钱德(D. A. Marchand)和克里斯莱因(J. C. Kresslein)的"四阶段说"；二是史密斯和梅德利的"五阶段说"。

马钱德和克里斯莱因认为信息资源管理始于 19 世纪末，到 20 世纪 90 年代，信息资源管理的发展大致可分为四个阶段，他们详细论述了每个阶段的发展情况，并就每个阶段的推动理论、战略目标、基本技术、管理方法、组织状态等因素进行了比较，如表 3-1 所示。

史密斯和梅德利则认为信息资源管理始于 20 世纪 30 年代，其标志是穿孔卡片会计系统的使用。从 20 世纪 30 年代起，信息资源管理的发展大致经历了 5 个阶段，史密斯和梅德利从系统类型、计算机信息系统管理者类型、用户角色、技术重点、信息存储技术 5 个方面做了比较，如表 3-2 所示。

表 3-1　信息资源管理的四个发展阶段

阶段	推动力量	战略目标	基本技术	管理方法	组织状态
第一阶段：信息的物理控制	商业与政府组织的增长，多样化远距离管理	程序效率和物理控制	纸张、打字机、电话、文件柜、制表机、缩微胶卷	文书管理、记录/报告管理、通信管理、邮件管理、指令和指示管理、重要记录的保护、办公室设计和陈设	监管和中低水平的管理，分化、松散的协作
第二阶段：自动化技术的管理	数据处理、电子通信和办公系统的独立发展和改进	技术效率和控制	第二代/第三代计算机、电子复印机、语音通信的改进“技术搜寻利用”是操作技术管理的主导状态	集中的数据处理部门的出现、电子通信协作者和管理者的出现、文字处理中心和独立的工作站的出现、复制中心和独立出现的单元	中级水平管理分化，不合作认为手工信息管理不同于自动化管理，信息技术用户和提供者之间存在分歧
第三阶段：信息资源管理	数据处理、电子通信和办公自动化系统的聚合	信息技术的集成管理视信息为一种战略资源	分布式数据处理（语音/数据）集成通信网络、多功能工作站（包括数据处理、文字处理、电子函件、时间管理、个人计算机等）	传统资源管理技术（如规划、成本核算等）的应用，信息技术的水平管理，商业规划和信息资源规划的密切联系	中高水平的管理
第四阶段：知识管理	信息技术越来越多地渗入公司每一层次的操作和管理决策制定过程中	信息资源的物质/技术管理与决策者、管理层和操作层的信息管理的整合	专家系统或基于知识的系统、决策支持系统、办公智能系统	信息利用和价值与信息技术的集成，内部和外部信息处理的集成，信息规划和商业规划的紧密联系	管理知识资源已成为所有管理层次所采纳的管理哲学的基本部分

表 3-2　信息资源管理的五阶段说

阶段	系统类型	计算机信息系统管理者类型	用户角色	技术重点	信息存储技术
第一阶段：数据处理	有限的财务系统	非正式的督察员	信息处理者	批处理	穿孔卡片
第二阶段：信息系统	财务和操作系统	受过计算机训练者	项目参与者	应用	磁盘
第三阶段：管理信息系统	管理信息系统	受过管理训练者	项目管理者	数据库/应用集成	随机存取/数据库
第四阶段：终端用户及其战略影响	决策支持系统集成系统	有广泛基础的公司	小型系统建立者	第四代语言	数据管理/第四代语言
第五阶段：信息资源管理	专家系统/战略系统	主管阶层	全面的攻击者	第五代系统	光盘/超级芯片

比较马钱德和克里斯莱因的“四阶段说”和史密斯和梅德利的“五阶段说”，可以发现它们的共同之处在于以信息技术的发展作为分期的主导标准，不同之处在于他们考察的领域不同，前者考察的是信息技术在政府部门信息管理工作中的应用，后者考察是信息系统自身的发展及其在企业管理领域的应用。但两者都包含“信息资源管理阶段”，而且对“信息资源管理阶段”的起始时间(20 世纪 70 代末 80 年代初)的认识是一致的，也就是说信息资源管理毕竟不同于信息技术的发展。

信息资源管理是信息管理发展过程中的一个时期，信息作为资源管理的观念将信息管理引入了资源管理的阶段。因此，在参考不同阶段划分的基础上，可以将信息资源管理的历史发展划分为传统管理阶段、技术管理阶段和资源管理阶段。

1. 传统管理阶段

这一阶段时间跨度较大，管理的对象多为纸载信息及相关设施，管理的手段主要是手工，管理的内容是对这类信息的生产、存储、检索、利用、流通等进行计划、组织、控制等活动。其中，图书情报管理比较系统、规范，图书馆承担了文献信息的收集、整理、存储、传递的职能，大量学者从事图书馆学的研究，其目的在于最有效地解决管理问题。

2. 技术管理阶段

这一阶段管理的手段主要是计算机和通信技术，信息技术的发展加快了信息处理、传递的速度。20 世纪 50 年代，出现了基于计算机的电子数据处理(Electronic Data Processing，简称 EDP)，其主要目标是提高一个组织内管理工作中计算、统计、制表、报告等工作的效率。20 世纪 60 年代以来不断发展的管理信息系统是为了实现组织的整体目标，系统、综合地处理各类管理信息，支持各级管理决策的计算机硬件、软件、通信设备、规章制度及有关人员的统一体。这个阶段人们比较重视现代信息技术的应用，着重考虑如何应用现代信息技术满足用户不断增长和变化的需求，主要是在给定的组织结构与管理模式下通过应用现代信息技术来提高管理水平。

3. 资源管理阶段

在技术管理阶段，如果组织结构和管理模式不合理，管理信息系统就无法实现其作用。在知识经济时代，信息资源的开发与利用对国民经济的主导作用，必然体现到利用先进的管理思想和信息技术去改造原有的组织结构与管理模式。因此，在技术管理的基础上，融合人文因素、组织环境等内容，就形成了具有集成信息管理功能的信息资源管理。信息主管的出现标志着信息管理人员从以往的辅助角色跃居管理的主角，这从一个侧面显示了信息管理进入新的发展阶段。

信息管理的发展是一个不断深化和扩展的过程，每个阶段都是前一阶段的延续，随着人们对信息认识的逐步提高，信息管理思想将日益丰富，管理方式也日趋多样化。

(二)信息资源管理的概念

从 20 世纪中叶信息资源管理活动开展以来，信息资源管理的内涵就成为理论研究者和信

息管理人员所关注的基本问题，不同领域的学者和研究人员对信息资源管理的本质和内涵进行了深入的探讨，并有了相当多的研究成果，可以归纳出下面几种观点。

1. 信息资源管理是一种管理哲学

1988 年，马钱德和克雷斯莱因提出："IRM 是一种对改进组织生产率和效力有独特认识的管理哲学。"

2. 信息资源管理是一门学科

1981 年，梅迪克 (W. D. Maedke) 提出："对于一个特定的企业来说，IRM 是一门管理各种相互联系的技术群，使信息资源得到最大利用的艺术或科学。"

3. 信息资源管理是一种系统方法

1984 年，里克斯 (B. R. Ricks) 和高 (K. F. Gow) 提出："IRM 是为了有效地利用信息资源这一重要的组织资源而实施规划、组织、用人、指挥、控制的系统方法。"

4. 信息资源管理是一个发展阶段

1985 年，伍德 (C. Wood) 指出："IRM 是信息管理演变的新阶段，是信息管理中几种有效方法的综合，将一般管理、资源控制、计算机系统管理、图书馆管理以及多种政策制定和规划方法结合起来，并加以运用。"1993 年，我国学者卢泰宏也认为："IRM 是信息管理的一个重要的新阶段，是信息管理的综合，是一种集约化管理，包括管理对象、管理手段和方式的集约化。"

5. 信息资源管理是一个管理过程

1979 年，霍顿(F. W. Horton)提出："IRM 是对一个机构的信息内容及支持工具（信息、设备、资金等）的管理。"1982 年，怀特 (M. S. White) 指出："IRM 是有效地确定、获取、综合和利用各种信息资源，以满足当前和未来信息需求的过程。"1988 年，英国学者马丁 (W. J. Martin) 认为："IRM 就是信息管理，是与信息相关的计划、预算、组织、指挥、培训和控制过程。"

6. 信息资源管理是一种管理活动

1992 年，博蒙特 (J. R. Beaumont) 和萨瑟兰 (E. Sutherland) 认为："IRM 是一个集合词，它包含所有能够确保信息利用的管理活动。"1998 年，小麦克劳德 (R. Mcleod Jr.) 指出："IRM 是组织机构各层次管理人员为识别、获取、管理信息资源，以满足各类信息需求而开展的一种活动。"

7. 信息资源管理是一种管理思想和模式

1995 年，李月琳提出："IRM 是将信息资源置于组织发展的战略地位，并对其实行全面的、有效的管理，以提高组织管理绩效的思想和方法的综合。"2000 年，钟守真、李培、李月琳延伸和拓展了以上观点，认为"IRM 是国际、国家和组织机构为达到预定目的，综合运用各种手段，对信息活动中的各要素（信息、人员、设备、资金等）实施全面管理的一种管理思想和管理模式。"

综合以上观点，信息资源管理是指在对信息需求、信息供给进行统筹考虑的情况下，对信息资源进行合理配置与充分使用，使信息资源的分布和结构合理化，信息流动和运用高效化，从而使信息资源的经济效益和社会效益不断得到提高。

(三)信息资源管理遵循的原理

信息资源管理是一种规范的社会活动，通常遵循如下的基本原理。

1. 合理配置原理

合理配置原理是指信息资源应在各个子系统之间进行合理配置，使得信息资源的效用达到最大；而其中的关键是要使得整个系统的信息流畅通无阻，即信息在流动过程中不会由于某个子系统存在相对短缺的要素而形成瓶颈或死角。同时，要促使信息资源进行合理配置，又必须使得信息资源具有一定的流动性，通过这种流动性使得信息资源根据各子系统的需求以及外部环境的变化而进行再配置。

2. 合理使用原理

合理使用原理是指要尽量减少信息资源的闲置和浪费。就狭义的信息资源信息本身而言，如果闲置不用，信息便会失去其原有的价值；如果有关机构、设备、技术、人员的信息资源闲置不用或利用率不高，则实际上形成了一种机会成本，并导致信息系统的投入产出效率的低下。目前，我国信息资源利用率偏低的现象比较严重，特别是计算机资源闲置不用或"大材小用"的问题比较突出，因此提高信息资源的使用效率也是现实过程中的客观要求。

3. 及时更新原理

及时更新原理是指信息资源中的各种要素必须根据外界环境的变化以及内部状况的变化而及时更新。就信息而言，随着时间变化，原有信息会不断老化，新的信息会不断出现，因而必须及时搜集新的信息以对原有信息不断进行更新和补充。就信息设备而言，其发展速度和技术变化可谓一日千里，因此要按经济上的可行性与技术上的合理性综合权衡的原则及时进行信息设备以及其相应软件技术的更新。就信息人员和信息机构而言，也必须不断改善结构，提高素质，适时进行人员更新、知识更新和组织创新。

4. 规模经济原理

规模经济原理是指信息资源中的设备、人员、组织也像一般的经济活动要素(如劳动与资本)一样，具有一定的规模经济性，即在一定条件下，当资源投入量较少时，增加资源投入量可以提高信息产品的生产效率或降低成本而形成规模经济；而当资源投入量超过一定限度时，便会造成资源浪费而产生规模不经济，因此信息资源在投入上存在一个适度规模问题。

二、信息资源管理理论基础

信息资源管理作为一种理论或一门学科，它的来源主要有三个方面，即信息科学、管理科学和传播科学。

(一)信息科学

信息科学源于申农信息论，形成于信息论、系统论和控制论的统合，是研究信息及其运动

规律的科学，是信息资源管理最直接和最主要的理论基础学科。

1. 信息论

信息论是信息科学的前导，是应用概率论与数理统计方法研究信息的度量、传递和交换规律的科学，研究通信和控制系统中普遍存在的信息传递的共同规律以及最佳解决信息的获取、度量、变换、存储、传递、处理等问题的基础理论，其任务是解决电子通信技术的编码和对抗等问题，从而提高通信系统的传输效率和可靠性。

通常所说的信息论是申农信息论，也就是狭义信息论，主要研究信息的测度、信道容量和编码等问题。申农信息论研究的主要对象是通信系统模型。所谓通信，就是在两个系统之间传递信息，由信源发出信息，通过信道传递信息，再由信宿（收信人）获取信息。这样就形成了通信系统模型，其模型主要由信源、编码器、信道、噪声源、译码器、信宿六个部分组成，如图 3-1 所示。

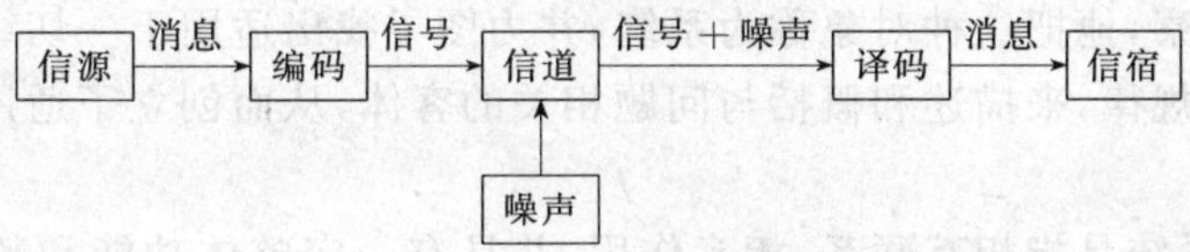

图 3-1　通信系统模型

信源即消息的来源，可以是人、机器、自然界的物体等。信源发出的消息具有随机性，是不确定的。信源一般以某种符号（文字、图像等）或某种信号（语言、电磁波信号等）发出信息。

编码是及时将信息变换为信号的过程，通常可以分为信息源编码和信道编码两部分。信息源编码就是把信息源产生的信息序列变换成另一个码符号系列，如同讲话时的语言、书写时的文字等都经过人脑，把各种语言文字按照一定的语法结构和规则进行编排，形成适当的语言文字，表达一定的信息。信道编码就是把经过消息源编码的码序列变换成适合于在信道中传输的信号序列，其目的是提高消息荷载信息的效率，减少消息在传输、存储或处理过程中的失真或差错。

信道就是信息传递的通道或传输信息的媒介。信道的关键问题是信道的容量。信道研究的目的是以最大的容量存储最多的信息。

噪声即信息在信道中传输时所受到的干扰。噪声有两类：系统内噪声和系统外噪声。前者是由于系统自身的原因所产生的干扰，这种干扰很难全部消除；后者包括来自自然界的雷电、大气辐射等噪声和来自人为发射的干扰信号。从理论上讲，系统外噪声是可以消除的。

译码即把信道输出的编码信号进行反转换，其过程类似于语言翻译过程，由于噪声的干扰，译码过程本身包括剔除干扰信号的问题。

信宿即消息的接收者，可以是人，也可以是机器。信宿问题的核心是收信人能够收到多少或提取多少由信源发出的信息量。

信息源所发出的消息带有随机性，是不确定的。如果消息是确定的，并且是预先知道的，那么对于信宿而言，获得信息为零；如果消息是不确定的，信宿则可以从中获得信息，这正是通信的意义之所在。信宿在收到信息之后，对于信息源的相关的不确定性就有所减少或消除，所以信息就是用于消除或减少人们的某种不确定性的，而不确定性的变化程度就能够反映所获取的信息的多少。因而，只要能够度量不确定性以及它的变化程度，就可以知道获取的信息量的大小，即利用所消除的不确定性来计量信息（信息不等同于不确定性，而是在数量上等于所消除的不确定性）。

2. 系统论

系统论是研究系统的一般模式、结构和规律的一门学科，主要研究各种系统的共同特征，用数学方法定量地描述其功能，寻求确立适用于一切系统的原理、原则和数学模型等基本理论问题。

系统论是以一般系统为研究对象的理论，它的创始人是美籍奥地利生物学家贝塔朗菲(L. Y. Bertalanffy)。贝塔朗菲撇开一切对象的具体物体、能量形态，仅仅把对象作为部分组成的整体而加以考察，他把这种对象称为系统，并力图寻找出适用于一切综合系统或子系统的概念、模式、原则和规律，来描述和概括与问题相关的客体，从而创立了适用于研究一切系统的科学——系统论。

系统论认为，系统是指相互联系、相互作用，并具有一定整体功能和整体目的的诸要素所组成的整体。在内部，这些要素相互作用，形成一定的结构；在外部，这些要素所构成的整体与环境相互联系，表现出一定的功能，具有一定的目的。要素、结构、系统、功能和环境构成了系统五位一体的关系，系统一般具有以下一些特征。

(1)整体性。系统是由若干相互依存、相互制约的要素构成的有机整体。

(2)联系性。系统作为一个整体，构成整体的诸要素之间都是相互联系的。

(3)层次性。系统是由各个相互关联的要素构成的有机整体，而每一要素又是一个小的有机整体，这就构成了系统的层次性。

(4)目的性。目的性是系统的固有特性，系统的整体性和联系性都是相对于目的而言。

(5)动态性。任何现实的系统都存在于一定的时空中，都会随着时间的推移而发生变化。

在贝塔朗菲一般系统论的基本原理的基础上，一些其他领域的自然科学家开始投入系统学的研究，并形成了一系列的研究成果，诸如耗散结构理论、协同理论等。

3. 控制论

控制论是研究控制系统的理论，它的基本原理是由美国数学家维纳在其名著《控制论：关于在动物和机器中控制和通信的科学》一书中奠定的。所谓控制，是指事物之间的一种不对称的相互作用。一般来说，控制者具有一定的控制目标，控制者不断对被控对象馈送信息的过程称为正馈；反之，由被控对象向控制者馈送信息的过程则称为反馈。从某种意义上说，控制过程也是一种信息过程。

控制论的研究内容一般包括系统分析和系统综合。系统分析研究变控系统的结构、功能、行为之间的相互作用。系统分析的基础是系统建模或系统辨识。系统综合是在系统分析的基础上选择控制方式，设计系统的反馈和控制机构，以使系统达到预订的运行目标或具有所期望的功能。

（二）管理科学

管理科学是一门综合性学科，它的主要目的就是要指导管理实践活动，同时管理科学也是一门独立的学科，有着独特的研究对象和完整的学科体系。根据管理学的历史发展动态及其基本内容，可以将管理活动的基本原理归纳如下。

1. 系统原理

在进行管理活动的过程中，必须遵循系统论的整体性原则、目的性原则、关联性原则、层次性原则和动态性原则，充分协调各个子系统之间的关系，实现管理的最优化，发挥其最大功能。

2. 整分合原理

开展管理活动时，必须首先把管理对象及其环境看做是一个整体，从整体上把握管理对象；然后再围绕系统的总目标，进行多方面的合理分解、分工，明确各个局部的功能；最后对各要素、环节、部分及其活动进行系统综合，协调管理，以实现总体目标。

3. 相对封闭原理

开展管理活动时既要注重执行过程，也要注重监督和反馈过程，要根据检验或评估的结果不断调整管理决策，从而保证决策的制定、实施、结果评估、新的决策制定的封闭式管理的实现。

4. 人本原理

开展管理活动时，管理者要达到组织目标，一切管理活动都必须以人及人的积极性、自主性、创造性为核心和动力来进行。

5. 能级原理

开展管理活动时要按照不同的能级来建立管理的层次和秩序，建立各种规范和标准，对不同能级授予不同的权力并实行动态的对应，从而保证管理活动的有序及有效。

6. 动力原理

开展管理活动时要正确认识、掌握各种动力源和提供一系列有效的动力机制，正确地激发动力，使管理活动持续有效地进行，从而促进管理目标的实现。

7. 弹性原理

开展管理活动时，要注意人和事物的可塑性及其可变性，保持管理活动的可调节性，以实现有效的动态管理。

8. 反馈原理

开展管理活动时要注重管理对象对控制系统输出信息的响应，要及时根据这些响应来调整控制方向，从而保持管理对象系统的稳定性及其目标的一致性。

9. 效益原理

开展管理活动时，要注意讲求实效，注重经济效益和社会效益的统一，要努力利用有效的人力、物力和财力资源创造出最大的效益。

（三）传播科学

传播学是研究人类传播活动及其规律的科学。传播学的产生与发展基于一定的技术条件和学术条件。20 世纪以来，传播媒介以前所未有的惊人速度发展着，20 世纪 20 年代出现了广播，20 世纪 40 年代出现了电视，20 世纪 60 年代出现了通信卫星，20 世纪 90 年代出现了网络媒介，这些新的发明创造不断地改变着传播现实，同时也吸引着人们对传播学的研究。

传播学借用了信息论的一些术语（如信息、编码、译码、噪声等），信息论为传播学提供了特定的理论指导。控制论对传播学的影响主要在于它的反馈论。系统论对传播学的影响主要在于：传播学研究的特点是采用系统方法，从整体上研究传播现象，而不是针对传播活动的细节。

研究信息传播的模式对于研究传播科学有重要的作用，在科学研究中也有很重要的作用。对传播模式的研究有各种各样的观点，下面是几种典型的传播模式。

1. 拉斯韦尔的 5W 模式

1948 年，美国学者哈罗德·拉斯韦尔提出描述传播行为的一个方便方法，即回答 5W：谁（who）、说了什么（what）、通过什么渠道（in what channel）、对谁（to whom）、取得了什么样的效果（with what effects），即所谓的 5W 模式，如图 3-2 所示。

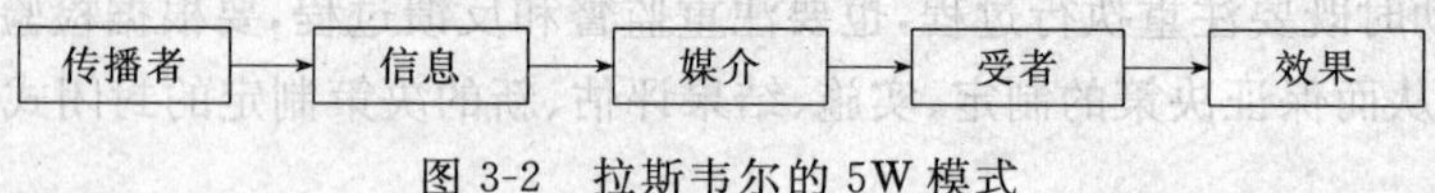

图 3-2　拉斯韦尔的 5W 模式

拉斯韦尔的 5W 模式第一次较为详细，科学地分解了传播的过程，即传播过程包括的 5 个要素。在此基础上，进一步明确地界定了传播学的研究领域，即从 5W 着眼，把传播学划分为五个研究领域：控制（传者）分析、内容（信息）分析、媒介（渠道）分析、受众分析、效果分析。

2. 德弗勒的控制论模式

这类传播模式对于传播学发展的主要贡献在于：变单向直线性传播为双向循环式传播，并引入了反馈机制，从而能够更客观、更准确反映传播过程。德弗勒的控制论模式如图 3-3 所示。

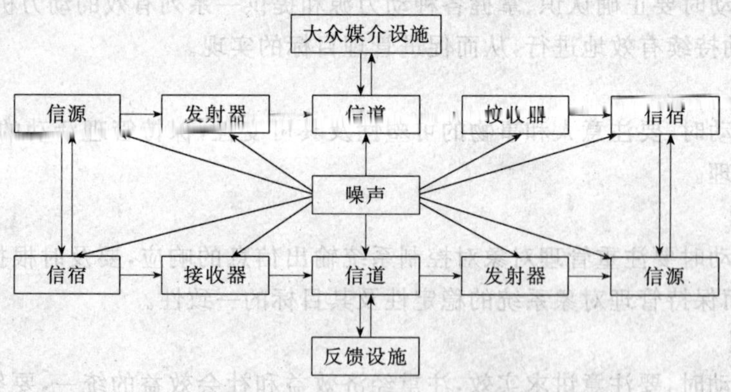

图 3-3　德弗勒的控制论模式

德弗勒的控制论模式突出了反馈的机制，德弗勒指出大众媒介已经介入到传播过程中，成为信息传播的信道之一；传播过程是一个双向、循环的过程，即传者可以作为受者，而受者也可以是传者，二者的地位处于变化之中。

3. 赖利夫妇的社会系统模式

赖利夫妇的社会系统模式把传播过程表述为各种社会过程之一，并将其置于总社会过程之中，如图 3-4 所示。

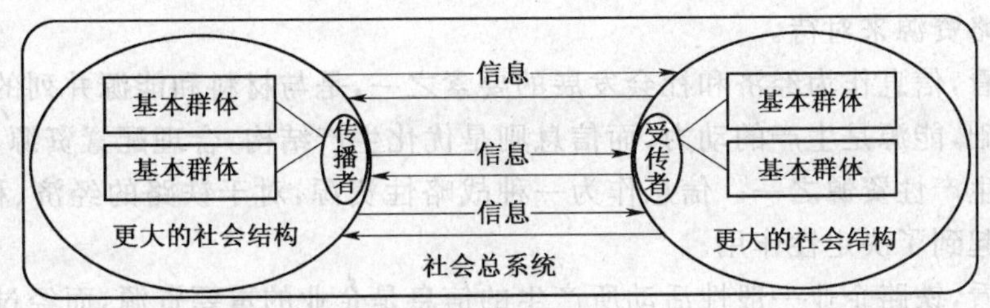

图 3-4　赖利夫妇的社会系统模式

除以上介绍的基本模式之外，比较重要的传播模式还有：施拉姆的共同经验范围模式、韦斯特里—麦克里恩的大众传播模式、格伯纳的传播总模式、德弗勒的社会系统传播模式等等。

交流是人类社会的一种普遍现象，是社会向前发展的一种必不可少的动力。信息之间的交流成为信息传播，信息传播又称为信息交流，是指通过特定的符号系统，利用一定的信息通道，使信息跨越空间和时间而实现的信息发送者和信息接收者之间的传输和交换行为。信息交流也是一个双向、非对称循环的过程。信息交流过程中涉及的因素主要有：信息传递者、信息接收者、信息渠道、噪声和反馈。

第二节　铁路信息资源管理与规划的意义

在信息资源日益成为国民经济和社会发展的基础性和战略性资源的今天，需要对铁路信息资源进行管理与规划，大力加强信息资源管理与规划具有重要的意义。

一、进行信息资源管理与规划的必要性

首先，铁路企业是一种由多单位构成的资金密集型企业，它在固定资产上具有整体性强、种类复杂、配置分散且不易调剂、损耗量大等特点，在实际运营中具有速度快、连续性强等特点，在经营业务中又包含了众多不同种类的生产与销售活动，也就是说铁路各项活动中所涉及的基础信息量急剧增长；其次，是铁路规模的迅速扩展，铁路信息资源管理与规划的需要随着铁路线的延长和运输量的激增而变得日益突出；再次，随着铁路信息系统的应用，实现各个信

息系统之间的结合必须掌握足够的信息和强有力的信息收集与处理手段,必须进行铁路信息资源管理与规划。

结合铁路企业的特点,铁路信息资源已经成为铁路的一个重要战略资源。一个企业或组织的战略资源通常是指对一个组织的生存和发展起关键性、全局性和长远性作用的资源。长期以来,特别是在工业化时代,材料与能源是社会组织和个人赖以生存与发展的战略资源。20世纪后半叶以来,随着信息技术的发展,各项铁路建设与运输活动中涉及的信息量急剧增长,再加上来自公路运输和航空的压力,铁路企业要在现代社会中求生存、求发展,必须把信息资源作为一种战略资源来对待。

从宏观上看,信息作为经济和社会发展的要素之一,是与材料和能源并列的重要资源。材料是生产的基础,能源是生产的动力,而信息则是优化生产结构,合理配置资源,力求增值的高效、宝贵、无形生产性资源之一。信息作为一种战略性资源,对于铁路的经济、科技、文化等诸多方面的发展起到了决定性作用。

从微观上看,铁路企业一般性活动所产生的信息是企业的重要资源,而经过处理的信息则能够成为铁路的战略资源。随着信息社会的到来,人们逐渐认识到信息在铁路发展中具有举足轻重的作用。具有战略价值的信息,在组织内循环流动,并通过高效率的信息网络将组织内部与外部世界紧密联系。

铁路企业在生产运营当中产生的大量信息需要及时进行加工处理,并转换成为信息资源,这些信息资源必须以一定的方式被存储、加工转换为用户所需要的信息,因此必须进行铁路信息资源管理与规划。

二、铁路信息资源管理与规划的意义

随着公路、民航、管道等其他运输方式不断向铁路传统优势领域扩展,铁路企业面临的竞争日趋激烈。借鉴发达国家铁路信息资源建设的成熟经验,运用国内信息化实践领先行业的成果,铁路必须抓住利用信息化带动企业现代化发展的历史机遇,做好铁路信息资源管理与规划工作,实现运输能力的增长、运输组织效率的提高、运输服务质量的全面提升,促进铁路在现代综合运输体系中更好地发挥骨干作用,更好地创造社会效益和经济效益。

1. 为提高铁路企业管理绩效提供了新的思路

IRM 强调信息资源对企业实现战略目标的重要性,通过信息资源的优化配置和综合管理,可以提高管理的整体效益。IRM 具有鲜明的时代特征,顺应了信息社会对企业管理的要求,为企业管理绩效的提高开辟了新领域,提供了新的思路。

2. 确立了信息资源在铁路企业中的战略地位

IRM 明确提出,信息不仅是共享性资源,而且还是企业的战略性资源,对企业的生存和发展具有重要的意义。对于铁路企业来说尤其如此,铁路企业拥有大量的信息,必须对这些信息进行合理的管理与规划。铁路行车的安全、客货营销这些都需要好的信息共享方能实现,这就

决定了信息资源在铁路企业中所处的位置，因此，铁路信息资源管理与规划的程度直接影响铁路整体运营的各个方面。

3. 支持铁路企业参与市场竞争

铁路企业为了在激烈的市场竞争中求生存、求发展，必须加强信息资源建设，把信息资源当作铁路企业的战略资源来建设，通过掌握信息、依靠信息、运用信息而提高企业的竞争力。当今，IRM 的作用日益显著，CIO(Chief Information Officer，信息主管)的地位、作用逐渐被人们所重视。这些是适应全球经济发展的需要，是经济全方位信息化的产物。

4. 成为知识经济时代企业文化建设的重要组成部分

信息管理的发展已经进入了一个新的时代——知识管理时代，它主要通过知识的共享和推广应用，提高企业的应变能力和创新能力。IRM 侧重于事实性知识的管理。信息资源的有效管理必然使信息和信息技术渗透到企业的各部门，影响到所有员工的工作与生活，使信息文化融入企业文化之中，丰富了企业文化建设的内容，这对提高员工的信息意识和信息技能，增强企业凝聚力和核心竞争力具有重要的意义。

5. 巩固和加强客户关系管理，大力培育发展重点客户

随着市场竞争的加剧，顾客导向的市场趋势更为明显，铁路企业必须立足长远发展，培育重点市场，尤其是重点货运市场，加快实施铁路大客户战略。加强和企业的合作，保证和创造良好的客户关系，实现彼此共同的利益。

随着新的信息系统的开发应用和旧的信息系统的更新换代，铁路企业的货运市场逐渐呈现出服务性市场的一面，铁路企业逐渐认识到客户关系管理的重要性。铁路货票管理系统是铁路客户关系管理数据最重要的数据源，对这些数据进行开发和分析，可以了解到客户的业务分布情况，从而对现有客户进行分类。当然，客户关系管理的任务不只是管理现有的客户，还应该承担挖掘新客户的任务，还应该从现有客户中发展一批重点大客户，以求在竞争中处于不败之地。

6. 实现了信息共享，扩大了铁路服务的功能，为铁路指挥和管理提供了有效的支持和帮助

铁路信息资源管理与规划为信息共享提供了一个良好的基础，使大量的信息能够及时、准确地提供给相关人员，实现对运输生产中的营销、生产、经营活动的精确控制与快速反应；缩短旅客和货主与铁路间的距离，使旅客和货主及时了解铁路所提供的各种服务。铁路信息资源管理与规划还将促进铁路运输组织、指挥和调度的信息化建设，为推进铁路信息化和现代化建设奠定一个良好的基础。

7. 提高铁路企业运作效率，降低了企业运营成本

铁路信息系统的使用和信息资源管理与规划使得企业的信息可以有效流通，而且沟通很容易实现，一定程度上提高了铁路企业的工作效率，跟传统的铁路企业相比较，在根本上改变了信息沟通的方式。信息资源管理与规划要求信息沟通不仅仅是在纵向进行，还要非常注重

横向间的沟通和交流，从而提高铁路企业运作效率，降低铁路企业运营成本，而且可以使企业在市场竞争中利于不败之地。

从上述几点可以看出，铁路信息资源管理与规划在铁路企业信息化和信息资源建设中都有着不可忽视的作用。

第三节 铁路信息资源管理与规划的主要内容

铁路信息资源管理与规划的主要内容主要从铁路信息资源需求分析、铁路信息资源采集、铁路信息资源加工与存储、铁路信息资源分布、铁路信息资源共享、铁路信息资源利用、铁路信息资源安全与维护七个方面阐述。

一、铁路信息资源需求分析

铁路信息资源需求是指铁路企业为实现其经营目标和宗旨而产生的一系列信息需求。一方面，铁路企业的信息需求与铁路各个部门的信息需求密不可分，铁路企业各个部门的信息需求的综合构成了铁路企业的信息需求。另一方面，铁路企业信息需求与个人信息需求具有非常密切的联系，铁路企业的各项工作需要由其不同的部门来完成。

根据铁路企业现有的组织结构（铁道部、铁路局、基层站段），可以将铁路企业活动分为三个层次：管理层、专业层、操作层。不同层次的人员对于信息有不同的需求。

1. 操作层信息需求

操作层的工作人员主要由负责铁路基础信息获取和提供服务的工作人员组成，如列车员、车站售票员以及站内工作人员等。他们的工作性质决定了他们的信息需求种类相对单一，需求量也较少。操作层的信息需求相当于技术角度的信息需求，这一层次从事的工作主要是技术性的，建立在企业所建立的信息系统和各种信息化条件的基础上。同时，一些操作层人员的技术掌握程度也会影响企业信息资源建设的步伐以及信息化的发展。

2. 专业层信息需求

专业层的工作人员主要由专业技术人员，包括铁路工程师、会计师、系统分析员以及其他需要专业技术的工作人员等。他们的工作性质相对比较复杂，信息需求种类相比操作层也要复杂一些，信息的需求量较多。其信息需求主要有以下特点。

(1)专业技术人员通常需要原始的、未经过加工处理的数据。

(2)专业技术人员的信息需求取决于他们的工作性质。每种专业人员对信息的需求都是不一致的。

专业层的工作人员主要是为信息资源共享而服务的，利用操作层所得到的信息进行加工处理后，进而呈现给上一层次，为管理层的人员提供信息。在这一层次中，可以跨区域、快速、准确地获取、传递以及处理来自技术层的信息。

3. 管理层信息需求

管理层的工作人员可分为高层、中层和基层管理人员。基层管理人员的职责主要是监督操作层人员的工作,从事部门管理工作的人员是中层管理人员,高层管理人员是企业等组织的最高决策人员。各层管理人员的工作内容和工作性质有许多相同之处,他们的信息需求也有许多共性。

(1)为制订计划,需要了解铁路企业当前的生产经营状况。同时,要掌握影响铁路企业发展的周边环境信息。

(2)为实现管理控制目标,需要掌握铁路内部和外部的相关信息。例如,本企业产品的市场占有率和竞争者产品的市场占有率等。

(3)为处理影响组织生存和发展的重要问题所需要的信息。这些信息可能要从组织各部门收集信息,然后用适当的形式加以重新组织。

(4)高层管理人员为了履行领导职能及参加各式各样与组织业务相关的经营活动所需要的信息。这些信息通常由日常工作报告提供。

(5)直接监督所需要的信息。

(6)为衡量单项业务完成效率及采取补救措施纠正工作偏差等业务控制所需要的信息。这些信息可通过直接观察和业务工作的详细报告获得。

(7)从事管理方面所需要的信息,包括组织成员多方面的信息,例如,员工的性格、爱好、家庭情况等。

除了上述共性之外,不同层次管理者的信息需求也有一些特性。作为管理者,经常要进行决策。决策是一种管理活动,在决策过程中,基层管理人员需要与组织活动的过程中经常发生的问题相关的信息,即有关结构化问题的信息。中层管理人员需要有关可重复使用的解决方案所涉及的问题的信息,即半结构化问题。高级管理人员需要的是有关非结构化问题的信息。非结构化问题是指独一无二、非重复性决策的问题。

二、铁路信息资源采集

信息采集的目的在于获取能满足组织用户需求的信息,促进组织的发展。铁路信息资源的采集是铁路信息化工作的首要环节。铁路信息化工作要求铁路应根据自身的信息需求规律和信息源的特征,通过多种途径,采取各种方法采集大量的信息资源,为管理决策服务。由于信息来源不同,其获取手段也存在差异。

铁路系统内部每时每刻都在产生着大量的信息,包括铁路运输生产活动中所产生的原始性、基础性数据,以及按照不同需求系统加工的数据和相关信息,这些信息除了供铁路企业本身使用以外,还对外输出,供其他企业参考使用。同时,铁路信息还有一部分与铁路外部相关联,尤其是铁路的业务信息和决策支持信息。因此,铁路采集信息的途径可分为内部途径和外部途径。

1. 内部途径

(1)铁路的各个部门。铁路的各个基层站段、铁路局及铁道部是铁路最基本的信息来源。

(2)客货营销部门。营销部门可以说是铁路与市场联系的纽带。他们手中掌握着有关竞争对手和竞争环境的大量信息,这些信息帮助铁路及时有效地制定竞争战略,迅速做出市场反应。

(3)内部信息网。铁路企业主要通过内部信息网包括其所应用的各种信息系统收集信息。系统中的信息可以从铁路运输管理信息系统、铁路客票发售与预订系统、列车调度指挥系统、车辆管理信息系统、财务会计管理信息系统等系统中获得,还可由内部生产经营情况记录获得。其优点是减少了通信联络费用,提高了信息准确性,同时也有利于加强信息的管理,提高工作效率和质量,并辅助改进决策手段。

通过内部途径采集到的信息通常包括国家铁路和地方铁路发展信息,铁路运输规章、管理规范,运输生产经营信息,财务、劳动生产率、安全信息等。

2. 外部途径

信息来源的外部途径通常包括大众传播媒介、会议信息源、市场调查、互联网等。

(1)电视、广播和报纸杂志等大众传播媒介是快速传播国内外重要新闻和有关政治、经济、科技、市场商情等动态信息的重要信息源。

(2)会议信息源。通过参加各种技术或政策发布的会议,可以获得某些新技术的信息和有关的市场、经济、法规等方面的信息。

(3)市场调查。市场调查可以采用直接走访、电话询问、问卷调查、信件调查、会议商谈的方式。铁路有着广阔的区域覆盖范围,其用户和消费者的群体较为广泛。铁路企业可以从用户和消费者那里可以得到大量的需求和反馈信息,这些信息对于铁路非常重要。企业应利用互联网搞好客户关系管理,及时倾听客户的建议,不断提高服务水平和产品质量。

(4)互联网。Internet 是迄今为止全球最为成功且覆盖面最大的国际互联网。虽然 Internet获取信息比较方便、快捷,但是对于 Internet 获取来的信息,要进行进一步的筛选,对其来源出处要进行进一步考察。

通过外部途径采集到的信息包括市场信息、竞争与合作信息、环境信息和国际信息。

三、铁路信息资源加工与存储

信息加工是伴随信息采集而产生的一种信息时间活动,是信息资源管理与规划过程中一个非常重要的环节。一般来说,语法信息、语义信息和语用信息分别对应着信息的形式、内容和效用 3 个层次,而采集到的信息则可能包括各种各样的形式,在对信息进行存储之前,应该对其加工。例如,来自大众媒体的信息通常包括口语信息资源和体语信息资源,如何实现对其加工非常重要,要将其加工成可以被存储的数字信息,必须将采集的信息进行规范化处理,以便日后的使用。

1. 实现信息的规范化

由于采集到的信息包括各种各样的信息，形式不统一，为了方便以后使用，必须对信息进行加工处理。对信息进行规范化的前提就是信息的标准化，即实现信息资源分类和编码一致。

信息编码是对信息进行规范化处理时经常用到的一种方法。遵照《国家经济信息系统设计与应用标准化规范》和《标准化工作导则：信息分类编码编制的基本原理和方法》（国家标准GB 7026—86）关于信息分类编码的规定，按照“国际/国家标准—行业标准—企业标准”的顺序原则，引用或建立中国铁路的信息分类编码标准。

对于采集来的信息资源，可以利用数据字典规范这些数据，保持数据的有效性和统一性。创建数据字典是对系统用到的所有数据项和结构的定义，实现对数据的格式、类型、含义、存取方式等的解释说明，以确保开发人员使用统一的数据定义，也是维护数据的基础。数据字典实际上也是以数据表和视图为主要存在形式的。可以这样说，数据字典是关于数据的数据表和视图。

2. 建立主题数据库

铁路数据中心的主题数据库与铁路系统的各种业务主题相关，而与信息系统的应用程序无关。各种信息系统应用程序使用这些主题数据库，有的使用一两个，有的使用多个。例如，TRS中使用客票、客户、客车等主题数据库。

铁道部数据中心和铁路局数据中心存储的都是同样的这几类数据，对这些数据的组织和使用基本相同，所以铁道部数据中心和铁路局数据中心对数据的整理方法是基本一致的。

使用主题数据库使得数据与应用相分离，应用功能会随着时间的推移以及企业组织结构的变化而变化，但是主题数据库本身却不会经常变化。这使得数据成为一种独立的资源，成为各种信息系统的基石。

3. 铁路信息的存储

计算机网络的形成和迅速发展，数字资源的出现对传统铁路信息存储提出了挑战，同时也为广大用户获取信息提供了极大的方便。随着数字信息资源的海量增长和网络信息服务的发展，人们在追求存储系统容量扩增的同时，也越来越关注信息资源管理的有效性、安全性和数据存储的效率。这些都与信息的存储有关，近年来网络存储技术的出现以及快速发展都对铁路信息存储在空间上的可扩展性提供了方便。

信息资源除了以实体形式，即纸张印刷的形式存储以外，更多的是以数字方式存储的。电子材料（磁盘、光盘、软盘、录音等）是现代信息资源存储的主要介质，其中又以磁盘为主。

铁路信息资源主要存储于数据库或数据仓库中。支持铁路企业日常业务处理以及各功能系统的信息资源存储在数据库中。从这些基础数据库中提取出的具有历史性、面向分析的综合的信息资源则存储在数据仓库中。这样可以为铁路企业信息共享与利用提供便利。

除了信息资源的存储位置，对信息资源的存储管理也非常重要。存储管理的主要功能就是保障信息资源的安全性，尤其是在现今的网络环境下，需要存储的数据大量增加，分析网络系统环境中数据被破坏的原因，主要有以下几个方面。

(1)自然灾害(如水灾、火灾、雷击、地震等)造成计算机系统的破坏,导致存储数据被破坏或完全丢失。

(2)系统管理员及维护人员的操作失误。

(3)计算机设备故障,其中包括存储介质的老化、失效。

(4)病毒感染造成的数据破坏。

(5)“黑客”的侵入和来自内部网的蓄意破坏。

其中任何一方面都会给信息资源带来不可估量的损失。由于对数据的存储和备份管理的重要性重视不够,或者在网络设计方案中提及不多,甚至忽略,当网络建成运行后,势必缺乏可靠的数据保护措施,等到出现事故后才来弥补,很多损失已不能挽回。因此,有必要提高数据存储备份的重要性认识,把数据存储备份视为头等重要的大事,并不断引进先进的数据存储设备来确保网络数据的绝对安全。

支持铁路日常业务处理以及各功能系统的信息资源存储在主题数据库中。从这些主题数据库提取出的具有历史性、面向分析的综合的信息资源则存储在数据仓库中。

技术上,应用先进的存储设备和适合的存储解决方案,是进行铁路信息资源加工与存储的前提。在整个网络存储体系构造完成以后,还要建立健全的管理制度。建立严格的机房管理制度,保障设备或资源不被人为地损坏。

四、铁路信息资源分布

铁路企业内部的组织结构和业务流程以及与铁路企业运营相关的外部组织的需求比较复杂,涉及的部门和外部企业比较复杂,信息量异常庞大,需要根据不同的信息需求对信息进行合理的分布管理。

铁路信息资源分布主要解决这些问题,即铁路企业拥有的数据的位置、使用方法和管理策略等。从信息需求的角度来讲,信息资源的位置不是最重要的,重要的是获取这些信息资源所需要的时间和难易程度。信息资源的分布策略主要分为分散式管理和集中式管理两种。

分散式管理是将信息资源置于铁路企业各部门或者是铁路局的直接管理和控制之下,它们通常拥有自己的信息管理人员或机构,在一定范围内,可以按照自己的意愿配置所辖范围内的信息资源。分散式管理管理方式灵活,弹性空间大,管理部门由于自主占有信息资源拥有较强的自主性,能够准确定位检索信息,更有针对性获取处理信息,从而提高工作效率和决策质量。但是,分散式管理对于高层的管理人员做决策时,容易造成信息不对称的现象,上下级存在明显的逆向选择和道德风险。同时,分散式管理容易导致数据的不一致性,存在格式各异、重复建设、资源浪费、信息孤岛、共享性差等问题。

集中式管理是将信息资源的配置、协调、控制和管理权集中在企业总部一个统一的信息管理机构中,企业中任何一个部门的信息资源需求都由这个集中的信息管理机构提供。这种集中主要有两种方式:物理集中和逻辑集中,其中数据物理集中是指将数据存储物理地集中在一

个地方即数据中心，而对这些数据的应用既可以采用集中处理的方式，也可以仍然按照原来分散时所采用的方式。这种集中的方式会实实在在地减少大量的网络服务器和支持设备，从而节约成本，同时又对现行的流程没有太大的影响，容易实现。而数据逻辑集中是在数据应用过程中实现集中处理，但数据仍可以分布存储。这种集中方式对现行业务流程以及机构产生较大的影响。

铁路企业中有些数据需要集中使用管理。例如，TRS 中的票据信息，这些数据是需要集中式管理的，由于铁路现在采取联网售票、异地售票、返程票、联程票等售票体制，各地的预售时间也不一致，因此，需要对这些数据进行集中式管理，以防出现一票多售，有票不能售的现象。

对数据进行集中式管理时，可以保证当所有的用户存取同一数据时，能够存取到数据当前的最新值。由于数据常常被更新，因此对数据进行集中管理以免带有大量更新的多个副本所引起的实时同步问题。同时，保护集中式管理的数据比保护分散式存放的数据要容易且安全得多。

随着社会、经济的发展，信息系统所需用到数据的规模越来越大，而信息系统跨越地域的范围也越来越大。这种情况必然产生了对大型数据库和分布式数据库要求。大型数据库的数据规模很大，这就对数据库管理系统提出了更高的要求。

考虑到目前的铁路信息资源的层次分布现状并借鉴其优点，结合前面对铁路现有信息资源的分布及应用分析，铁路信息资源的分布规划部分分为信息资源的纵向与横向分布，主要根据我国铁路纵横两方面较为复杂的业务作业特点来统筹分布和建设全路的各类信息资源，如业务 MIS 数据库以及面向高层决策的各级数据仓库的建设等，而这些信息资源又由一个统一的网络通信平台来支撑。这种较为科学的先进的纵横分布体系使铁路各业务部门在网络上互联互通，不但有针对性地解决铁路目前的“信息孤岛”和“重复建设”问题，而且在全路信息资源的区域分布上更为科学、合理，有效地支持全路范围内的统筹应用，使相关数据能得到相应部门的及时维护，保证数据的权威和时效性。

五、铁路信息资源共享

信息资源的共享，主要表现在同一内容的信息资源可以被两个或两个以上的使用者使用。同时，信息资源的共享是双向的，信息资源的提供者也是信息资源的获取者。由于信息资源的可交互性使信息的共享在交互的过程中不断升值，最终使所有的参与者都从共享中得到最大的收益。因此，实现信息资源共享不但可以解决企业内部的“信息孤岛”问题，还可以实现信息用户之间的“双赢”。铁路作为一个特殊的行业，其信息资源共享有其独特的特点。

1. 铁路信息资源共享的主要内容

铁路信息资源共享的主要内容包含以下三个方面。

(1)铁路纵向信息共享。铁路各部门多采用纵向垂直行政(业务)领导，铁道部、铁路局需要及时详细地了解所属范围内的信息,而下属各单位也需要及时得到上级主管单位的指示等各种控制信息以及反馈回来的生产和管理信息。由于我国幅员广阔,这一范围内的信息共享常常跨越几十到几千公里,因此属于广域网范围内的信息共享,以铁路干线数字通信网络为基础实现,共享信息的交换量大和交换频率较高,也是铁路信息化建设需要解决的重点问题。

(2)铁路横向信息共享。由于铁路是一个大联动机,铁路内部几乎所有的信息系统都对其他信息系统中信息资源有信息共享需求。各铁路局内部,特别是相邻铁路局之间,还有铁道部、铁路各级运输企业业务部门之间往往需要交换诸如机务、工务、客流、货流、列车到发时刻及调度等实时信息,特别是通过分界口的各种客、货流信息。这一方面的信息共享涉及各铁路局信息系统之间的接口,信息的一致性需要得到充分保证,但也是铁路目前业务信息共享最难规范的地方。

(3)铁路和外界的信息共享。一方面,铁路内部需要从路外获取信息(如铁道部与相关国家部委的信息交换,铁路局、站段与地方政府、厂矿、企业、公路、水运、民航、海关等之间的运输信息和统计信息的交换);另一方面,铁路外部对铁路信息有相当大的共享需求(如及时准确地提供铁路客货运输信息、铁路日常生产动态信息、铁路形象宣传及服务方式信息等)。为了提高服务质量,增强铁路的市场竞争力,一些服务窗口单位虽然设立了网站供用户浏览查询,但由于没有纳入到统一的系统中,存在信息更新速度慢、有重复、不完整、交互功能不全等问题,没有起到面向社会、开展电子商务的作用。目前,路内与路外信息交换渠道不畅通,铁路内部与铁路外部信息共享还没有完全实现。这些信息交换包括铁道部和其他国家机关之间的信息交换;铁路局、站段与地方政府、厂矿、企业等单位之间的运输和统计信息交换,与社会广大乘客之间的客、货运信息交换等。

铁路和外界共享信息是目前铁路信息资源利用比较薄弱的地方,随着铁路面向市场的体制改革的推进,以客户为中心的理念正在逐步确立,铁路和外界的信息共享和信息交换工作量将进一步加大。

2. 铁路信息资源的接口控制

铁路信息资源的信息共享涉及铁路组织机构的各个层次,以及各个系统之间的信息共享,因此需要对铁路信息资源的接口控制进行分析。

铁路信息资源的接口控制部分是指铁路各类、各级信息资源的数据交换接口和整个铁路信息资源框架的控制中心。统一的交互接口是实现信息在全路范围内高效、快速、共享的技术基础,而控制中心则不但保证这种数据交换是合理而有序的,而且其提供的元数据与 Web 数据维护模块可以优化信息资源的质量,减少冗余数据、过时数据、错误数据,以高质量的信息资源来支撑高质量的面向客户需要的服务水平。

铁路信息资源的接口与控制中心是铁路信息资源建设框架的中枢系统,一方面是铁路各个业务信息系统的控制与信息交互接口,铁路基础共享信息的存放地点;另一方面也是铁道部和铁路外部相关系统的信息交互接口。在这个交互与控制中心中还提供了信息资源的数据维

护模块，如对铁路战略发展用数据仓库中数据的元数据管理维护，可以优化数据的质量。铁路信息资源的接口与控制中心结构框架，如图 3-5 所示。

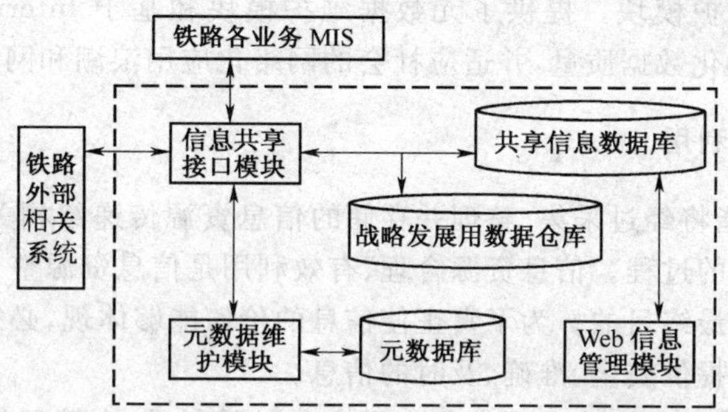

图 3-5　铁路信息资源的接口与控制中心结构框架

此接口与控制中心结构框架中组成部件及应用技术说明如下。

(1)铁路共享信息资源部分。包含有铁道部共享信息数据库和面向铁道部战略发展用数据仓库。铁路基础公用共享信息主要在全路起权威作用，其他 MIS 的相关信息必与此保持一致。特别注意的是，共享信息数据库中还设计包含有大量的铁路地理信息(如铁路各类主要基础设施的地理信息、铁路沿线城市地理信息、铁路车站周边人口统计数据、铁路车站周边社会经济发展数据、客户消费行为调查数据等)，主要是适应近年流行的地理信息系统应用，用来支持铁路设施的良好定位与布局、铁路区域性营销规划等，为客户提供个性化的服务。战略发展用数据仓库收集有关铁路发展的路内外、国内外相关信息，面向铁路未来发展，为铁路高层的战略性决策服务。

(2)信息共享接口与控制模块部分。包含与各个业务 MIS 的数据交互接口和与铁路外部相关系统接口，是保证铁路信息资源全路范围可靠共享与交互的中枢，为全路各业务 MIS 信息和外来相关信息在不同系统和部门之间的交互、共享提供可靠的统一接口。其中一个统一的全路基础公用信息代码的制定将是此信息共享接口与控制模块发挥作用，以保证数据可靠、快速、准确交互共享的最重要技术基础。

(3)相关共享技术及共享策略。在铁道部统一规划铁路公用基础信息编码的前提下，可以采用目前先进的信息共享技术工具来支持“信息共享接口与控制模块”的具体实现。目前，铁路各主要业务部门 MIS 数据库主要采用的是 Oracle 数据库，也有少量采用别的大型数据库如 IBM 的 DB2 等。为较好地利用这些共享技术与工具，提高信息共享效率与效益，减少不必要的网络堵塞，还应制定实用的共享策略。基于良好的网络平台，一个可行的策略就是对主要的公用基础信息与使用频率较高的信息可以采用分布存储方法，而一些特殊或专业信息可以采用实时共享方法。采用分布存储方法时，任何地点的信息要出现变化时首先必须向主管维护机构申报，得到批准后再实施各分布存贮点数据更新方案。采用实时共享方法的信息发生变

化时，由于是集中控制，因此只要得到授权后就可以直接操作顶层数据库，维护相应简单。目前的 Oracle 及 IBM 公司数据库产品均支持上述共享策略的实施。

(4)数据管理与维护模块。提供了元数据维护模块和基于 Internet 与 Intranet 应用的 Web 数据管理模块，优化数据质量，并适应社会的网络化应用浪潮和网络办公的趋势。

六、铁路信息资源利用

信息资源利用是指将经过采集、整理并存储的信息资源传递给相关组织或者个人以满足其信息需求、信息利用的过程。信息资源合理、有效利用是信息资源整个实施流程的归宿和结果，是信息资源规划的最终目的。为了真正使信息的价值能够体现，必须让信息能够在特定的需求与特定的时间内，提供安全、准确、及时的信息。

信息资源利用的途径和方式主要有业务型信息资源利用、决策型信息资源利用以及检索型信息资源利用三种。其中，业务型信息资源主要供铁路信息系统使用，决策型信息资源利用主要供决策支持系统或上级决策时直接使用，检索型信息资源是应用最广泛的资源，供所有用户使用，检索型信息资源主要通过网站的形式呈现出来。

1. 业务型信息资源利用

这类信息资源利用是信息资源的初级应用，通常包括对信息资源的查询、增加、删除、修改、计算和排序等日常操作，能使信息需求人员快速、方便地查找与使用信息，将经常使用的信息配置得最精准、科学。这类信息通常是用于企业的各个管理信息系统之中，方便使用者查询、使用这些信息并更好地处理日常业务，这样可以大大解脱使用者繁重的劳动，提高其工作效率。

例如，在 20 世纪 80 年代初期，火车票使用的是硬板票，不论是在销售之前，还是销售中、销售后，全部都需要人工分类、人工盖章贴条、人工结算，而且售票网点太少；票额不能共享，不仅造成票额浪费，而且增加了旅客购票的困难。可见传统售票方式对于人工的依赖性之高，同时人工操作又浪费时间，导致了售票速度、结算速度的缓慢，旅客购买时间长、手续极为繁琐。然而，铁路客票发售与预订系统发展至今，已经成为一个比较成熟的信息系统，上述问题也迎刃而解。铁路客票发售与预订系统已经投入使用，实现了联网售票，铁路售票点也不再局限于火车站内部。铁路企业将票集中到了一个票务中心，对火车票的控制力加强，得以实现异地购票，从而让旅客购票更加快捷方便。同时，铁路客票发售与预订系统的使用，也使得铁路财务部门在制作报表的时候更加方便，财务人员直接查询出所需要的信息，然后进行各种计算，还可以对这些数据进行分析排序，从而形成决策辅助信息。

对于外部相关使用者来说，业务型信息资源利用指的是有选择与客户、合作伙伴等利益相关者提供或接受信息资源，方便己方或他方的信息使用。例如，通过媒体广告、电子出版物的发布、门户网站等方式发布企业信息，提供信息资源咨询服务等个性化信息服务；借助 Internet 在企业与客户间开展电子商务等。

2. 决策型信息资源利用

决策型信息资源的形成相对比较复杂，同时由于决策型信息资源的形成需要专业人员来完成，这类信息资源多在企业的高层管理人员做决策时使用（如企业相关管理活动的决策分析，挖掘信息的潜在价值）。企业可以通过建立数据仓库、数据集市，应用数据挖掘工具，对信息重新组织和整理，最终寻找到所需要的知识。铁路决策支持系统的开发尚未完成，但是已经成为一种趋势。决策支持系统可以更好地协助组织的管理者规划与解决各种行动方案，帮助管理者做出决策，其强调的是支援而非替代人类进行决策。决策是人们在改造客观世界中为实现主观目的而进行策略或方案选择的一种行为，它必然带有决策者的一些主观因素，但决策型信息资源的优劣却在决策过程中起着更为重要的作用，准确、有价值的决策信息是决策成功所必不可少的。决策型信息资源的来源是企业的一些基本信息，主要有以下几种。

(1)与决策问题有关的内部信息（如客票信息、货票信息、财务报表等）。

(2)与决策问题有关的外部信息（如政策法规、经济统计、市场行情、竞争对手动态与科技进展等）。

(3)各项决策方案执行情况的反馈信息（如来源于铁路经营管理系统中的一些信息，预算的执行情况及其汇总、审计信息等）。

(4)与决策问题有关的各种数学模型。

3. 检索型信息资源利用

检索型信息资源是使用最广泛的一种资源，通常在网站中使用，供所有用户检索。这类信息资源帮助信息用户方便地查询到所需要的信息，方便用户使用。如图 3-6 所示，如果要在北京站乘火车出行，可以通过网站查询所乘坐的车次信息，包括票价、途经站及其始发、到达时刻等，同时还有各个车次的变更情况也可以一目了然。现在有很多网站都可以提供这类信息的检索服务。

七、铁路信息资源安全与维护

随着铁路信息系统的应用不断深入，涉及铁路各方面的大量信息都被电子化，形成一系列铁路信息系统特有的信息资源。铁路信息资源安全是指使信息避免由于各种原因所产生的一系列对于铁路信息系统甚至是对铁路企业的威胁，从而保障业务的连续性，最大限度减少企业的损失。信息的安全性、完整性、可用性作为衡量铁路信息安全的重要指标，目的就是为了保障信息资源被合理利用和共享，并发挥其应有的作用。

铁路信息资源安全涉及信息资源的各个方面，包括信息资源的采集、加工存储、共享、利用等各个方面，通过铁路信息资源安全管理，全面提高铁路信息资源的安全防护能力，保障基础信息网络和重要信息系统安全，有利于保障和促进铁路信息化的健康发展。为了保障信息资源的安全，应该及时对信息资源进行维护。

信息资源的维护是维护人员理解、改正、修改和改进信息资源的过程。信息资源安全与维

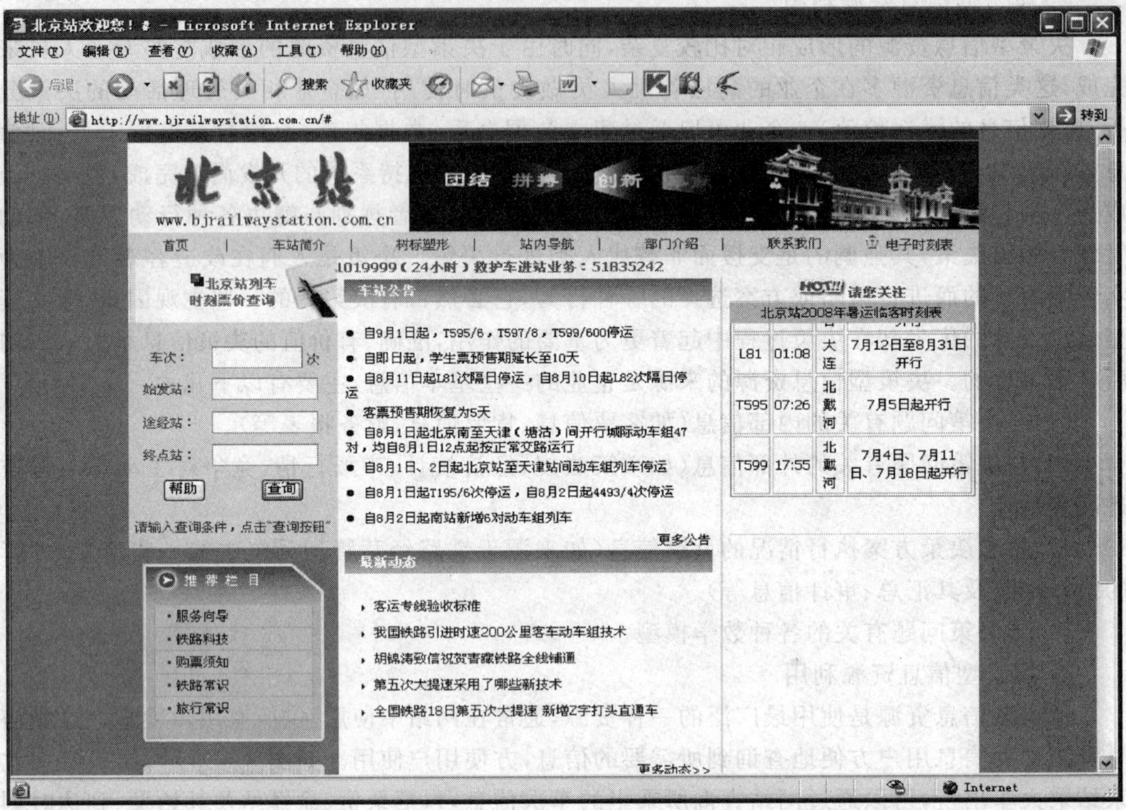

图 3-6　检索示例图

护是为了保证信息资源能长期有效地正常地为用户所用。铁路业务信息系统，如 TRS、TMIS、TDCS 等均是即时业务信息系统，这些系统运行的不稳定、不准确、不安全均会直接给铁路部门带来巨大的经济损失，并影响铁路生产任务的正常进行，从而影响国民经济的发展。因此，时刻保证支持这些系统运行的铁路信息资源的可靠性、准确性与安全性是铁路安全运营的基础。铁路信息资源的维护主要包括以下几个方面。

1　信息资源自身维护

信息资源的基础来源是铁路内外部的各种信息所转换成的数据等，主要由数据管理员负责，负责数据的安全性、完整性以及并发性控制，包括数据文件的维护、代码的维护、安全保密维护等。对数据的维护要遵从自下而上、同级校核的原则，即基层人员负责按照统一的数据标准进行日常信息采集和更新维护，在满足本部门业务工作需要的同时，及时向上一级汇集信息。上一级根据各类应用系统的布局和架构，合理进行数据分流和入库，并根据再上一级的应用系统和数据库的分布配置情况向再上一级汇集数据，以此类推。

2. 信息资源硬件维护

一般来讲，铁路信息资源硬件维护主要包括各种设备的保养与安全管理、简易故障的诊断与排除、易耗品的更换与安装和突发故障维护等。如数据库硬件服务器的维护，维护由专门的硬件维护人员负责。

硬件维护也是企业信息资源维护中的一个重要方面。正如我们生活中，需要不断对我们生活周围的生产资料和生活资料进行维护，各个设备的维护周期也不一致，例如，电梯的维护周期为一年，是为了确保人们的生产生活安全。对于铁路来说，硬件维护是非常重要的，是信息资源有效运用的保障。

3. 信息资源软件维护

信息资源软件维护是根据需求变化或硬件环境变化对信息资源管理活动程序部分或全部的修改。包括正确性维护，即改正系统中未发现的错误；适应性维护，即适应需求变化和管理变化而进行的修改；完善性维护，即扩充功能和改善性功能所做的修改；预防性维护，即改进程序的可靠性和可维护性。

铁路信息资源建设的好坏与铁路信息系统建设的好坏息息相关。因此铁路信息资源软件维护对于信息资源建设起着至关重要的重要。随着科技的进步和发展，铁路信息系统也一直面临这升级改造的问题，目前已经有一些系统完成了新旧系统的转换，一些新系统的开发也一直在不断进行，这对信息资源建设提出了新的要求。

4. 信息资源管理与业务人员维护

提高企业信息资源的开发与利用效率的关键环节是相关信息资源管理人员与信息资源业务人员的素质。信息人员的维护一方面指培养信息资源管理人才，提高他们的专业技能；另一方面，提高企业全体工作人员使用计算机、利用信息资源的水平和意识。现代企业通常会建立相应的部门来进行信息资源管理与维护，随着信息在企业中所处地位的不断提高，信息部门人员的维护对于企业核心数据的维护和企业的生产安全就显得非常重要。在铁路信息资源建设中，其涉及的范围广，数据量大，对于信息资源管理人员的要求也比较高，因此对信息资源管理人员维护就非常重要。

铁路信息资源管理与规划的研究内容非常广泛，除上述几个主要方面外，与信息资源管理相关的文化背景、技术进展和时间活动等也可列入其研究范围，而且其内容随着信息技术的不断推进，所研究的内容也会发生变化，是一个需要长期努力的过程，不能一蹴而就。因此，在信息资源管理与规划的过程中，可能会出现一些新的问题，也会有一些新方案产生。

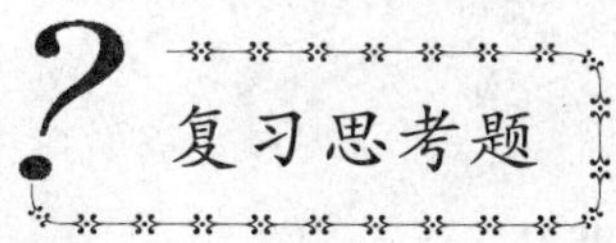

1. 什么是信息资源管理？它遵循什么原理？

2. 对信息资源管理与规划的必要性表述一下你的观点。

3. 试述铁路信息资源管理与规划的意义。

4. 信息的来源有哪些途径？你认为还有其他途径吗？

5. 如何对铁路信息资源进行加工与存储？

6. 试述铁路信息资源共享的主要内容。

7. 信息资源利用分为哪几类？分别是什么？

第四章 铁路信息资源相关技术

【本章要点】 本章首先简要介绍了信息编码的目的与基本原则,从几种常见信息编码技术着手介绍一些铁路业务信息系统的编码;其次,着重介绍了大型数据库的结构、组成和大型数据库技术、应用特点,简要介绍了其在铁路信息系统中的应用,并详细的列举了几种目前主流的大型数据库产品;再次,介绍了数据仓库的概念、特点、应用、结构设计及其在铁路信息系统中的应用等情况;最后,从信息检索概念与分类着手介绍信息检索方法与原则,阐述其在铁路信息系统中的应用。

铁路信息资源建设与维护是个极其复杂的过程,其中涉及如图 4-1 所示的信息编码、信息存储、信息检索三方面内容。

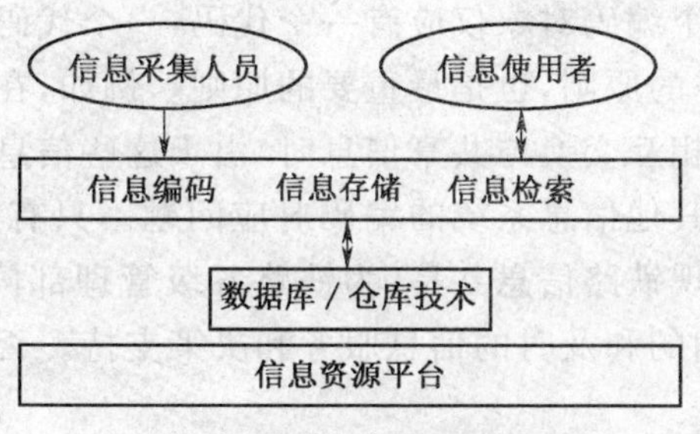

图 4-1 铁路信息资源相关技术

第一节 信息编码技术

信息编码是将事物或概念赋予具有一定规律,易于计算机和识别处理的符号,形成代码元素集合。信息编码技术是信息存储、检索的基础,如果没有一个好的编码方法,存储和检索的效率就不能够得到保障。编码工作是铁路信息化成败的关键和前提,信息系统中公用基础信息编码设计的好坏直接影响到与其他业务信息系统的数据交互、信息共享功能。而实现共享的先决条件要各地信息一致。要做到信息一致,必须先做到信息编码一致。

铁路部门不是一个小规模的或是能够充分集中的部门(小规模或充分集中易于实现信息

一致），其规模大、分布广以及经营过程复杂等特点容易导致各自为政和"信息孤岛"现象的出现。这些"信息孤岛"之间的信息共享程度极低，数据冗余度又很高。因此，只有做到铁路信息编码一致，才能提高数据的利用价值和利用率。

一、信息编码的目的与基本原则

信息编码是为了方便信息的存储、检索。在进行信息处理时赋予信息元素以代码的过程，即用不同的代码与各种信息中的基本单位组成部分建立一一对应的关系，这是信息处理的基础内容。信息采集人员根据信息编码原则经过信息系统存储到数据库中，以供信息使用者将来使用。

信息编码的主要作用有标识、分类、参照。标识的目的是把编码对象彼此分开，在编码对象的集合范围内，编码对象的代码值是其唯一性标志；信息编码的分类作用实质上是对信息种类进行标识；信息编码的参照作用体现在编码对象的代码值可作为不同应用系统或应用领域之间发生关联的关键字。

信息编码的基本目标是使经过编码的信息在逻辑上应满足使用者的要求，又要适合于处理的需要；结构易于理解和掌握。标准化、系统化，设计合理的编码系统是信息系统生命力的重要因素。因此在信息编码过程中，应当遵循以下基本原则。

1. 唯一性

在一个编码标准中，每个编码对象仅应有一个代码，一个代码唯一表示一个编码对象。唯一性原则是信息编码最基本的原则，也是最重要的原则。例如，在一个业务信息系统和其他业务信息系统、中央数据库等相互交换与共享信息时，由于这些信息涉及整个铁路部门的信息共享，其基础信息编码涉及与其他信息系统的编码对应问题。只有保证这些信息系统公用共享信息编码的唯一性，才能实现铁路信息共享，为铁路各级管理部门、生产运营人员和领导干部提供跨行业的、综合的、准确的和及时的信息服务和决策支持。否则，就会出现信息不一致，甚至混乱错误等情况发生。

2. 合理性

合理性是信息编码时需遵循的另一条准则。信息分类和信息编码是两个关联的科学手段。合理的信息分类是信息编码的科学前提和基础；信息编码是对信息分类简练、精确的表示，强化信息资源开发、利用和管理功能。信息统一编码是对同一类信息的编码，即需要编码的信息必须具有确定性和一致性。如果信息在不同的管理信息系统中具有不同的内涵和外延，即使它们的名称相同，它们也不能看成同一类的信息，因此，它们也就谈不上统一编码问题。合理性要求编码结构与分类体系相适应，不能出现分类体系和编码结构相悖的情况。

3. 可扩充性

编码应留有适当的后备容量，以便适应不断发展扩充的需要。

4. 简明性

简明性是指在编码的过程中，应尽量使代码简单明了以达到简短、易记、节省存储空间、减少代码差错率的目的。

5. 适用性

适用性是指编码应尽可能反映编码对象的特点，适用不同的相关应用领域，支持系统集成。适用性是系统集成阶段一个重要的条件，随着集成技术的发展，多个信息系统间实现整合就需要信息编码应有尽可能大的适用性。

6. 规范性

规范性是指在一个编码标准中，代码的类型、结构以及编写格式应当统一。

7. 稳定性

稳定性是指编码设计完成后，当信息数量等条件发生变化时，不需修改其编码结构，就可达到使用目的。这样的编码就是稳定的，用户需要稳定的编码。

8. 含义性

信息编码的含义性是指信息代码的编码表达式直接表达或间接根据一个或多个表来表达它们的含意，则称编码是有含义的。在使用编码表达式时，保持编码的含义性是必须的，这样有助于使用者区分信息类型，并易于理解。

二、常见信息编码技术

信息的表现形式多种多样，因而编码的方案也非常多，常见的编码类型如图 4-2 所示。

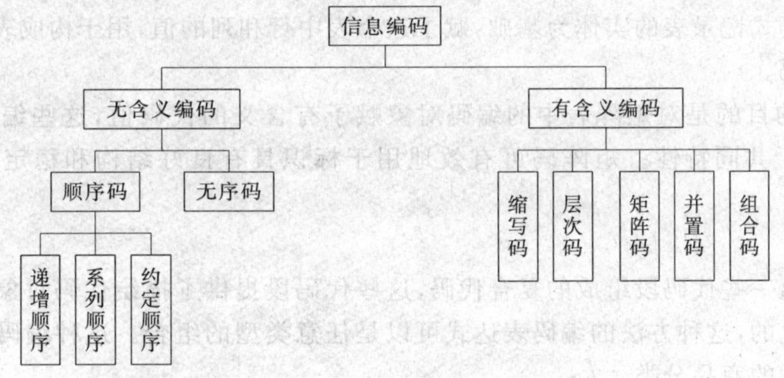

图 4-2　编码类型图

1. 顺序码

顺序码是比较常用的一种编码形式，是指从一个有序的字符集合中顺序地取出字符分配给各个编码对象。这些字符通常是自然数或字母符号。顺序码一般作为以表示或参照为目的的独立代码来使用，或者作为复合代码的一部分来使用，后一种情况经常附加分类代码。

2. 无序码

无序码是将无序的自然数或字母赋予编码对象。此种代码无任何编写规律,是靠机器的随机程序编写的。无序码既可用作编码对象的自身表示,又可作为复合代码的组成部分。

3. 缩写码

缩写码可以有效用于相对稳定,并且编写对象的名称在用户环境中已是人所共知的有限表示代码集。如铁路列车车次编码中的T、Z、L、D都是缩写码的一种体现。这种编码给人以直观的印象,T字头列车代表特快;Z字头列车代表直达;L字头列车代表临客;D字头列车代表动车组。缩写码也可以和其他编码形式相结合组成新的编码方式。

4. 层次码

层次码以编码对象集合中的层次分类为基础,将代码对象编码成为连续且递增的类。位于较高层级的类都包含并且只能包含它下面较低层级的全部类,这种编码类型以每个层级上编码对象特性之间的差异为基础,每个层级上特性必须互不相容。

细分至较低层级的层次码实际上是较高层次级代码段和较低层次级代码段的复合代码。层次码的一般结构如图4-3所示。

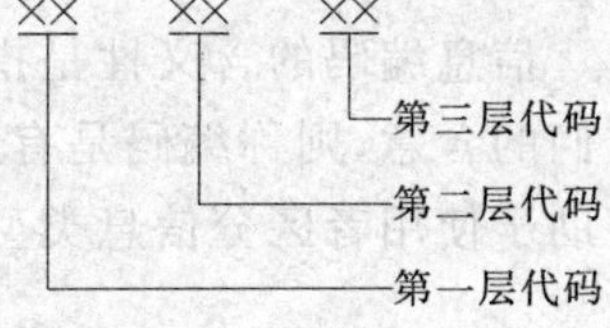

图4-3　层次码示意图

层次码通常用于分类的目的。层次码较少用于标识和参照目的。层次码适用于诸如统计目的、基于学科的出版分类等情况。在实践中既有固定格式,也有可变格式。

5. 矩阵码

矩阵码以复式记录表的实体为基础,赋予这个表中行和列的值,用于构成表内相关坐标上编码对象的代码。

这种方法的目的是对矩阵表中的编码对象赋予有含义的代码值,这些编码对象在不同组合中具有若干共同特性。矩阵码可有效地用于标识具有良好结构和稳定特性的编码对象。

6. 并置码

并置码是由一些代码段组成的复合代码,这些代码段提供了描绘代码对象的特征。这些特征是相互独立的,这种方法的编码表达式可以是任意类型的组合。这种编码方式适用于具有若干共同特性的商品分类。

7. 组合码

组合码是最常用的一种编码方式,是指由一些代码段组成的复合代码,这些代码段提供了编码对象的不同特性。与并置码不同的是,这些特性相互依赖并且通常具有层次联系。组合码经常用于标识目的,以覆盖宽泛的应用领域。这种编码最常见的是个人身份证的编码,如表4-1所示。

表 4-1　个人身份证编码示意表

公民身份证	含义
××××××××××××××××××	公民身份证号码的 18 位组合码结构
××××××	行政区划分代码
××××××××	出生日期
×××	顺序号，其中奇数表示男性，偶数表示女性
×	校验码

例如一个人身份证编码为“110108197004016039”，“110”代表“北京”，“108”代表“海淀”，“19700401”代表此人的生日“1970 年 4 月 1 日”，“603”代表顺序号，“9”代表校验码。

在编码过程中，编码方式应以预订的应用需求和编码对象的性质为基础，选择适当的代码结构。在决定代码结构的过程中，既要考虑各种代码的编码规则，又要考虑各种代码的优缺点，还要分析代码的一般性特征，选取合适的代码表现形式，研究代码涉及的各种因素，避免潜在的不良后果。

三、铁路信息系统的编码的需求与应用

近几年来，铁路信息化建设取得了显著的成绩。为实现铁路客运、货运、运输组织、办公等各系统之间的互通互连、信息共享，各信息系统必须实现基础信息编码的统一。编码工作是铁路信息化成败的关键和前提。铁路部门编码涉及各个业务管理信息系统，信息量均十分庞大。下面以铁道运输管理信息系统和客票发售与预订系统为例说明信息编码的应用。

（一）铁路运输管理信息系统编码

铁路运输管理信息系统的编码主要涉及货车车号代码、机车车号代码、车站站名代码、货运列车车次代码、主要收发人代码、货物品名代码、集装箱代码、机务段、车辆段、车务段等。下面参照铁路部颁发的 TB/T 2435—1993 等标准列出部分铁路运输管理信息系统的编码原则。

1. 货车车种车型车号代码

该代码结构为不超过 12 位数字、字母组合码，如表 4-2 所示。

代码特点：外码与内码相同，最多可为全路车主提供 1 000 万个车辆代码空间，可充分满足铁路发展的需要。

表 4-2　货车车种类型车号代码

×××××	×××××××
车型编码，大型字母与数字混合表示，不超过 5 位	车辆十进制顺序号，数字型

2. 铁路车站站名代码

铁路车站站名代码结构如表 4-3 所示。

表 4-3　铁路车站站名代码

×××××
5 位全数字顺序代码

代码特点：以“铁路货物运价里程表”中规定的铁路干线为依据，从 10001 开始按线路分区编码；京津、陇海、焦柳等线分为 2 个区；站名代码的排序按下行方向顺序递增间隔编码。区段站、编码站等之后均留有较多空码，以适应路网改、扩建。

3. 货物品名代码

货物品名代码是采用北京交通大学制定的编码方案，7 位 4 层十进制数字码，如表 4-4 所示。

表 4-4　货品代码结构

××	×	×	××
大类	中类	小类	细目

代码特点：该方案对货物运输品名进行科学分类，是较全面的编码，被其他系统广泛采用。

（二）铁路客票发售与预订系统编码

TRS 一般是由车票预订系统和车票发售系统两部分组成。TRS 是铁路重点优先发展的项目，目前已在全路成功运行。本系统涉及的主要基础数据代码种类共计有 35 个，主要包括：旅客列车车次代码、席位号代码、列车类别代码、铁路局名代码、客运段代码、车站名代码、线名代码、订票单位代码、售票处代码、票号代码、区段名代码、计价方式代码等。TRS 与其他业务信息系统比较表现出更强的独立性，相应的信息代码编码方案也具有更多的独立性。

1. TRS 编码的主要特征

（1）编码采用属性码和数字顺序码相结合的原则，既大量采用易于处理与交换的全数字码，也采用易于理解的字母数字混合型属性编码。

（2）按照已颁布的国标、部标采用字母、数字混合型代码的部分代码，作为 TRS 的外码（输入/输出）使用，与别的业务信息系统交换，但在计算机系统内部，为提高处理效率和系统的正确性，则转换为对应的数字型内码。

（3）采用多层次或特征组合码。

（4）为保证系统的成功及稳定运行，在必要时可以较独立地根据系统的特点自编一些公共代码，供系统内部使用。

（5）尽可能留有适合空码，以方便今后的维护。

2. TRS 主要数据编码方案

（1）旅客列车车次代码。旅客列车车次代码是选用 8 位字母、数字表示的混合码，如表 4-5

所示。

表 4-5　旅客列车车次代码结构

××	××××	×	×
列车始发地码	始发车次	多发到站标志	新旧运行图标识

(2)线路名称代码。由于客运线路名称与货运、公务、统计等均不同,故不采用部标,而自编代码方案。代码由 4 位数字码组成,如表 4-6 所示。

表 4-6　线路名称代码结构

××	××
干线码	支线顺序号

(3)区段名称代码。铁道部运输局规定了"特直快列车旅客密度区段"划分方案,但不能覆盖所有线路,而且常发生变化,为满足客票系统的要求,划分为直通区段和非直通区段。直通区段代码结构为 4 位数字码如表 4-7 所示,非直通区段代码结构为 4 位混合码如表 4-8 所示。

表 4-7　直通区段代码结构

×××	×
直通区标号	管内小区段号

表 4-8　非直通区段代码结构

×	×××
(字母)	管内区段号(数字)

第二节　大型数据库技术

随着社会不断发展进步,信息技术的日新月异,人们对计算机的依赖性也越来越强,要求也越来越高。信息量的剧增,使得信息和数据处理处于越来越重要的地位。信息资源建设必须考虑数据的存储策略,数据库技术的出现和发展为信息和数据的处理提供了强有力的工具。

一、数据存储中的容量与并发访问问题

数据库是信息系统的基础与核心,成功的数据库设计是建立信息系统的先决条件。数据库从诞生至今,已经得到了很大的发展,取得了辉煌的成就,但是仍存在一些问题,其中最大的问题是数据存储容量和并发访问问题。

(一)数据存储的容量问题

数据存储的容量问题是指随着计算机的广泛应用,信息数量骤增,数据库不能满足大容量存储的问题。大容量存储是当今听到的最频繁的词,什么是大容量存储,为什么需要大容量存储,又如何实现大容量存储呢？这是当今所有数据库生产厂商关注的问题。

根据研究机构 IDC 和储存厂商 EMC 的一份联合调查报告显示,数据需求将以每年 60%

的速度递增。目前的人均数据消耗在 45 GB 左右，总量为 281 EB，预测到 2011 年，数字化信息总量将膨胀到 1 800 EB。数据的这种快速增长率从图 4-4 可见一斑。

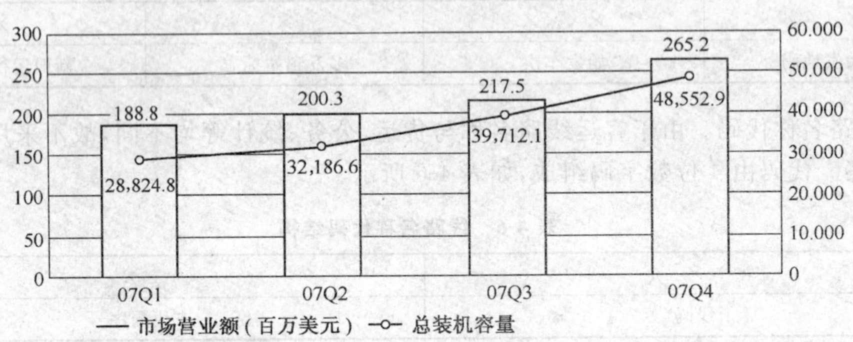

数据来源：IDC 中国存储市场季度跟踪报告(2007 年)

图 4-4　2007 年中国外部磁盘存储市场规模

随着数据数量的快速增长，企业必须为此做好相应的存储与安全措施。为了适应时代的发展，一些数据库厂商在这种情况下适时地推出大型数据库。铁路企业数据复杂庞大，由多个不同领域行业协同合作，随着社会、经济的发展，其信息系统所需用到数据的规模越来越大，地域范围也越来越广。这种情况必然产生对超大容量数据库和分布式数据库的需求。

(二)并发访问问题

在信息系统中，保持数据的一致性和完整性，是最基本的要求。在单机情况下，很容易实现这一点，而且不会出现冲突。但是随着计算机网络的发展，越来越多的系统数据库和网络相连接，尤其是分布式系统的广泛应用，同时会有多人进入数据库进行修改、更新等操作，这就产生了对并发访问控制的研究。

并发访问是指多个用户的并发进程同时存取。在并发访问的时候修改数据库，可能会发生相互干扰而得到错误的结果，使得数据库的完整性或者一致性遭到破坏，因此在并发访问时需要对多用户的并发操作加以协调和控制。数据库是共享资源，数据库管理员必须预料到几个用户试图同时访问和操纵数据的可能性，并制定相应的计划。因为并发处理涉及更新，所以无并发控制的数据库会由于用户之间的相互干扰而受到危害。

如果没有足够的并发控制，当多个用户试图更新数据库时最常遇到的问题是数据丢失更新，如图 4-5 所示。假设小王和小李有一个联合账户，并且两人想同时提取一些现金，他们分别在不同位置使用 ATM 终端。在缺乏并发控制机制的情况下可能发生的事件序列。小王插卡读取账户余额显示 1 000 元，于是提取 200 元，在写入新的账户余额 800 元之前，小李插卡读取账户余额仍是 1 000 元，小李取款 300 元，剩余 700 元。然后，小李的事务写这一账户余

额，这就取代了由小王的事务所写的账户余额。由于事务之间存在干扰，小王更新的结果已丢失，银行就产生了严重的损失，尤其在账户余额不足时，这种损失就更难挽回。

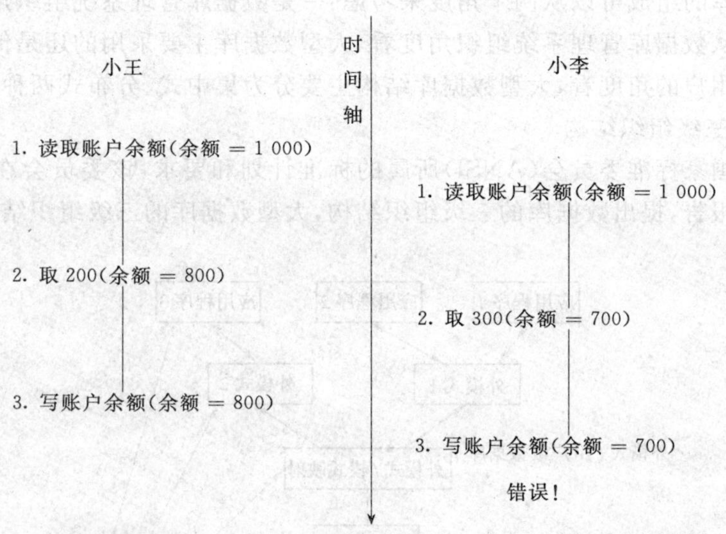

图 4-5　数据丢失更新图

因此，并发事务需要隔离处理，以便它们之间互不干扰。如果一个事务在另一个事务之前一次性处理完毕，则不会发生干扰问题。并发控制有两种基本方法：悲观方法（如加锁）和乐观方法（如版本化）。

加锁机制是最常见的并发控制机制。采用加锁机制，用户为了更新而检索的任何数据必须被锁住，或拒绝其他用户使用，直到更新完成或异常中止。加锁机制强制实施一个顺序的更新过程来阻止错误的更新，通常称为悲观的并发控制机制，因为每次需要一个记录时，数据库管理系统都采用高度谨慎的记录加锁方法，以便其他程序不能使用此记录。实际上，在大多数情况下，其他用户都不会请求相同的文档，或者他们只是想读这些文档，这是没有问题的。因此，发生冲突是很罕见的。

版本化是并发控制的一种新方法，它采用乐观的方法，大多数时候其他用户并不想要相同的记录，或者即使他们想要相同的记录，也只是想读而不是更新记录。采用版本化不需要加锁。每个事务被限制到该事务开始时的一个数据库视图，且当事务修改记录时，数据库管理系统创建一个新的记录版本，而不是覆盖旧的记录。

在铁路系统中，尤其是计算机联网售票，涉及大量人员同时买票的状况，并发控制的问题经常出现，所以在对数据库进行设计的时候要充分考虑到这方面的问题，力图保护数据的完整一致性。

二、大型数据库的结构及其组成

(一)基本结构

一般数据库的组成可以从两个角度来考虑：一是数据库管理系统组织角度；二是数据库最终用户角度。从数据库管理系统组织角度看，大型数据库主要采用的还是传统三级模式结构；从数据库最终用户的角度看，大型数据库结构主要分为集中式、分布式两种。

1. 数据库三级组织结构

根据美国国家标准委员会(ANSI)所属的标准计划和要求，该委员会在 1975 年公布了关于数据库标准报告，提出数据库的三级组织结构，大型数据库的三级组织结构如图 4-6 所示。

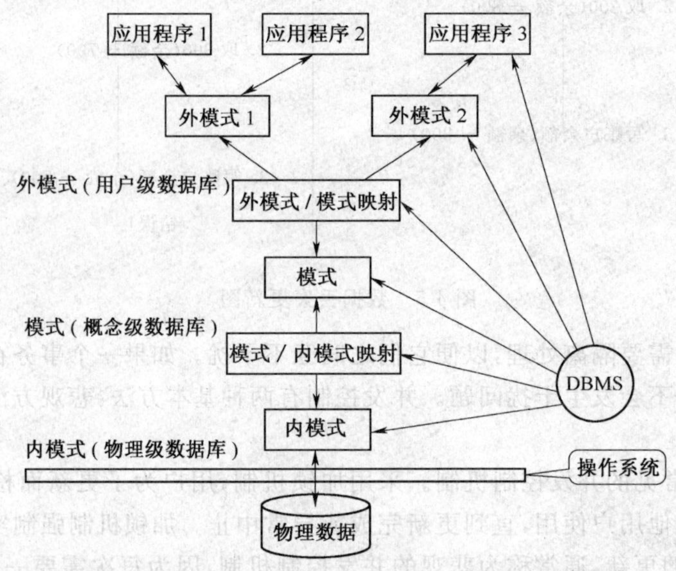

图 4-6　大型数据库三级模式结构

(1)内模式。内模式也称为存储模式，是数据库在物理存储器上具体实现的描述，是数据在数据库内部的表示方法，也是数据物理结构和存储方式的描述。一个数据库只有一个内模式。

(2)模式。模式也称为逻辑模式或概念模式，是对数据库中全体数据逻辑结构和特征的描述，是数据库系统模式结构的中间层。一个数据库只有一个模式，模式是数据项值的框架。

(3)外模式。外模式也称为子模式或用户模式，它是数据和用户能够看见和使用的局部数据的逻辑结构和特征的描述，是数据和用户的数据视图，是与某一应用有关的数据的逻辑表示。

外模式一般是模式的子集。一个模式可以有多个外模式，一个应用程序只能使用一个外

模式。外模式是保证数据库安全性的一个有力措施。每个用户只能看见和访问所对应的外模式中的数据,数据中的其余数据是不可见的。

(4)模式之间的映射。"外模式/模式"之间的映射,这种映射将用户数据库与概念数据库联系起来,实现了数据与程序的逻辑独立性,简称数据的逻辑独立性。"模式/内模式"之间的映射,这种映射把概念数据库与物理数据库联系起来。模式与内模式的映射使全局逻辑数据独立于物理数据,保证了数据与程序的物理独立性,简称数据的物理独立性。

2. 用户角度划分

(1)集中式大型数据库。集中式数据存储是能把所有数据保存在一个大型数据库中,各地办公室的远程终端通过电缆同中央数据库相联,如图 4-7 所示,保证了每个终端使用的都是同一信息,备份数据容易。因为他们都存储在一个大型数据库上,而此数据库是唯一需要备份的系统。ATM 机采用的就是集中式数据库存储。

(2)分布式大型数据库。在数据库领域中,分布式技术已成为一个主要的研究方向。以分布式大型数据库技术为核心的信息管理应用系统能很好地实现地域上分散的信息的互联和共享,并已显示出其强大的生命力,越来越受到广大用户的欢迎。特别是基于客户服务器计算模式的协作式分布数据库系统,近年来已成为热点,并在实际应用中起着积极的作用,尤其在一些突发事情之后,分布式大型数据库能够有效的保护数据的完整性。

分布式大型数据库是在集中式数据库的基础上发展起来的,是计算机技术和网络技术结合的产物。分布式大型数据库适合于单位分散的部门,允许各个部门将其常用的数据存储在本地,实施就地存放本地使用,从而提高响应速度,降低通信费用。分布式与集中式相比具有可扩展性,通过增加适当的数据冗余,提高系统的可靠性。

分布式大型数据库一般有两种:一种是物理上分布的,但逻辑上却是集中的,这种分布式数据库只适宜用途比较单一的、不大的单位或部门,如图 4-8 所示;另一种分布式数据库在物理上和逻辑上都是分布的,也就是所谓联邦式分布数据库,这种数据库可以容纳多种不同用途的、差异较大的数据库,比较适宜于大范围内数据库的集成。

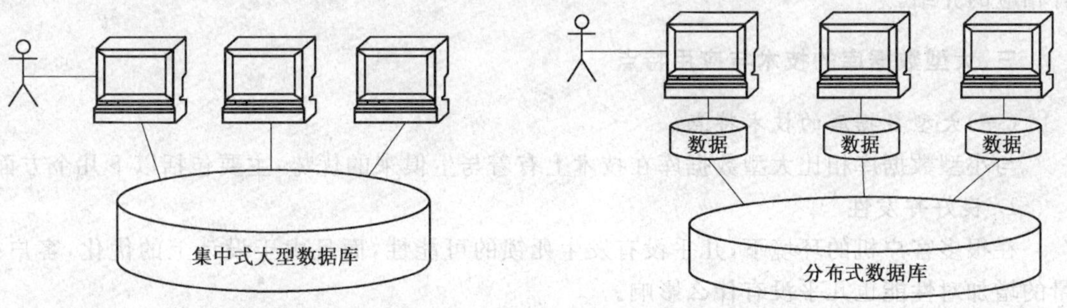

图 4-7 集中式大型数据库结构图　　图 4-8 物理上分布式大型数据库

(二)基本组成

一般大型数据库系统主要由支持数据库运行的软硬件、数据库、数据库管理员和用户等部分组成的,如图 4-9 所示。

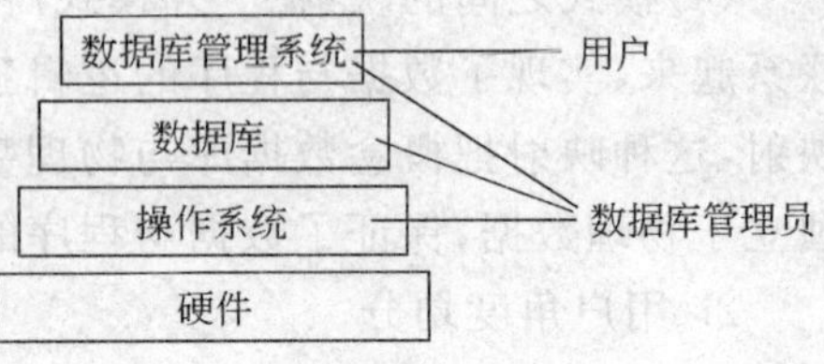

图 4-9　数据库系统组成

1. 软硬件

软硬件是数据库的基本组成部分,是其他组成的基石。硬件一般是指数据库中的计算机、网线等硬件性设备;软件则包括数据库管理系统、操作系统、各种主语言和应用开发支撑软件等。

2. 数据库

数据库是长期存贮在计算机内有组织的,大量共享数据集合。它可以使各种用户互不影响,具有最小冗余度和较高的数据独立性。数据库是与某个应用相关的全部数据的集合。数据库包括物理数据库和描述数据库两个部分。

3. 数据库管理员

大型数据库通常由专业人员设计,还要有专职的数据库管理员进行管理。数据库管理员是控制数据整体结构的一组人员,负责数据库系统的正常运行,承担创建、监控和维护数据库结构的责任。其主要职责有定义模式、定义内模式、与用户联络、定义外模式、设计应用程序、提供技术培训等专业服务、定义安全性规则、定义完整性规则、数据库的转储和恢复等。

4. 用户

用户数据库系统的用户分为最终用户和专业用户两大类。最终用户又分为偶然用户、简单用户和复杂用户。而专业用户则主要是指应用系统的开发人员。

数据库对不同的用户赋予的权限也是不同的,这方面在后边的信息资源的安全与维护会有相应的介绍。

三、大型数据库的技术与应用特点

(一)大型数据库的技术特点

与小型数据库相比大型数据库在技术上有着与生俱来的优势,主要包括以下几个方面。

1. 良好并发性

在很多客户机的环境下,几乎没有发生死锁的可能性,而且由于设计上的优化,客户机数量的增加对性能也几乎没有什么影响。

2. 更好的数据存储功能

大型数据库更有利于数据的存储,解决了一些企业在数据库存储中遇到的问题,如存储容量、存储速度、读取速度等方面。

3. 先进的备份、恢复功能

大型数据库加强了数据库的备份、恢复功能，能进一步保证珍贵的数据即使在计算机系统出现软硬件故障的时候也能及时得到恢复，支持数据库运行永不停顿。

4. 异地容灾能力

随着企业规模的扩展，原有的数据备份已经无法满足关键业务对系统的可用性、实时性、安全性的需要。更重要的是备份的数据往往会因为各种因素而遭到毁坏，如地震、火灾、丢失等。异地容灾方案的出现则可通过在不同地点建立备份系统，从而进一步提高数据抵抗各种可能安全因素的容灾能力。基于此，很多数据库厂商发行了有强异地容灾能力的大型数据库产品。

5. 强移植性

与小型数据库相比，大型数据库的可移植性更强。这就使得企业应用数据库时更加容易，更加有利于不同信息系统间的数据集成。

6. 强兼容性

兼容性也是现在信息系统集成阶段亟须的技术之一。数据库的强兼容性，可以使企业在系统集成时节省很多的人力、财力、物力。

7. 更好地支持分布式系统

支持分布式系统也是大型数据库的一大优点，随着分布式系统的广泛应用，这种能够更好地支持分布式系统的大型数据库的需求也就变得越来越大。

(二)大型数据库的应用特点

大型数据库虽然有很多的优点，但并不是所有的企业都适用的，在这方面主要是跟企业的类型和规模等特点有关。例如，在一个很小的公司或企业，Access 就能解决的问题，完全没有必要使用价格昂贵的 Oracle 数据库。下面简要分析一下大型数据库的应用特点，主要包括适用范围等。

1. 数据质量要求高的企业

与小型数据库相比，大型数据库相对来说更稳定、更安全，也支持一些特殊的数据类型，能提供数据的质量高，所以对于一些需要精确数据或特殊需求的行业来说，大型数据库是其主要的选择。

2. 地域分散、分公司比较多的企业

对于这样的公司或企业，小型数据库有点力不从心，即使勉强可以使用，但是其速度等也会成为令企业管理人员头痛的事情之一。

3. 业务量比较大的企业

如果一家企业或企业的业务量比较少，大型数据库的投资就很难收回，造成资源浪费，而相对于业务量较大的公司或企业，一般的小型数据库很难满足其需求，一般公司或企业就会选择大型数据库以保证其数据的高质量。铁路业务规模庞大、分布广阔、信息量巨大而安全性要求极高，必然需要大型数据库来支持业务处理。

四、主流大型数据库产品介绍

目前市场上主流的大型数据库主要有Oracle、Sybase、Microsoft SQL Server、IBM DB2等。它们的功能都比较完善,能适用于各种机型、多种复杂应用及各种规模的数据库应用系统。

(一)Oracle大型数据库

Oracle数据库是目前市场上的主流数据库产品。Oracle数据库是分布的、可移植的和开放的,能够集成不同的计算机、不同的操作系统、不同的网络,甚至不同的数据库管理系统,实现网络计算和数据共享。它是用于Internet的新一代智能化的、协作各种应用的软件平台。目前很多大中企业或组织均选择Oracle作为数据库系统平台。Oracle能够充分保护用户现有软件和硬件投资,同时为用户提供选择新技术的自由。

同其同类产品相比,Oracle数据库主要具有以下特点:

(1)支持分布式数据库和分布处理。

(2)支持大型数据库多用户、高性能的事务处理。

(3)具有高可用性。

(4)具有互操作性。

(5)实施安全性控制和完整性控制。

(6)易管理。

(7)具有可移植性、可兼容性和可连接性。

(二)SQL Server

SQL Server是一个关系数据库。它最初是由Microsoft、Sybase和Ashton-Tate三家公司共同开发的,于1988年推出了第一个OS/2版本。在Windows NT推出后,Microsoft与Sybase在SQL Server的开发上就分道扬镳了,Microsoft将SQL Server移植到Windows NT系统上,专注于开发推广SQL Server的Windows NT版本。Sybase则较专注于SQL Server在UNIX操作系统上的应用。

目前SQL Server较新的版本是SQL Server 2008。SQL Server 2008是一个全面的数据库平台,使用集成的商业智能工具提供了企业级的数据管理。SQL Server 2008数据库引擎为关系型数据和结构化数据提供了更安全可靠的存储功能,可以构建和管理用于业务的高可用和高性能的数据应用程序。

SQL Server 2008数据引擎是企业数据管理解决方案的核心。此外SQL Server 2008结合了分析、报表、集成和通知功能,可以构建和部署经济、有效的企业解决方案,帮助企业通过记分卡、Dashboard、Web services和移动设备将数据应用推向业务的各个领域;并且可以与Microsoft Visual Studio、Microsoft Office System以及新的开发工具包(包括Business Intelligence Development Studio)紧密集成使SQL Server 2008应用更加方便。

（三）Sysase

1984 年，Mark B. Hiffman 和 Robert Epstern 创建了 Sybase 公司，并在 1987 年推出了 Sybase 数据库产品。Sybase 主要有三种版本：一是 UNIX 操作系统下运行的版本；二是 Novell Netware 环境下运行的版本；三是 Windows NT 环境下运行的版本。对 UNIX 操作系统目前广泛应用的为 Sybase 10 及 Syabse 11 for SCO UNIX。与其他大型数据库相比 Sybase 主要有以下特点：

1. 基于客户/服务器体系结构

一般的关系数据库都是基于主/从式模型。在主/从式的结构中，所有的应用都运行在一台机器上。用户只是通过终端发命令或简单地查看应用运行的结果。而在客户/服务器结构中，应用被分在多台机器上运行。一台机器是另一个系统的客户，或是另外一些机器的服务器。这些机器通过局域网或广域网连接起来。客户/服务器模型的好处是它支持共享资源且在多台设备间平衡负载，允许容纳多个主机的环境，充分利用了企业已有的各种系统。

2. 开放性

由于采用了客户/服务器结构，应用被分在了多台机器上运行，更进一步，运行在客户端的应用不必是 Sybase 公司的产品。对于一般的关系数据库，为了让其他语言编写的应用能够访问数据库，提供了预编译。Sybase 数据库，不只是简单地提供了预编译，而且公开了应用程序接口 DB-LIB，鼓励第三方编写 DB-LIB 接口。由于开放的客户 DB-LIB 允许在不同的平台使用完全相同的调用，因而使得访问 DB-LIB 的应用程序很容易从一个平台向另一个平台移植。

（四）DB2

DB2 是 IBM 出口的一系列关系型数据库管理系统，分别在不同的操作系统平台上服务。DB2 主要应用于大型应用系统，具有较好的可伸缩性，可支持从大型机到单用户环境。DB2 主要应用于 OS/2、Windows 等平台下，和其他大型数据库相比 DB2 具有以下的优点。

(1)提供了高层次的数据利用性、完整性、安全性、可恢复性以及小规模到大规模应用程序的执行能力，具有与平台无关的基本功能和 SQL 命令。

(2)采用了数据分级技术，能够使大型机数据很方便地下载到 LAN 数据库服务器，使得客户机/服务器用户和基于 LAN 的应用程序可以访问大型机数据，并使数据库本地化及远程连接透明化。它以拥有一个非常完备的查询优化器而著称，其外部连接改善了查询性能，并支持多任务并行查询。

(3)具有很好的网络支持能力，每个子系统可以连接十几万个分布式用户，可同时激活上千个活动线程，对大型分布式应用系统尤为适用。

(4)除了可以提供主流的 OS/390 和 VM 操作系统，以及中等规模的 AS/400 系统之外，IBM 还提供了跨平台（包括基于 UNIX 的 Linux、HP-UX、Sun Solaris 和 SCO UnixWare，用于个人电脑的 OS/2 操作系统，以及微软的 Windows 2000 和其早期的系统）的 DB2 产品。

DB2 数据库可以通过使用微软的开放数据库连接(ODBC)接口,Java 数据库连接(JDBC)接口,或者 CORBA 接口代理被任何应用程序访问。

五、大型数据库系统在铁路信息系统中的应用

大型数据库在铁路得到广泛应用跟铁路自身所具有的特点是分不开的。铁路选择大型数据库是符合其自身客观条件的,下面仅以 TMIS 来说明一下大型数据库在铁路信息系统中的应用。

随着中国经济的蓬勃发展,铁路运量大幅度增长,要求铁路运营管理从经验管理过渡到现代化管理。管理人员需要有一个完整的信息系统来获取及时、准确、完整的信息,提供决策支持。铁道部运输管理信息系统正是在这种背景下提出来的,旨在通过计算机网络从全路 2 000 多个车站(段),实时收集列车、机车、车辆、集装箱以及所运货物的动态信息,对列车及其上的货物进行节点式追踪,为全路各级运输管理人员提供及时、准确和完整的运输信息和辅助决策方案,实现紧密运输、均衡运输,提高运输生产效率,改善客户服务质量。TMIS 建设的根本目的是为了促进客货营销、加强运输管理和深化体制改革。

从 1994 年开始研究和开发的 TMIS 是国家重大科技攻关项目,包括车站管理信息系统、货票系统、确报系统、货运营销与生产管理系统、运输调度信息系统、货车追踪系统、集装箱管理信息系统等,被世行称之为世界铁路行业信息量最大、功能最复杂的管理信息系统。经过多年的建设,TMIS 已经完成建设,为铁路信息化的全面建设提供了坚实的基础。

在 TMIS 规划之初,便确定了以中央数据库为核心的体系架构。该架构主要由四大部分组成,分别是中央数据库系统,站段系统,部、局应用系统,计算机网络系统。原始信息由站段直接报送中央数据库系统,各铁路局再从中央数据库访问各种业务数据。这种大集中的体系结构对于铁道部全面统筹和优化运输资源、提高铁道运输生产和管理效率而言,是非常合理的,也是一种必然趋势。但是随着业务系统应用的不断深入,需要访问的数据量越来越大,从而对大集中体系结构中的网络稳定性、可靠性、通信和带宽都有很高的要求。

经过严格的分析比较,铁道部在所有铁路局采用 Oracle9i 集群数据库部署大型数据库系统,开展"二级建库"工程。

Oracle9i 数据库是第一个能够跨越多个计算机集群系统运行的数据库软件,在集群、可用性、数据储存、安全功能、系统管理和内容管理等方面提供了最完整和最先进的数据库功能。这些都是部署铁路局大型数据库系统,提高铁路局业务运行环境的关键。Oracle9iRAC 能够动态地在集群服务器上优化数据库资源,从而能够为 TMIS 系统提供最佳的性能。Oracle9iRAC能够在集群中保持一个单独的系统影像,使数据库管理员能够一次性地进行安装、配置、备份、升级以及监控等功能,从而全面简化各铁路局 TMIS 运行环境的管理复杂性和成本。Oracle 数据库在铁道部 TMIS 中获得了成功的应用。

第三节　数据仓库技术

近年来，随着数据库技术的应用和发展，形成了一个综合的、面向分析的、可以更好地支持决策分析的数据仓库技术。

一、数据仓库的概念与特点

数据仓库是一个用于更好地支持企业或组织进行决策分析、面向主题的、集成的、随时间不断变化的数据集合。自 20 世纪 80 年代中期首次提出“数据仓库”的概念以来，数据仓库技术已逐渐成为研究热点。目前已形成了比较成熟的理论体系，出现了很多数据仓库及相关技术产品，形成各大厂商奋力争夺的一个制高点。数据仓库是分析决策的基础，从数据仓库的定义可以看出，数据仓库主要具有以下的特点。

1. 面向主题性

主题是数据归类的标准，每一个主题基本对应一个宏观的分析领域。面向主题的数据组织方式可在较高层次上对分析对象的数据给出完整、一致的描述，能完整、统一的刻画各个分析对象所涉及企业的各项数据以及数据之间的联系，从而适应企业各个部门的业务活动特点和企业数据的动态特征，从根本上实现数据与应用的分离。

2. 集成性

集成性是指数据仓库中的数据是从原有分散的源数据库中提取出来的，其每一个主题所对应的源数据在原有的数据库中有许多冗余和不一致，且与不同的应用逻辑相关。为了创建一个有效的主题域，必须将这些来自不同数据源的数据集成起来，使之遵循统一的编码规则。因此，数据进入数据仓库之前，必须经过加工与集成，对不同的数据来源进行统一数据结构和编码，统一原始数据中的所有矛盾之处(如字段的同名异义、异名同义、单位不统一、字长不一致等)，并进行数据综合和计算。因此，数据仓库所提供的信息比数据库提供的信息更概括、更基础。

3. 稳定性

稳定性指数据仓库中的数据反映的是一段时间内历史数据的内容，是不同时点的数据库快照的集合，以及基于快照的统计、综合和重组的导出数据，而不是联机处理的数据，主要供企业高层决策分析之用。所涉及的数据操作主要是查询，一般情况下并不进行修改操作，即数据仓库中的数据是不可实时更新的，仅当超过规定的存储期限，才将其从数据仓库中删除，提取新的数据经集成后输入数据仓库。

4. 时变性

数据仓库的时变性主要有两点：一是许多商业分析要求对发展趋势做出预测，对发展趋势的分析需要访问历史数据，因此数据仓库必须不断捕捉联机处理数据库中变化的数据，生成数据库的快照，进行集成，然后增加到数据仓库中去；另一方面，数据仓库还需要随时间的变化删去过期的、对分析没有帮助的数据，并且还需要按规定的时间段增加综合数据。

二、数据仓库的应用

当今世界，所有行业都面临激烈的竞争，及时做出正确决策是企业生存与发展的重要环节。ERP、CRM、OA 等信息系统的广泛应用以及互联网的蓬勃发展，使得企业数据量激增。事实上，大多数企业并不缺少数据，而是苦恼于对这些海量数据的访问、管理问题。如何把已有的海量数据转换成更有价值的商用信息以便用于支持决策，是摆在商业决策者面前的一个不可回避的问题。数据仓库被广泛认为是解决此类问题的关键技术之一。

数据仓库作用在于为基于分析的高级决策应用提供支持。对数据仓库中信息的使用，不同层次的用户有不同的使用风格。目前，数据仓库的主要应用形式可以归纳如下。

1. 主管信息系统

这是为企业中那些不太熟悉计算机技术的高级管理人员设计的，需要以简单的图形界面来提供访问数据仓库能力。它能够提供易于定制的决策分析环境，主要适合企业高层决策者使用。

2. 联机分析处理

提供灵活丰富的多维分析与查询，可以从不同的角度去分析企业的运作情况，并对未来进行预测。主要适合于企业的中层领导和业务分析人员使用。联机分析处理应用是数据仓库的主要应用之一，也是研究和应用较深入的领域。许多数据库厂商都提供相应的联机分析处理服务管理，而且已经取得一定的商业价值。

3. 多角度灵活查询

提供多个角度的灵活查询，让用户随时获取所希望的数据，适合于业务分析人员。

4. 灵活报表

提供灵活报表的设计。由于数据仓库的数据集成性和综合性，使得基于数据仓库的报表和图表输出成为企业应用的重要方面。这样的应用往往是各类人员进行数据汇报和存档的简单而实用的技术。

5. 数据挖掘

数据挖掘是按企业既定业务目标，通过对企业大量数据进行深层次分析以揭示隐藏的、未知的规律性，并将其模型化的技术。这样的技术必须是基于对大量数据的分析、归纳或总结的结果。因此，数据仓库成为数据挖掘应用最理想的数据载体。

三、数据仓库结构与设计

(一)数据仓库结构

1. 数据仓库的数据组织结构

数据仓库中的数据结构分为四个级别：早期细节级、当前细节级、轻度综合级、高度综合级，如图 4-10 所示。元数据经过综合后，首先进入当前细节级，并根据具体需要进行进一步的综合，然后进入轻度综合级乃至高度综合级，老化的数据将进入早期细节级。由此可见，数据仓库中存在着不同的综合级别，称之为“粒度”。粒度越大，表示细节程度越低、综合程度越大。

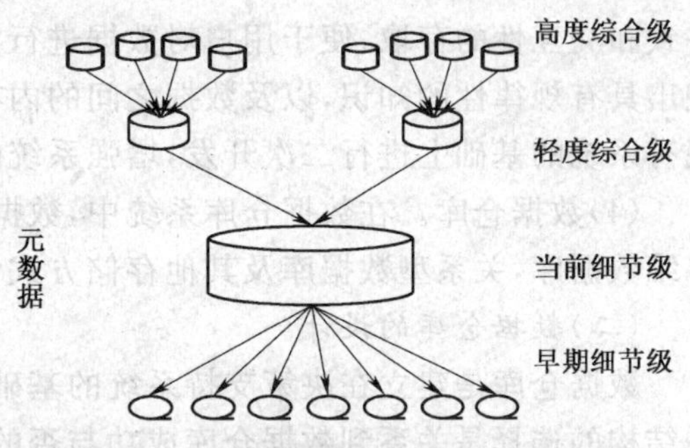

图 4-10　数据仓库数据组织结构图

2. 数据仓库的体系结构

数据仓库的体系结构是由源数据、数据仓库管理系统、数据仓库前端工具集、数据仓库四部分组成，如图 4-11 所示。

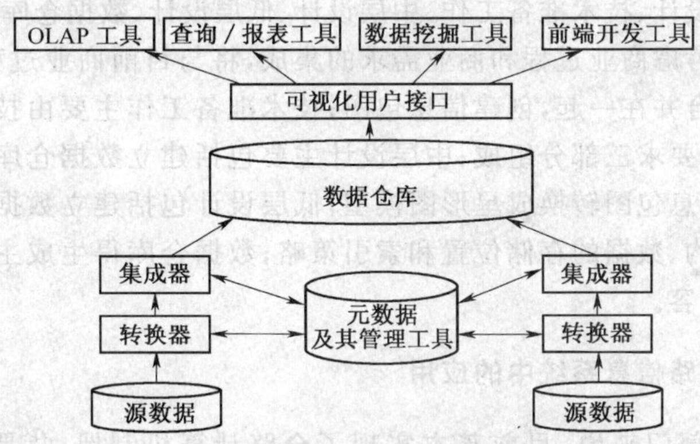

图 4-11　数据仓库体系结构

(1)源数据。数据仓库中的数据来源于多个数据源，它不仅可以是企业内部的数据库，还包括非传统数据，如文件、HTML 文档等。

(2)数据仓库管理系统。数据仓库管理系统主要由元数据库、数据转换部件、数据集成部件、数据仓库管理部件四部分组成。元数据库主要用来存储由定义部件生成的关于源数据、目标数据、提取规则、转换规则以及源数据与数据仓库之间的映射信息等；数据转换部件把数据从源数据中提取出来，依定义部件的规则，将不同数据格式的源数据转换成数据仓库的数据格式，并装载进数据仓库；数据集成部件根据定义部件的规则、统一各源数据的编码规则，并净化数据，根据元数据中定义的数据组织形式对数据进行汇总、聚合计算；数据仓库管理部件主要用于维护数据仓库中的数据，备份、恢复数据以及管理数据的安全权限问题。

(3)数据仓库前端工具集。数据仓库前端工具集主要由查询报表工具、OLAP 工具、数据挖掘工具、前端开发工具四部分组成。查询报表工具以图形化方式和报表方式显示数据，帮助

了解数据的结构、关系以及动态性；OLAP 工具通过对信息的多种可能的观察形式进行快速、一致和交互性的存取，便于用户对数据进行深入的分析和观察；数据挖掘工具从大量数据中挖掘出具有规律性的知识，以及数据之间的内在联系；前端开发工具提供用户编程接口，便于在现有系统的基础上进行二次开发，增强系统的伸缩性。

(4)数据仓库。在数据仓库系统中，数据仓库是一个数据存储集合，它的存储形式通常有多维数据库，关系型数据库及其他存储方式。

(二)数据仓库的设计

数据仓库是建立在决策支持系统的基础。一个企业在实施数据仓库战略时，数据仓库体系结构的选择是关系到数据仓库成功与否的关键问题。为了提高系统的效率和性能，数据仓库的数据内容、结构、粒度、分割以及其他物理设计需要根据用户所返回的信息不断地调整和完善，而且数据仓库需要通过不断地理解用户的需求，向用户提供更准确、更有用的决策信息，所以数据仓库对灵活性和扩展性有较高的要求，它建立的是一个动态、循环的过程。数据仓库的设计一般分为高层设计、技术准备工作、中层设计、低层设计、数据仓库生成五部分组成。

高层设计主要是考虑商业过程和商业需求的集成，将与目前商业过程有关的信息和数据仓库试图实现的目标合并在一起，创建信息包图；技术准备工作主要由技术评估、技术环境准备、确定软硬件的配备要求三部分组成；中层设计主要包括建立数据仓库的逻辑模型，对前期收集的信息细化，将信息包图转换成星形图模型；低层设计包括建立数据仓库的物理模型，确定数据仓库的存储结构、数据的存储位置和索引策略；数据仓库得生成主要包括设计接口、数据提取、数据装入等内容。

四、数据仓库在铁路信息系统中的应用

就我国铁路货运部门来说，目前基本实现了全路计算机制票，货票信息从基层车站到铁路局，最后集中存放在部计算中心的中央货票库中。每天进入中央货票库中货票信息 15 万批左右，多达数百兆数据，已经积累起了海量的历史数据，这些数据涵盖了铁路货源、流向、运量各个方面。这些数据不应该仅仅用于满足收入审核和精密统计的日常需求，更应该用于分析运营情况、制定长期计划的依据，为国民经济的宏观决策提供有力的支持。但是，由于种种历史原因，以前对中央货票库的开发、利用仅仅停留在传统的操作型应用上，将海量数据中蕴涵的宝贵信息资源束之高阁，这无疑是一种极大的浪费，也不符合建立中央货票库的初衷。

根据这种情况，铁道部做出了相应的规划解决以上问题。针对铁路货运的实际情况，围绕铁路决策感兴趣的主题从中央货票库中抽取、集成数据；建立货运数据仓库，通过联机分析处埋工具实现对历史数据直观、高效、深入的分析；同时通过数据挖掘工具从看似无序的数据中提取其内在联系和规则，从而为铁路决策部门提供科学可靠的统计分析和决策计划支持，并且通过数据仓库技术全面整合各种有关的业务数据，消除信息孤岛。

第四节 信息检索技术

铁路建设信息检索系统的宗旨是为用户查询相应的铁路系统的信息资源提供方便，该系统主要包括检索语言、检索策略、检索工具的组织和检索网络等。

现代的信息检索系统一般是由各种存储量巨大的数据库、通信设备和计算机等组成的联机检索网络系统，自动化程度高，并能满足特定的查全率和查准率，是最基础的信息系统之一。

一、信息检索概念与分类

(一)信息检索的概念

在现在这样一个信息爆炸的时代，如何快速准确的定位信息，成为信息用户面临的主要问题，因此信息检索也就成为研究重点之一。

信息检索处于信息流程的中间段，起到了纽带和桥梁的作用。信息检索的概念可以从广义和狭义两个方面来看。

广义上讲信息检索包括两个过程：一是信息的存储，即信息的标引、加工和存储的过程，就是将大量分散的文献收集起来，根据其外部特征和内容特征进行索引，形成文献特征标识并存储在一定的载体上，为用户检索提供有章可循的过程；二是信息的检索，即信息用户的查找过程。从而可知，信息的组织存储和信息的检索具有十分密切的关系，信息的存储是为信息的检索服务的，而且信息的检索对信息的组织提出了更高的要求。

信息检索狭义的概念为广义概念的第二部分，即仅指信息检索。因为对于信息用户来说，不必掌握信息的组织管理模式以及信息的存储模式，只需要知道如何快捷、方便、及时、高效的获取信息即可，所以一般情况下，信息检索理解为信息的搜寻过程。

不管从广义上讲，还是从狭义上讲，信息检索的本质就是一个匹配的过程，是使信息用户以最少的费用、时间和精力，检索并取得其所需要的信息，满足个性化的需求的过程。这是建立信息检索系统，研究信息检索的出发点和目的，在具体的信息检索过程中，用户信息需求的特点是制定检索策略的依据。

(二)信息检索分类

1. 按检索手段划分

信息检索依据检索的方式可以分为两大类：手工检索和机器检索。目前，手工检索的比重逐步下降，机器检索的比重逐步提高。

(1)手工检索是指由人们利用卡片目录、文摘、索引等检索工具，通过人工查找获得所需要的信息的行为。这种检索方式的优点是节约资金、减少费用，但是却存在着检索时间长，延误决策时机等缺点，因此经常会造成一些不必要的损失。

(2)机器检索是指由人们借助机器查找信息库中所有信息的行为。机器检索主要包括穿孔卡片检索、微缩检索和计算机检索。随着计算机应用的广发性，这种形式越来越受到人们的欢迎。这种检索方式的优点是检索时间短、效率高；缺点是费用大，成本高。

2. 按检索的内容划分

按信息的检索内容主要可分为五类：书目检索、全文检索、数据检索、事实检索、多媒体检索。

(1)书目检索是从存储有标题项、作者项、文摘项等书目信息的检索系统中进行信息检索的一种检索类型。这种检索的结果不直接解答用户提出的技术问题本身，而是提出与之相关的线索仅供用户参考。

(2)全文检索是从存储整篇论文、专利说明书内置整本著作的检索系统中获得全文的一种检索类型。它是在书目检索基础上的更深层次的内容检索，是一种直接检索。通过对全文的阅读，可进行技术内容及技术路线的对比分析，掌握研究现状，为研究创新点提供参考和借鉴。

(3)数据检索是将经过选择、整理、鉴定的数值数据存入数据库中，根据需要查出可回答某一问题的数据的检索。这些数值型数据各种各样，包括物理性能常数、人口数据等。数据检索不仅能查出数据，而且能提供一定的运算和推导能力。

(4)事实检索是将存储与数据库中的关于某一事件发生的时间、地点、经过等情况查找出来的检索。这种检索既包括数值数据的检索、运算、推导，也包括事实、概念的检索、比较和逻辑判断。

(5)多媒体检索是从存储有多媒体文件的检索系统中获取多媒体信息的一种检索方法，它是随着计算机技术的发展而产生的新的检索类型。检索结果是以多媒体形式反映特定信息的文字、图像、音频、视频等。

二、信息检索方法与原则

(一)信息检索方法与信息检索技术

信息检索方法是依据用户提问特征查询所需文献、事实或数据的途径和步骤的总称。与信息检索技术相比较，信息检索方法更多的是在手工检索或思维的层面上界定的，信息检索技术则更多地与机器检索，尤其是计算机检索有关。另外一点区别在于，信息检索方法的运用离不开各种检索工具，信息检索技术的利用则需要相关硬件和软件支持。信息检索方法和信息检索技术是相互关联的方法统一体。从某种意义上说，信息检索技术就是信息检索方法在其特定环境中的发展和变体，它们共同组成了连接信息资源体系和用户信息需求的纽带与桥梁。

信息检索方法除了前面提到的手工检索和机器检索的分类，还可以根据其他的标准划分为多种类型。对应于信息源分类，信息检索方法可分为事实检索方法、人名或机构名称检索方法、文献检索方法和信息资源体系检索方法等；对应于信息组织方法，信息检索方法可分为字顺检索方法、类号检索方法、主题检索方法、关键词检索方法和加权检索方法等；根据检索的时间范围，信息检索方法可分为定期从新文献中检索适用信息的现状追踪调查和系统的调查过

去资料的回溯检索两大类型。

（二）信息检索的原则

信息检索是对信息的寻找和获取工作，是信息爆炸时代人们面临的一个重要问题。信息检索的基本原则，从用户和检索提供者考虑主要包括以下几点。

1. 目的性

对用户来说，目的性是指在信息检索的过程中，一定要以所要达到的目的为基本原则，避免被其他信息分散了注意力，尤其在这个信息泛滥的时代，如果不能坚持目的性原则，很容易在检索过程中偏离主题。对信息检索提供者来说就是在检索的过程中，应当尽量准确明白检索者的目的，尽量不提供非相关的信息。

2. 时间性

时间性是指在检索的过程中，并非所有的检索结果都是有效的，要注意其时间性。因为信息是有实效性的，所以为用户提供检索结果时，应当刻意的避免选择检索到过期的无效信息，而用户在检索时也要刻意的去除这些信息。

3. 全面性

全面性是指在信息检索的过程中，应当尽量全面的提供用户所需要的准确性的东西。在用户的角度，全面性是指在检索的过程中应当兼顾多方面的信息，而不能只相信片面的信息。

4. 准确性

准确性主要是对于检索提供者的要求，即要求信息检索的结果应该尽量做到准确。

5. 规范性

规范性也有两方面的含义，对于用户来说，规范性是指在检索的过程中，应尽量用规范的语言，按照检索规则办事；而对于检索提供者来说，规范性是指提供的信息尽量规范、合格。

三、信息检索技术在铁路信息系统中的应用

随着计算机的普及，信息检索技术在很多的领域得到了很大的发展。我国铁路部门作为最早实行信息化的企业之一，随着系统建设越来越完善，信息检索技术得到了更广泛的利用。

铁路信息检索技术应用最为广泛的是铁路客运信息检索功能，如“首铁在线”网站就提供了强大的铁路客票信息检索功能，“首铁在线”网页如图 4-12 所示。这项功能为人们的出行带来了很大的便利。在信息系统发展以前，只有在火车站，才能查到车票信息，人们往往为一张车票在家与车站之间往返多次，既浪费时间又耗费精力。随着铁路信息系统的建设以及检索技术的发展，现在可以在网上、电话或者任何的售票网点查询、车次、车票信息，并且订票。事实证明，信息检索技术的出现方便了使用者，因此其将得到更大的发展，前景十分广阔。

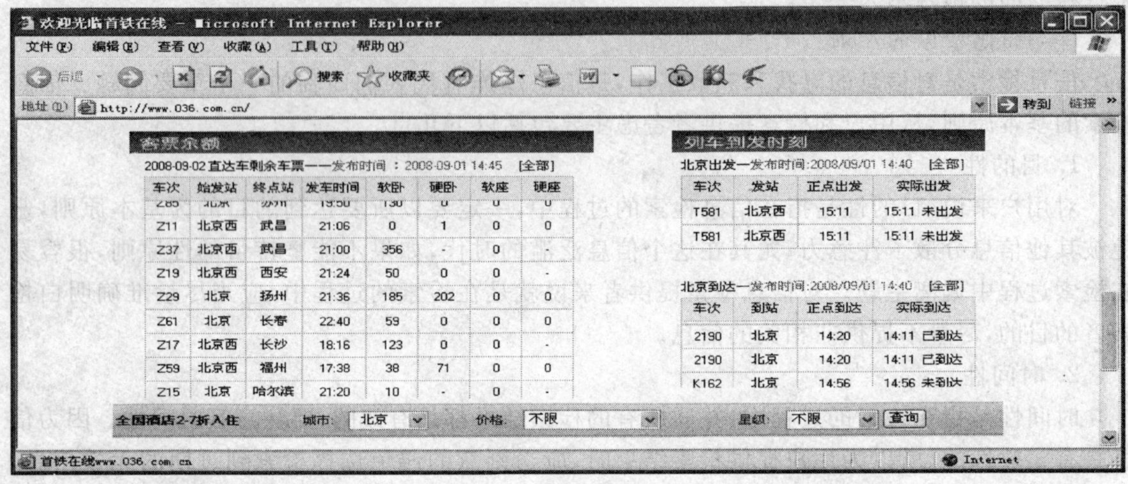

图 4-12　首铁在线

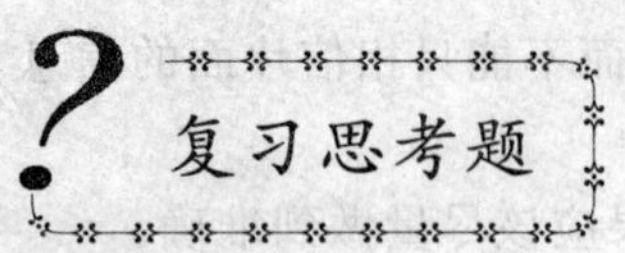

复习思考题

1. 什么是信息编码？在信息编码过程中，应当遵循什么原则？
2. 试列举常见的几种编码类型。
3. 试述中国现有铁路信息资源建设中的问题。结合所学你认为应该如何解决这些问题？
4. 什么是并发访问？如何解决并发访问问题？
5. 大型数据库的技术特点是什么？
6. 试述目前市场上主流的几种大型数据库及其特征。
7. 试述数据仓库概念及其特点、应用。
8. 数据仓库的体系结构包括哪些内容？
9. 简述信息检索方法与信息检索技术之间的关系。
10. 信息检索应该遵循哪些原则？

第五章

铁路信息资源分布

【本章要点】 本章通过对铁路信息资源进行层次划分，建立了适用于铁路系统的信息资源层次模型，对铁路信息资源层次模型中的各层次之间的映射关系进行了分析，并描述了铁路系统信息资源的分布模式。

第一节　铁路信息资源层次模型

铁路信息资源管理是一项比较复杂的系统工程，其包含的信息之多、门类之广，数据形式之复杂多样都给铁路信息资源的管理造成了一定的困难。因此，为了保证数据的准确与完整，提高铁路企业的效率和效益，满足不同用户的需求并为其实施个性化服务，铁路部门对系统内部的信息资源实行分类分层管理。

一、铁路信息资源的层次划分及模型介绍

根据第二章第一节中对铁路信息资源的介绍，将铁路信息自下而上分为铁路空间信息、铁路运输基础信息、铁路业务应用系统信息和决策支持信息四层。

1. 铁路空间信息

铁路空间信息是以计算机网络为载体、GIS 为核心技术获取的铁路的空间数据及相关属性数据。铁路空间信息层中包含的空间信息是铁路的重要信息源，也是铁路各信息系统正常运行的基础。它具有如下特点。

(1)铁路信息系统数据库是铁路空间信息层中数据库的主要类型，因此铁路信息系统数据库是铁路空间信息层研究的切入点和主要研究对象。

(2)铁路空间信息的稳定性。大部分铁路空间信息生成后长时间不会发生变化，这是由地理信息的特点决定的。例如，各组织部门的所在地一旦确定后，在几年甚至几十年内不会发生变化；线路、桥梁等固定设备的地理信息也是如此。因此，多数信息的更新频率要求不高，甚至可以不进行定期更新，只是在信息发生变化时才修改本层信息。

(3)铁路空间信息对铁路信息资源综合开发利用的决策支持作用。铁路空间信息处于一

种被动阶段和反应阶段，主要进行铁路空间信息的采集、简单处理、储存等活动，并适当地赋予选择、抽象、显示和检索等功能，对铁路信息资源综合开发利用起着最基础的支持作用。

(4)铁路空间信息层不仅可以通过本层的数据挖掘发现有价值的知识，还可以与其他层信息相结合进行数据挖掘和知识发现的活动，但是，这些活动由于铁路空间信息的介入而必须遵从特殊的“挖掘”和“发现”规则，如普遍的几何知识、空间分布规律、空间关联规则、空间聚类规则、空间特征规则、空间区分规则和空间演变规则等。

(5)铁路空间信息是增加了尺度维的空间信息，尺度维表达了空间数据由细至粗，多比例尺或多分辨率的几何变换过程。尺度越小(比例尺越大)，对空间目标表达得越精细、越微观；尺度越大(比例尺越小)，对空间目标表达得越概括、越宏观。例如，在大比例尺数据库中的某车站是面状目标，在小比例尺数据库中变为点状目标；在大比例尺数据库中的线路目标中的细小弯曲，在小比例尺数据库中被综合掉。

2.铁路运输基础信息

铁路运输基础信息指铁路运输生产过程中产生的初步的、原始的数据的集合，主要包括货运需求信息、客运需求信息、行包需求信息、货物列车追踪信息、机务信息、工务信息、车辆信息、电务信息、财务信息九大基础信息，其内容如表5-1所示。

表5-1 铁路运输基础信息类别和内容

信息类别	具体内容
货运需求信息	车数、车种、吨数、品名、发到站、装载要求等信息
客运需求信息	车数、车种、旅客人数、席别、发到站、票额分配、售票退票记录等信息
行包需求信息	发送办理件数、重量、品名、发到站等信息
货物列车追踪信息	编组结构、车次号、车种、编组顺序、装载货物品名、吨数、车辆到站、车辆数、空车去向等信息
车辆信息	车辆分布、车辆履历、车辆状态、检修等信息
机务信息	机车出入段时分、领取燃料及油脂、列车运行及编组情况、机车履历、状态等信息
工务信息	线路、桥梁、隧道履历及状态、维修记录、主要技术标准等信息
电务信息	通信信号设备分布、履历、状态、检修等信息
财务信息	原始凭证、资金状况、成本状况等信息

铁路运输基础信息是整个铁路运输生产正常运转的基础，是铁路各管理信息系统的信息源之一。它具有如下特点。

(1)铁路运输基础信息都是原始数据，是从运输生产中产生的各种单据中获取的，没有经过任何加工处理，可能对管理工作有用的信息。

(2)铁路运输基础信息层只进行对信息的收集、简单处理、存储以及循环使用的工作。

(3)铁路运输基础信息是详细信息，在层次模型中与铁路空间信息的粒度同时达到了最小，因此不能被其他信息导出。但是，铁路运输基础信息通过信息系统进行的选择、抽象、显示、索引、扩散等反应阶段的进一步工作，可以生成业务应用系统信息和决策支持信息。

3.铁路业务应用系统信息

铁路业务应用系统信息是指由各业务管理部门的信息处理系统产生的各种铁路业务信息，它们大都是来源于铁路运输基础信息层的基础信息，即铁路的基础信息经过各个业务应用系统加工后形成业务应用系统信息。

铁路业务庞杂，可以区分为运输活动和运营活动不同层次，其管理信息有较大差别。铁路运输活动信息类别主要考虑铁路的各职能工种如表 5-2 所示。铁路运营活动信息类别主要考虑铁路管理职能的划分如表 5-3 所示。两者的划分都考虑到信息的时间属性。

表 5-2 铁路运输活动信息类别和内容

信息类别	动态实时信息	半静态信息	静态信息
机务信息	技术状态信息：机车的质量指标、主要部件技术状态、事故记录 机车运用信息：机车出入库、整备作业、到达出发、出入分界站、运转事故、运行情况、机车乘务组人员 机车有关工作指标、保有量、机车出勤信息	技术检修信息：大修日期、厂名、大修后走行公里、架修日期、段名、架修后走行公里、定修日期、段名、定修后走行公里 运输统计信息：机车总重吨公里(客、货运)、走行公里、技术速度、牵引总重 供电给水信息： 设备检修计划信息、安全生产信息、相关统计信息	概况信息：支配机车——运用车(客运机车、货运机车、补机、调机、其他运用车)，非运用机车(段备、检修、其他非运用车)，非支配机车——部备、局备机车，出租机车，助勤机车，封存机车，其他非支配机车 技术履历基本信息：机型、机号、制造厂、出厂日期 供电给水设备履历
车辆信息	运用信息：现在车分布、修程别车辆分布、特种车动态、车辆事故信息 提供车辆运用状态转换和新造车、报废车信息及到期检修车分布情况和车辆走行公里等	修理信息：厂修年月、修理厂名、厂修到期时间、段修年月、修理段名、段修到期时间 统计信息：修程别车辆总走行公里、修程别重车公里、修程别空车公里。	货车(车号、车种、车型、制造厂、出厂日期、车辆应用参数)； 客车(车号、车种、车型、制造厂、出厂日期、技术参数、应用信息)
电务信息	电务调度信息	技术状态、检修信息，施工计划信息、事故统计与分析信息	通信信号设备履历
工务信息		线路、桥梁、隧道、涵渠及其设备的技术状态、检修记录和施工计划信息，轨检、秋检、探伤、防洪、安全信息	线路、桥梁、隧道、涵渠履历信息

表 5-3　铁路运营活动信息类别和内容

类别	动态实时信息	半静态信息	静态信息
财务信息	收入信息:运输收入、清算收入、销售收入信息 成本信息:点到点成本、运营成本、工业成本、施工成本、基建成本信息	统计信息:货票、客票、日常运输 通用会计信息:工资、材料、燃料、固定资产信息 货币资金信息:资金结算、资金管理、稽核信息,财务决算报表 国有资产信息:产权、国有资本、国有资产信息	财会事务信息:财会文件 财务管理信息:成本控制、盈利偿债能力、资本经营、投资策略
统计信息		运输统计:分界站的货车出入统计、现在车和重车去向统计、货车停留时间和货车运用成绩统计、货物列车正晚点统计、装卸车和货物分类装车统计、机车运用及检修状况统计、统配煤装车、换算周转量、旅客人公里、货物吨公里、货物发送吨数、运输收入、事故报告 客运、货运、货车统计信息:通过总重吨公里、能源消耗、万吨公里平均消耗、专调时间、客车车辆公里、货车车辆公里、旅客列车公里、货物列车公里、编组站办理货车辆数、装车数、卸车数、旅客发送人数、行包发送吨(件)、行包到达吨(件)、行包中转吨(件)、货物发送吨、货物到达吨、货物中转吨、旅客周转量、货物周转量 机车统计信息:机车牵引总重吨公里、机车自重吨公里、机车走行公里 固定资产及大修统计 运输设备及能力统计 其他统计(劳资、工业、建筑业统计)	
计划			中长期发展规划、年度建设计划、大中型建设项目
建设		基建投资信息、基建实物量信息、基建项目信息、住宅建设信息、更新改造投资及规模信息	
人事		管理人员、专业技术人员人事信息、人事统计信息	
劳资		全路运输系统工人人事与工资信息	
环保信息	环境监测站水、烟气、噪声等指标的监测信息	统计信息	
安全信息		机务、工务、电务、车辆、客运、货运、道口、公安、工程等安全信息	
办公信息	个人信息、工作生活服务信息	公共信息:公文、会议、公告、电子邮件信息	路外、路内信息,决策信息

铁路业务应用系统层信息具有以下特点。

(1)铁路业务应用系统信息全部来源于铁路基础信息层和空间信息层,但并不是这两层信息并集的真子集。

(2)铁路业务应用系统信息处于一种启动阶段和主动阶段。该层不仅实现了对铁路运输生产环节各工作的特征描述和分析(如机务管理信息系统、车辆管理信息系统、工务管理信息系统等系统中的信息),而且还能够在分析的基础上产生新的、可供运输生产管理参考的信息(如统计分析系统、货物运输管理系统、财会会计管理信息系统等系统中的信息)。

(3)通过对铁路业务应用系统信息或者将业务应用系统信息与铁路运输基础信息、铁路空间信息相结合进行数据挖掘和知识发现的活动,可以产生第四层决策支持信息。

(4)铁路业务应用系统信息的粒度比铁路运输基础信息和铁路空间信息的粒度大,比决策支持信息的粒度小。

(5)铁路业务应用系统信息的载体以磁介质载体为主,多数存储在大型的数据库或数据仓库中。

4.决策支持信息

决策支持信息是指通过对铁路空间信息、铁路运输基础信息和铁路业务应用系统信息进行综合加工后得到的,能够辅助铁道部、铁路局等各业务管理部门的领导进行决策的信息。

决策支持信息主要由业务管理综合分析系统、宏观与微观综合发展预测系统、政策及生产管理仿真系统、计算机辅助编制生产经营计划系统和专家与决策支持系统等综合应用与决策系统生产和提供。铁路决策信息类别,如表 5-4 所示。

表 5-4　铁路决策信息类别和内容

类别	决策内容	信息内容	信息系统
营销决策	客货产品开发、设计	客货运市场需求信息统计、分析、预测	客户关系管理信息系统
生产决策	列车运输生产组织调度	客货运输、机车车辆调配、机车车辆检修、线路状况检修	计算机辅助编制生产计划
		铁道部、铁路局等生产管理过程仿真模型,模拟信息	生产管理仿真系统
		路网基础地理信息、路网规划地理信息、铁路企业地理信息、站段地理信息集成	地理信息综合应用系统
管理决策	计划、指挥、控制成本、效益	全路或全局客货运输生产经营、人劳计财、车、机、工、电、辆等的统计汇总信息及主要业绩指标分析信息	业务管理综合分析系统
		工程建设、财务收支预算、物资供销等计划编制信息	经营计划系统
		铁路各级规划、设计、技术管理等部门进行规划设计信息	决策支持系统及专家系统
		运量、收入、成本、效益等经营管理指标预测模型,经营发展计划、工作方案、措施等项辅助决策信息	宏观与微观综合发展预测系统

决策支持信息可以实现对铁路运输的各个环节进行支持。铁路决策信息按信息产生过程的不同可以分为综合应用信息和运营指导信息两个亚层。前者是通过对铁路不同业务部门的信息进行综合得到的，对数据本身的处理并不是很复杂(相对运营指导信息亚层而言)，统计信息在一定意义上来说，就属于综合应用信息亚层；后者是在综合应用信息亚层的基础上经过复杂的处理(如数据挖掘、知识发现等)产生的。如哪些铁路客户最具有市场，运输淡季的车辆最佳利用方案以及春运期间应在哪些线路上加开临客等，这些信息不是简单的统计数据，对领导的支持作用不在于确定领导的方案可不可行，而在于领导没有预见到的时候就已经提出了可行的方案，决策支持信息的粒度最大。

目前我国的铁路部门在决策支持系统应用方面尚处于探讨和研究阶段。决策支持信息都是经过深加工后的信息，处于一种使役阶段，即不再仅仅为了满足某些现存用户群体的需求而产生，而是通过对特定领域信息的特殊处理而产生信息，实现从“可以做”向“应该做”的信息结论转化，因此只有在信息化高度发达的企业才能实现。

信息资源的层次划分，是信息资源层次模型的基础。根据上述对铁路信息资源的划分，构筑出铁路信息资源层次模型，如图 5-1 所示。

第四层：决策支持信息 Decision Support Information
第三层：铁路业务应用系统信息 Railway Business Application System Information
第二层：铁路运输基础信息 Railway Transportation Fundamental Information
第一层：铁路空间信息 Railway Spatial Information

图 5-1　铁路信息资源层次模型

二、铁路信息资源模型的映射关系

铁路信息资源层次模型自下而上的四个层次之间的信息加工处理关系可以运用函数映射的方法表示出来。

设

$$IS=(U,A,V,f)$$

其中，U 是所有对象的集合；A 是对象属性的集合；V 是对象属性的值域的集合；f 是信息函数；用 V_a 表示属性 $a\in A$ 的值域。

对于任意 $u\in U,a\in A$，即有：$f(u,a)\in V_a$；$f(a)=\{f(u,a)\mid u\in U\}$。$IS_1,IS_2,IS_3,IS_4$ 分别表示企业的事件、数据、信息以及知识和决策，它们与一、二、三、四次信息相对应。

首先，第二层中的每个数据都与第一层中的某一个或几个事件存在对应关系。这是由事件的特点所决定的。这一种映射是满射，即存在映射 $f_d: IS_1 \rightarrow IS_2$，即对于每个 $u \in U_1$，都有唯一的 $u' \in U_2$，使得 $f_d(u) = u'$。

其次，第三层的信息都来自第二层，即第三层中的每个信息都可以由第二层中的数据导出。因此，第二层到第三层存在映射，而且是满射。即存在映射 $\mathrm{f_d}: \mathrm{IS_2} \rightarrow \mathrm{IS_3}$，即对于每个 $u \in U_2$，都有唯一的 $u' \in U_3$，使得 $f_i(u) = u'$；若映射 f_i 的值域记为 $R(f_i)$，$R(f_i) = U_3$。第二层到第三层的映射关系十分复杂，可以将其分为如下三种不同的映射情况。

(1)第三层中的部分信息与第二层中的部分数据是单射的关系，即存在 $u' \in IS_3$，只有唯一的 $u \in IS_2$，使得 $f_i(u) = u'$。也就是说，在这种情况下，第三层中的单个信息是由第二层中的单个数据经过加工产生的，两者是一对一的关系。

(2)第二层中的多个数据生成第三层中的一个信息，而且数据的意义未发生变化，第二层中的多个数据的属性与第三层中的一个信息的属性相同，只是数据的粒度大小发生了变化，即存在 $a \in A_2, u' \in U_3, f_i(\{f_i(u,a) \mid u \in U2\}) \rightarrow f_i(u', a)$。例如，一列货车中所有车辆的载重加起来就是这趟列车的总载重。

(3)第二层中的多个数据生成第三层中的一个信息，而且数据的意义发生了变化。在这种情况下，第二层中的多个数据的属性可能相同，也可能不同，但是所产生的信息具有新的属性。即存在 $a_2, a_2, a_3, \Lambda \in A_2, u' \in U_3, a' \in A_3, f_1(\{f_i(u,a_1) \mid u \in U_2\}), f_i(\{f_i(u,a_2) \mid u \in U_2\}), fi(\{fi(u,a_3) \mid u \in U_2\}, \Lambda \rightarrow fi(u', a')$。例如，一列货车中所有车辆的载重加上所有车辆的自重就是这趟列车的总重。载重和自重的含义不同，两者结合产生的新数据总重就会具有新的含义。再如，某机务段空车走行公里与重车走行公里的商是该机务段的空车走行率。信息的属性由绝对数变成了相对数。

最后，第四层的知识和决策是通过对事件、数据、信息进行综合加工后得到的。因此，存在着从第一、二、三层的事件、数据、信息到第四层的知识、决策的映射。但是，第四层中的相当一部分知识、决策与前面三层中事件、数据、信息的具体导出关系是不确定的，它们之间的对应关系不能以显式的函数公式表达出来。即存在映射 $\alpha: IS_1, IS_2, IS_3 \rightarrow IS_4$。但无法用函数公式的方式将 $a(x)$ 表达出来。这种映射关系的不确定性是由知识、决策本身的非结构性特点决定的，因为，知识和决策是在对大量细节进行宏观理解、把握的基础上提出的宏观建议，它们不局限于具体细节。

实质上，信息的映射关系一般意义上可以用数据粒度描述。数据粒度是指数据的汇总程度。一般意义上是指计算机数据仓库的数据单位中保存数据的细化或综合程度的级别。粒度越小，细节程度越高，综合程度越低，回答查询的种类越多；反之粒度越大，细节程度越低，综合程度越高，回答查询的种类越少。数据粒度的大小是指可以提供的数据细节程度。而随着时间跨度的加大，数据的粒度也就变得越来越粗。

所需的最小数据粒度与信息需求有关，所以在信息系统中，可以通过分析铁路信息

的映射关系来确定信息需求，从而确定数据粒度并减少数据在系统中占据的容量，简化数据仓库。

第二节　铁路信息资源分布模式

在明确了铁路信息的层次理论之后，为了更有效地合理开发利用铁路信息资源，需要充分了解铁路信息资源分布状况并确定铁路信息资源的分布模式。

一、铁路信息资源纵向分布模式

铁路的组织结构分为三个级别，即铁道部、铁路局以及基层站段，这三级组织结构呈树形分布。各主要业务部门相应的业务信息系统（如 TMIS、TDCS、TRS 等）体系结构上也是层次模块结构的，运行效果良好。充分考虑到这些特点，结合铁路的发展需求，铁路信息资源的纵向分布模型如图 5-2 所示。

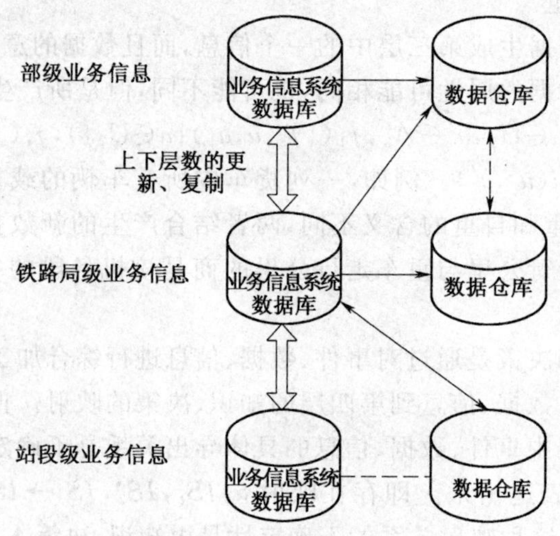

图 5-2　铁路信息共享纵向分布模型

铁路大多数业务信息的流动是从站段上报铁路局，铁路局汇总后上报铁道部，各级上报信息内容基本相同。所以下级部门上报的信息可以放在上级相应的业务信息系统数据库或者数据仓库中，以便上级部门统计分析、管理决策。

二、铁路信息资源横向分布模式

为了方便层次结构下铁路同级各部门能更好地互相协作，其相应的业务信息系统的信息资源在横向上也需合理规划，以保证同级的不同业务部门间良好的信息交换、共享。其信息共

享的实现可以通过如下两种方式。

（1）不同业务系统信息交互都通过各自系统的顶级数据源，即部级数据源之间的公共接口来实现，下级的信息源再从各自的顶级数据源复制取得其他业务系统的信息。这是通过信息纵向共享机制实现的。这种方式管理相对简单、安全，但是存在速度慢、占用下行通道等局限性。目前铁路不同信息系统之间的信息共享基本通过这种方式实现。

（2）下级的不同业务系统信息共享可以通过直接的横向网络操作实现，无须通过各自的顶级数据源获取。这种方式交互网程短，速度快，节省了宝贵的通信通道，是将来铁路信息共享的目标之一，但在保证数据的安全可靠性上和数据接口设计上要复杂些。

铁路信息共享横向分布模型描述了铁路信息横向共享实现机制，其中涉及不同业务系统信息的横向共享如图 5-3 所示。随着网络技术与数据库技术的发展，铁路各专业信息系统趋向大型化、整体化建设，它们之间的信息共享可以借助统一的网络平台与信息交换管理接口进行，无需分层次交换。

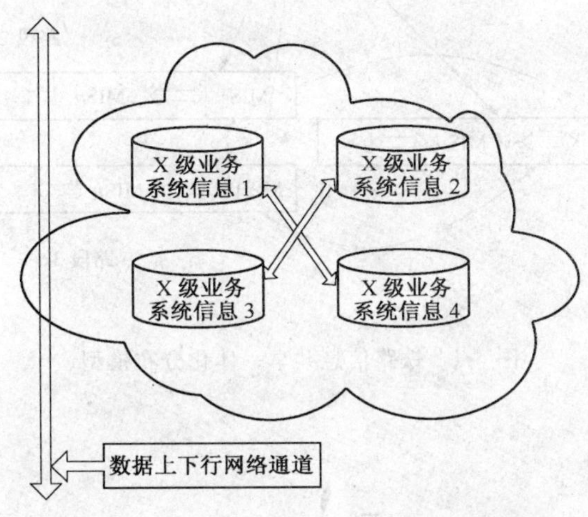

图 5-3　铁路信息共享横向分布模型

三、铁路信息资源一体化分布模式

纵向分布模式中信息资源主要体现在纵向上的隶属关系、配属关系这两个方面。在横向上，由于同一部局的各部门信息条块分割、自成体系，它们之间很难构成比较紧密的信息共享。但这种横向的信息更多的是靠纵向上的协调、干预间接达成的。在这种条件下，纵向的信息资源模型只是保障了上下级之间的信息顺畅。以信息平台为中心，综合两者的优势，构建适应需求的铁路信息资源一体化分布模式如图 5-4 所示，覆盖整个铁路信息资源领域。

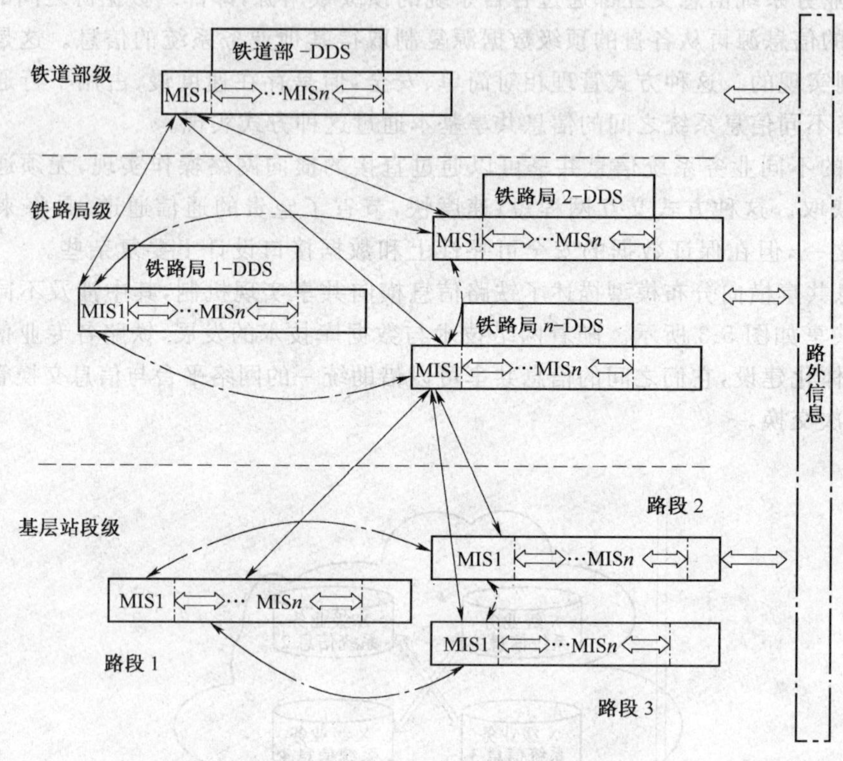

图 5-4　铁路信息共享一体化分布模型

复习思考题

1. 铁路信息资源的层次是如何划分的？划分依据是什么？
2. 铁路信息层次模型是怎样的？各层次之间存在怎样的映射关系？
3. 铁路信息资源分布模式都有哪几种？每种分布模式的特点是什么？

第六章 铁路信息资源共享

【本章要点】 本章主要讲述了铁路在信息资源共享方面的情况。首先，从路内、路外、决策支持信息以及铁路信息共享一体化需求四个方面依次分析了铁路信息资源共享的需求。进而从纵向、横向广域信息等不同角度着手，阐述了铁路信息资源共享的内容，具体描述了铁路信息资源的共享模式。

第一节　铁路信息资源共享需求分析

从整体上看，铁路信息共享需求可以分为路内共享需求、路外共享需求、决策支持信息共享需求以及铁路信息共享一体化需求四类。

一、路内信息共享需求

路内信息共享需求可以从路内信息共享需求的模式划分和铁路不同部门的信息共享需求两个方面来分析。

（一）路内信息共享需求的模式划分

类似于铁路信息资源分布模式，路内信息共享需求区分为纵向广域信息共享需求、横向广域信息共享需求、业务应用系统信息共享需求。

1. 纵向广域信息共享需求

铁路采用纵向垂直行政（业务）领导，因此，铁道部、铁路局需要及时详细了解所辖部门的生产和管理信息；下级部门也需要及时得到上级主管部门的指导信息。由于我国幅员广阔，这一范围的信息共享常常跨越几十到几千公里，因此属于广域网范围内的信息共享，通过铁路干线数字通信网络交换共享信息。

2. 横向广域信息共享需求

铁路同级单位或部门，特别是相邻铁路局之间，往往需要交换调度指挥、运输生产等信息。实现这一部分信息共享，需要充分保证信息的一致性，它涉及同级信息系统之间的接口设计，较为复杂，这是目前铁路信息共享最难规范的部分。

3. 业务应用系统信息共享需求

随着铁路信息化建设逐步深入，铁路各业务信息管理系统要实现各自所需的公用基础信息、静态信息、动态信息共享。业务应用系统信息共享主要指铁道部、铁路各级局域网中各业务应用系统的共享，这是决定铁路信息化建设成功与否的一个重要方面。

（二）铁路不同部门的路内信息共享需求

铁路由于各部门的分工和职能不同，各部门对所需求信息要求也是不一样的。铁路主要部门路内信息共享需求如下。

1. 调度中心

（1）调度中心（调度所）综合考虑铁路的线路、桥梁、隧道、牵引供电、信号制式、车辆动力学特性、列车群运行等因素，实现行车、机车、车辆、电务等的综合调度；根据运输状况和设备疲劳情况提供工务维修养护以及行车天窗等的优化辅助决策，实现运输中断时间的最小化；根据运用车分布、通过能力、空重车分布状态等提供车流调整辅助决策，实现全路车流调整的智能化；采用智能优化技术，实现列车运行调整计划的自动生成。

（2）采用先进的定位技术，实现列车、机车、货物、集装箱的实时、准确定位及追踪，并能及时可靠的发送与列车位置相关的信息。

（3）对列车在车站的工作实行计算机智能联锁控制，实现接发车和进路的决策和自动控制，保证列车在车站作业的安全、高效。

2. 固定设施管理部门

（1）建立全路统一的工务、电务、牵引供电等相关基础数据库，包括建立各车站站场电子地图、站场平面图地理信息数据库，全局客运设备地理信息图文库、全局货运设备地理信息图文库，提供行车、客运、货运设备履历簿的编辑、查询、统计及报表管理。

（2）工务方面，通过地图智能生成软件生成电子地图，输入和维护各种工务相关的属性数据，提供工务设备地理信息发布、工务防洪地理信息管理和发布、工务综合信息查询。

（3）电务方面，建立电务设备配置图、电务综合图（自闭、联锁示意图）、电气化综合图（接触网高、馈电相别、供电范围、供电臂分布等），输入和维护各种电务相关的属性数据，提供电务设备地理信息分布，电务综合信息查询统计等功能。

（4）建立全路固定设备维修数据库，管理电务设备（通信信号设备、数据传输设备）的维修，线路、桥梁、隧道等养护维修，并建立维修决策知识库及根据铁路运输资源的实时数据指定维修计划，当发生故障时可基于知识库实现远程维修决策支持。

3. 移动设施管理部门

（1）建立和维护各种与机务相关的属性数据（包含接触网高、馈电相别、供电范围、供电臂分布等）、各局机务（电气化）设备概况图、机务设备配置图、机务（水电）设备概况图，提供机务设备地理信息发布、机务综合信息查询统计等功能。

（2）建立各车辆设备概况图等信息，包括输入和维护车辆段、整备所、列检所、站修所、红外

线探测点等各种与车辆相关的属性数据，提供车辆设备地理信息发布，车辆综合信息查询统计等功能。

(3)建立全路移动设备维修数据子库，管理机车的一般维修、段修，维修的纪录及维修质量，车辆的维修信息；并建立维修决策知识库(即根据铁路运输资源的实时数据指定维修计划)，当发生故障时可基于知识库实现远程维修决策支持。

4. 紧急救援与安全管理部门

(1)利用GIS技术向主管部门传递事故现场动态图像，加强对现场救援情况的实时监控，建立紧急事件信息库和救援知识库，提供紧急事件处理的辅助决策支持，优化调度指挥救援设备，进行事后故障原因分析。

(2)定期或实时地对机车、车辆、线路、桥梁、隧道、通信信号、平交道口等于运输安全直接相关的设备状态进行有效的监测，建立全路安全数据库对上述监测信息进行统一管理，制订安全标准，基于全路安全数据库对设备工矿进行安全状态评估，以掌握全路的安全状况全貌，建立维修决策支持系统，根据评估结果中的危险等级向管理部门提出对移动设备、固定设备的维修决策建议。

(3)基于GIS技术建立和维护全路综合防灾数据库，包括各铁路沿线的环境背景图库、沿线的地震、泥石流、滑坡、崩塌、冻土、风沙等灾害的专题地图库，线路工程图，灾害防治工程机放在物资储备点分布图，各类预报预警设备分布图；并实时监测各区段的地震、泥石流、风速、滑坡、雨量和水位情况等灾害数据，通过建立应用分析模型(灾害的预测预报模型、灾害的减灾决策模型、灾害的评估模型等)，对系统空间数据可进行深度挖掘，提供灾害预报及灾害评估；同时通过对事故进行仿真模拟，为事故预防办法的制定和事故总结分析提供辅助支持，为灾害易发地提供预防灾害法上的决策支持，其次在灾害发生时也能提供有效的救灾支持。

(4)利用GIS技术对平交道口的状况进行实时监控及向相应部门提供相关图像和数据，通过图像识别技术判断平交道口的安全状况，以保障平交道口的通信安全。

二、路外信息共享需求

路外的信息共享包括：铁道部和发改委、财政部、统计局等国家机关之间的信息交换；铁路局、站段和地方政府、厂矿、企业、公路、水路、海关等之间的运输和统计信息交换；铁路和广大社会客户、邻国铁路部门之间的客货运信息交换等。下面着重介绍多式联运及客货运的路外用户对信息共享的不同需求。

(一)多式联运信息共享需求

多式联运是指集成铁路、水路、高速公路、城市公共交通和航空等传统的单一运输方式的优势，克服各自的不足，有机地把各种运输方式结合起来以组成一个连贯的运输系统，以便相互合作以谋求最大利益。这样的运输方式和传统的运输方式相比对信息的依赖程度高，可以说没有及时、准确的信息传送和服务，多式联运就无法实现。而目前的现状是不同运输方式的信息系统都是自闭的，无法交互信息，各协作企业在希望得到另外企业的内部信息的同时，又都希望保护自己企业的信息安全，不愿意让对方知道更多关于自己内部系统结构及实现的内容，导致用户在同一台机器上同一界面下无法查询到所需的全部信息。

此外，由于各个系统局部利益的存在，多式联运还需要一个统一的清算系统，有利于多式联运信息的采集、数据的统计分析，为实现多式联运系统的自我评价和良性发展、为整个运输体系的发展规划的制定提供可靠的决策依据。

作为多式联运的信息共享的主体之一，其他运输方式的智能运输系统相关部门对铁路信息的需求主要有以下两点。

(1)实现信息沟通和数据共享，通过专用接口访问铁路智能运输信息系统(RITIS)通用数据平台的信息，包括动态信息(如路网信息、运输信息、车辆信息、客票发售信息等)、静态信息(如车站的位置信息、货运仓储站场信息、货车类型和配载信息、货运价格信息、计划时刻表信息、停站信息、票价信息、列车载客量信息等)。

(2)建立多式联合运输系统，为旅客及货主提供费用最小、时间最短的智能优化决策支持，实现客货运输的互补及"门到门"的服务。

(二)客运信息共享需求

对于旅客而言，铁路需要提供以下共享信息。

(1)在出行前，需要能够以多种方式得到车站设置、当前车站的状况、列车时刻表、车票预发售情况、售票地点、购票向导、旅行常识、铁路沿线旅游及相关服务信息，并希望系统为旅客的出行方式、路线、车次等提供优化决策。

(2)在出行中，旅客能在车上补票，能得到列车的到达各站的预订时间和实际时间，在各站的停站时间，沿线车站名称、气候，风景名胜，在主要交通站点的换乘信息、列车的服务设施及综合的社会服务设施信息；在发生紧急事故的情况下，能为旅客提供相关的救援信息。

(3)在车站进行车次票价查询、出行辅助决策支持及自动售票服务，所乘车次的始发站、终到点及早晚点情况，沿线的天气、线路信息，车站餐饮、娱乐、住宿等综合服务的导航。

(4)接站旅客需要得到所接列车的站时到点、正点与否及停靠站台等方面的信息。

(5)通过互联网实现远程购票及支付，包括在线查询和预订车票，通过电子现金、电子借记卡、银行信用卡、电子钱包等开放的兑付手段完成购票、退票等业务。

(6)提供与其他交通工具联运、住宿、旅游、餐饮、信用卡结算等一条龙的网上预订、支付服务。

(三)货运信息共享需求

对于货主而言，铁路需要提供以下共享信息。

(1)在货物托运前，需要得到铁道部关于各类货物运输的规定，关于车源状况、运输费用、货车配载、货车车型、目的地的各类商务信息及托运指南、货物行包运输价格、运送里程、运费计算方式、运费计算规则等；并希望系统能根据货主所期望的目标(如所需的时间最短、所需费用最少等)采用智能决策为货物运输方案及运输路径作出优化决策。

(2)在货物托运中，随时得到货物所在列车的装车完成情况、货物发送信息、到卸车预报、货物到达信息、在途货物的信息追踪与查询、预报列车到达各站的时间及相应的早晚点信息、换运其他运输方式的信息。在发生紧急事故的情况下，远程为货主提供货物所在列车的安全情况、货物的情况与相关的救援信息。

(3)通过互联网远程为货主提供托运服务，包括在线申报要车计划、签订货运订单、货运费用结算、网上交易等。

(4)建立铁路与其他运输方式的联运措施，使得货主能够利用网络完成合同、订单、发票等票据往来，信息交互和预订、支付、退偿等一系列资金交易，希望提供货物门对门运输服务。

(5)通过电子商务平台，实现一般贸易过程的商品询价、报价与竞价、合同洽谈与签署等各个环节，实现对货物的采购、销售业务。

三、决策支持信息共享需求

(一)铁路决策支持信息

决策支持系统以各级管理信息系统的信息分析为基础，因而需要共享相关的各级、各类基础信息和管理信息以及路外有关信息。各种决策行为贯穿于整个铁路系统中，均有铁路行业自身的特点。

对于铁路内部而言，虽然铁路各个级别的决策有很多相似之处，但是不同的级别其决策的侧重点也不相同。总体上来说，铁道部的决策注重使整个铁路网达到运能和运量的匹配和平衡；铁路局的决策更侧重于如何使铁路在激烈的市场竞争中，特别是在同公路、航空等其他交通运输行业的竞争中获得更大的市场份额，注重客户关系管理等营销行为；铁路站段的决策更注重如何更有效地分配各种资源，以提高劳动生产率。

铁路的外部环境涉及的内容比较多，就宏观环境来看，主要包括国民经济与社会发展状况，国内、国际旅游市场状况，大型城市客运市场发展状况，国际、国内能源生产、分布、消费结构的变化，工业布局的变化，运输市场现状、运输市场竞争结构变化对铁路发展的要求，旅客出行选择倾向，国外经济与社会发展状况，国外铁路改革与发展趋势、交通运输政策，国外铁路融资和国内其他行业融资经验，国外铁路运输企业股份制改造经验，对外贸易发展对铁路客货运需求的影响，国家基础建设投资预算等。这些宏观环境都会对铁路的最终决策形成一定的影响。因此，在做出决策时，应综合考虑铁路内外部环境因素。

(二)铁路决策支持信息需求特点

铁路决策支持信息需求具有如下特点。

(1)铁路决策信息涉及面相对其他类型的信息更广。铁路是关系国计民生的重要行业,铁路的决策信息需要考虑的综合因素也比较多,需要获得各个方面的信息支持。因此,铁路决策支持信息的综合性要求更强、涉及面更多。一些重要的决策还要求使用铁路外部的信息,如人口统计、地方物产、重要社会经济信息等。

(2)铁路决策信息的时间跨度要远远超过普通信息系统中的信息。由于决策者往往需要通过对历史信息的探查来与当前信息进行比较或把握事物发展的规律进行预测。这就要求决策支持系统要能够存储管理大量的历史数据。

(3)由于决策所需信息的广泛来源和大时间跨度,使得决策所需信息的存储方式是多种多样的,如数据库、网页、电子文本、印刷文件、图表甚至手稿。即使是相同的存储方式,其格式也往往大相径庭。这就对这些信息的采集、管理和使用带来了一定困难。

(4)从对这些信息的处理方式来看,要将原始信息加工为可直接供决策者参考的决策支持系统,通常需要经历比普通信息系统更复杂的处理过程,处理中涉及的数据量也更大。决策支持信息大体上可以由模型库处理、联机分析处理、数据挖掘等手段产生。

四、铁路信息共享一体化需求

信息系统之所以能够在铁路运输中发挥巨大作用,主要是投入运用的各系统实现了互联互通、资源共享,形成了一个融合为一体的完整系统。铁路信息共享的交流情况如图 6-1 所示。

业务应用系统体现了路内信息共享,而 TMIS 作为整个铁路业务应用信息系统的重要组成部分,它与路内其他信息系统之间存在着大量的信息共享需求。TMIS 需要与其他信息系统共享的信息有机务管理信息系统的机车概况、机车技术履历、机车运用等信息,工务管理信息系统的线路与桥梁的技术状态和维修施工计划等信息,电务管理信息系统的通信信号设备的技术状态、设备检修、施工计划等信息,车辆管理信息系统的车辆基本信息与车辆修理信息等,供电给水管理信息系统的供电给水设备状态、设备检修、施工计划等信息。同时,TMIS 也要向机务、工务、电务、车辆、财务等信息系统提供各种列车运行动态信息、计划信息、实时信息与统计信息等。它们两两之间也都相互联系、相互协助的。

同时,TMIS 以外的其他铁路业务应用系统之间也存在着信息共享的需求。例如,财务会计管理信息系统需要共享机务、工务管理信息系统的铁路机车和工务设备等资产信息,人力资源管理信息系统的劳动工作量和职工工资等信息,办公信息系统的电子公文信息等。

决策支持系统和社会化服务系统更需要以铁路内部信息为基础才能得到充分的发挥和利用。例如，运输生产经营决策需要 TMIS 的客货运信息、车辆与机车管理信息系统的车辆与机车的基本信息和使用、维修等信息，财务会计管理信息系统的财务信息，统计分析系统的各种统计信息。

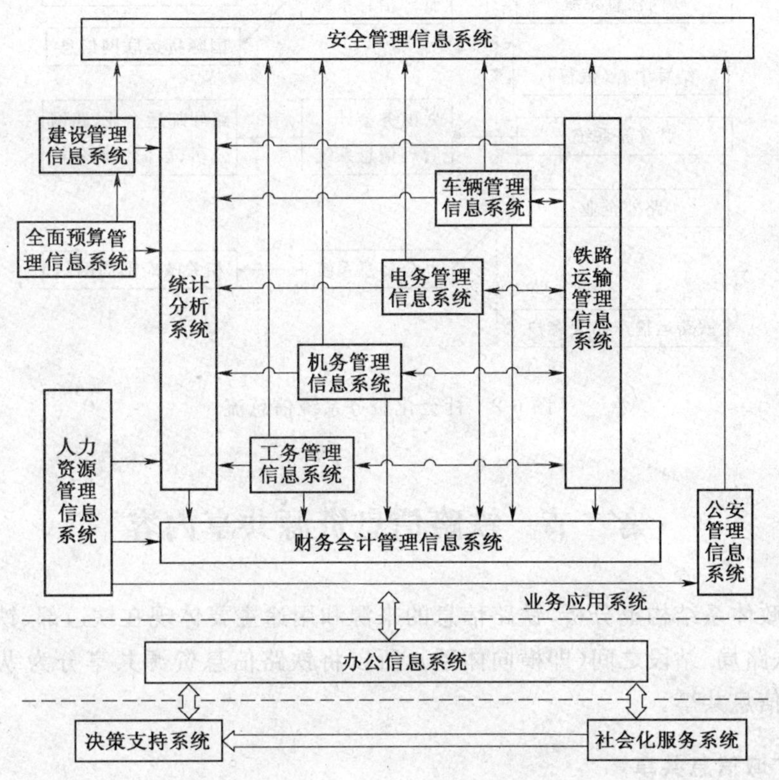

图 6-1　铁路信息共享交流情况

如图 6-2 所示的社会化服务系统信息流即显示了面向铁路外部客户所提供的信息检索资源，又揭示了铁路社会化服务系统与铁路内部信息系统沟通共享的方式和渠道。从图中可以看出，社会化服务系统的信息流涉及路内和路外两部分，其中路内是铁路内部的信息资源库，路外的信息资源则是以路内信息资源为基础，当路外客户进行检索时，其所检索的结果是在路内资源的基础上得到的。例如，如果路外用户欲进入结算中心进行检索，其基础信息源为运输收入结算管理信息系统，而这个系统又只是针对路内的管理人员而开放的。如何实现图中所描绘的社会化服务系统的信息流满足客户需求是面向客户的社会化服务系统所需要重点解决的问题。

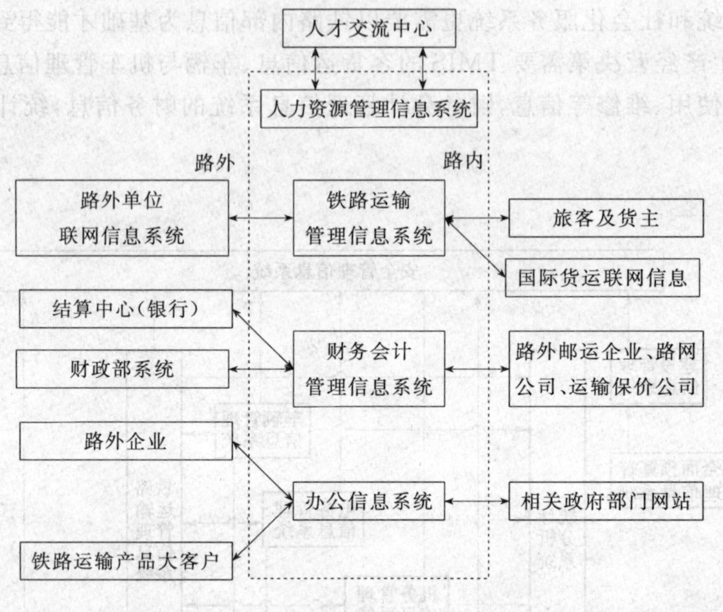

图 6-2　社会化服务系统信息流

第二节　铁路信息资源共享内容

从铁路行政体系结构上分析，铁路信息的来源和用途主要体现在铁道部、铁路局、站段(即纵向体系)及铁路局、站段之间(即横向体系)，所以将铁路信息资源共享分为纵向广域信息共享和横向广域信息共享。

一、纵向广域信息共享

铁路纵向广域信息共享，主要指铁道部、铁路局、基层站段这一垂直行政体系范围内的信息共享。

(一)运输组织调度信息共享

1. 铁路运输管理信息

铁路运输管理信息的基础数据采取集中管理，由规定部门进行更新维护，并及时反映到铁道部、铁路局和基层站段。

目前铁路调度系统实行集中领导、分级管理模式。在调度的分级管理中，铁路局调度处在调度指挥的宏观和微观的相结合的关键部位。铁路运输调度管理信息纵向共享如表 6-1 所示。

表 6-1 运输调度管理信息纵向共享

信息需求单位	信息提供单位	共享信息类别	共享信息内容
站段	铁路局	行车调度信息	阶段计划，调度命令
		货运调度信息	计划调度信息，催装命令，停、限装命令
		其他调度信息	
铁路局	站段	行车调度信息	列车实际运行，大型区段站、编组站的站线使用情况，施工情况，事故情况
		货运调度信息	车站阶段装车、卸车完成实绩、预计，6:00、18:00 区段站、编组站的站存工作车数
		其他调度信息	
	铁道部	行车调度信息	轮廓计划，日计划，调度命令
		货运调度信息	计划调度信息，催装命令，停、限装命令
		其他调度信息	
铁道部	铁路局	行车调度信息	阶段分界口实际情况、预计情况、计划、出入差原因，客货车始发、运行正点率，解备车请求命令
		货运调度信息	装卸车，去向别装车，品类别装车，到主要港口的装车，到主要钢厂的装车，港口装卸车，联运出口装车，主要盐磷矿装车，分界口煤炭晋煤装车，直达列车，钢厂装卸车，口岸站出入车，进关木材，煤炭直达专列，重要物资装车，主要站卸车报表，十八点待卸车分析
		其他调度信息	

2. 机务管理信息

从信息流程看，机务信息由机务段收集录入后统计处理，逐级上报铁路局、铁道部。机务管理信息纵向共享如表 6-2 所示。

表 6-2 机务管理信息纵向共享

信息需求单位	信息提供单位	共享信息内容	时间类别
铁路局、铁道部	机务段	机车运用检修状况信息（机报 1），机车运用效率统计信息（机报 2）	日报，月报，季报
		机车工作成绩统计信息（机报 3），机车燃料消耗统计信息（机报 4），机车区段燃料消耗统计信息（机报 5），机车车辆运用成绩统计信息（机报 6），货运机车车辆运用成绩统计信息（机报 7），货运跨局机车总重吨公里统计信息（机报 8），机车检修成绩统计信息含有机车修、定检走行公里信息（机报 9）	月报和季报
铁路局、铁道部	站段	给水站运用工作月报，信号电源检测装置施工计划，给水设备年度鉴定结果汇总表，给水设备检修完成情况汇总报告表，主要任务指标完成情况统计表，净软水消毒化验分析汇总月报，运水报-1(2、3、4)，电力设备大（中、小）修进度报告表，电力生产月季报	

3. 车辆管理信息

从信息流程看，车辆信息由车辆段收集录入后统计处理，逐级上报铁路局、铁道部，车辆管理信息纵向共享如表 6-3 所示。

表 6-3　车辆管理信息纵向共享

信息需求单位	信息提供单位	共享信息类别	共享信息内容
铁路局、铁道部	车辆段	货车管理信息	段修统计报表（段级），铁路货车轮对信息系统报表，验收上报库，临修信息，厂修信息
		设备管理信息	机械动力设备情况季报，设备质量鉴定汇总表，年度检修计划，年度设备大修计划，年技术设备履历簿，机械设备基础数据
		材料核算物资管理信息	材料核算统计，仓库、劳保用品管理，系统服务，领导查询
		固定资产投资及大修统计管理信息	固定资产投资及大修报表
		铁路客车管理信息	客车滚动轴承检修运用信息，客车轮对管理信息，快速、特种客车检修运用及故障信息，客车 A 级检修信息，空调客车及发电车管理信息，列检作业计划及轮对故障跟踪信息，列检 4 小时作业管理信息
		机保车管理信息	机械保温车履历信息
		节能统计信息	
		财务管理信息	财务工资管理，财务决算报表，财务账务报表

4. 电务管理信息

电务管理信息由三级局域网通过广域网互联在一起。其中，全国中心局域网负责全局数据的管理和维护，信息的发布、查询和检索；地区中心局域网主要负责本地区的数据管理、维护、信息发布和查询，通过广域网或专线向全国中心局域网上传相关数据；基层部门局域网负责收集、处理、管理和维护电务基础信息和数据，通过广域网或专线向上级地区中心上传相关数据，电务管理信息纵向共享如表 6-4 所示。

表 6-4　电务管理信息纵向共享

信息需求单位	信息提供单位	共享信息内容	时间类别
铁路局、铁道部	电务段	通信信号设备履历信息（通信线路履历、传输通信设备履历、交换通信设备履历、数据通信设备履历、专用通信设备履历、电报通信设备履历、应急通信设备履历、接入网通信设备履历、电源设备履历、通信仪表履历、无线通信设备履历、信号设备履历），设备大、中维修工作计划信息（有线通信设备大、中维修工作计划表，信号器材入所检修、修配计划表，信号设备中修计划表，信号设备年度计划表，无线通信设备大、中维修工作计划表），通信设备（电路）质量提高计划信息（无线和有线通信设备、电路质量提高计划表），通信设备年度质量信息（有线、无线通信设备年度质量报告），通信信号设备质量分析汇总信息（有线、无线通信设备年度分析汇总表）	年报

续上表

信息需求单位	信息提供单位	共享信息内容	时间类别
铁路局、铁道部	电务段	设备轮修质量信息（有线、无线通信设备轮修质量报告、信号设备轮修质量报告），通信故障季度分析及电务安全天数统计信息（电通报-1、电通报-2、电通报-3、电通报-4）	季报
		设备大、中维修工作进度报告、汇总信息（通信设备大中维修工作进度报告、汇总表，信号设备大、中修完成情况报告表），设备运用质量报告（有线、无线通信设备运用质量报告，信号设备质量鉴定报告表，信号联锁关系试验报告表，信号显示报告表），事故障碍统计、分析信息（有线、无线通信事故障碍统计报表，信号事故障碍统计报表）	月报
		电务设备抢修信息（电通报-1 电通报-2、电通报-3），电务调度命令信息（电通录-1、电通录-2）	实时

5. 工务管理信息

从信息流程看，工务管理信息由工务段收集录入后统计处理，逐级上报铁路局、铁道部，工务管理信息纵向共享如表 6-5 所示。

表 6-5　工务管理信息纵向共享

信息需求单位	信息提供单位	共享信息类别	共享信息内容
铁路局、铁道部	工务段	线路设备管理信息	线路设备汇总表（钢轨、道岔、曲线及坡度、轨枕及扣件、道床及道口线路设备汇总表、钢轨及轨枕、道岔车站汇总表、代维修专用线汇总表、线路设备数据量变化说明表、正线起讫里程表、工务人员统计表、工务机构统计表），线路设备秋检汇总（线路上部建筑秋检报表、线路设备状态评定统计表、正线钢轨损伤情况统计表），线路综合图，车站配线图，运营情况及正线钢轨使用情况统计表，允许速度表，路基秋检汇总
		轨检管理信息	记录各检测项目的检测波形图纸，曲线摘要报告表，轨道三级超限报告表，区段总结报告表，轨道质量指数报告表，分析报告（轨道区段总结表、千米小结表、超限峰值汇总表）
		秋检管理信息	线路上部建筑状态年报，线路木枕状态年报，钢筋混凝土轨枕状态年报，道岔设备状态年报，道床状态年报，线路设备状态评定统计表，路基状态年报，正线钢轨损伤情况统计表
		探伤管理信息	伤损月报，探伤检查月报
		防洪管理信息	防洪机构信息，防洪抢险队伍信息，防洪预抢工程件信息，防洪备料信息，战备梁及抢险机具信息，危险地点信息
		桥隧设备管理信息	桥梁主区、次区信息，隧道主区、次区信息，涵渠信息，其他桥隧建筑物信息
		维修及大修管理信息	线路维修工作月报，桥隧大修完成情况报表，路基大修工作月报，线路维修月报，桥隧建筑物维修工作月报，道口大修工作月报
		安全事故管理信息	工区无事故安全天数统计季报，工务系统行车安全月报，工务事故月报，道口事故统计表，职工伤亡事故报表

6. 安全管理信息

从信息流程看，安全管理信息由各基层站段如工务段、机务段、车辆段等收集录入后统计处理，逐级上报铁路局、铁道部，安全管理信息纵向共享如表 6-6 所示。

表 6-6　安全管理信息纵向共享

信息需求单位	信息提供单位	共享信息内容
铁路局	基层站段	工务段、机务段、车辆段、电务段、公安、客运段、车务段、工程段、道口以及其他有关安全情况的统计与分析表
铁道部	铁路局	日安全信息分析表，道口事故统计表，铁路职工伤亡事故报表，站段快速列车安全动态信息汇总分析表，工区无事故安全天数统计季报，工伤事故、工务行车事故记录，工务系统安全情况分析统计表，工务系统无行车无人身事故天数统计表，违章作业事故隐患记录，塌方、路基下沉等路况信息，雪害、沙害、水害、冻害记录表，车辆故障事故统计分析报告，工务系统行车安全报表，基础设施维修报表，行车事故处理报告，机务责任行车事故统计表，车辆验收工作发现主要故障统计，车辆检修验收统计表，通信设备年度质量报告，事故障碍统计（分析）表，公安事故统计分析表，工程施工安全统计分析表，机务行车安全简报，道口事故分析表年报，工务人身伤亡事故年度分析表，工务险性、一般事故分析表（年报），车辆验收工作月报表（月报）

（二）客货运信息

1. 客运管理信息

（1）客票信息。客票信息主要由车站售票系统、地区客票中心和铁道部客票中心的信息组成。车站售票系统直接面对旅客生成客票的发售和预订信息；地区客票中心生成本地区列车的坐席库信息，处理各站售票系统发来的购票、订票、退票信息，完成统计、账务结算信息并将报表上报铁道部；铁道部客票中心主要负责全路客运信息的协调管理、营销信息分析，并保障全路联网售票信息的准确、畅通。

（2）客运营销信息。该信息主要由客运站段、铁路局、铁道部三级系统的客运营销信息组成。客运站段完成市场调查信息的输入、查询及处理，客运情况的汇总统计，客车车辆的动态追踪以及生产监控信息、质量管理信息，乘务组织信息，管内客运产品设计信息等；铁路局完成本局客运营销环境信息查询管理，本局客运市场调研信息处理分析、统计以及客流、列车乘务组织、客车车辆运用信息的管理；铁道部一方面提供全路重要的客运基础数据及全局性的长期客运计划，另一方面汇总全路各局客运营销统计数据、报表，辅助客运决策。

（3）行包运输信息。行包管理信息主要来源于行包办理站计算机管理应用系统、18 个铁路局（集团公司）行包追踪中心和铁道部行包管理系统。各铁路局所在地的行包追踪中心，负责管理更新维护终到站在本局管内的行包信息；各行包办理站向所属铁路局的行包追踪中心报告行包作业的实绩，行包追踪中心负责向其管内行包办理站通报行包到达情况。

客运管理信息纵向共享如表 6-7 所示。

表 6-7 客运管理信息纵向共享

信息需求单位	信息提供单位	共享信息类别	共享信息内容
站段	地区	客票信息	查询信息应答(列车时刻表、两站间里程、两站或多站间经由选择、客票票价、客票发售状况、换乘信息等),售退票应答信息,全路、地区客运基础信息,票额计划信息,日修改基础数据信息
		客运营销信息	审批输送日计划,路网、列车基础信息,票额计划信息,实时查询客车、车辆检修、运用信息
		行包运输信息	查询应答,预留应答,行包发送确报,下载基础信息
地区	站段	客票信息	查询信息请求,售、退票请求,确认信息,售票存根信息,列车上补退售票汇总信息
		客运营销信息	输送日计划,列车旅客密度表,旅客区段密度报告,分界站报告,预报通知单信息
		行包运输信息	货源信息,列车出发信息,查询请求,行包到达确认,预留请求
	铁道部	客票信息	国际列车上补退售票应答信息,国际查询客票信息应答,全路客运基础数据,直通列车票额分配计划,网络管理,监控等信息
		客运营销信息	下载信息(路网基础信息、列车基础信息、票额计划信息),查询客运营销环境信息
		行包运输信息	统计汇总信息,查询请求
铁道部	地区	客票信息	国际列车上补退售票请求、确认信息,国际查询客票信息请求,本地区客运统计信息
		客运营销信息	客流调查信息(定期客流调查表、汇总表、比重表),直通客流图信息
		行包运输信息	下载基础信息,行包到达确认,行包发送预报,查询应答,调度命令

2. 货运管理信息

(1)货票信息。该信息主要来自用户、基层站段、铁路局和铁道部四级。用户和基层站段完成本站货票信息的综合处理;铁路局对管内发、到的货票信息进行整理,实现管内货票信息交换;铁道部中央货票库,同步生成统计摘要库和修改轨迹库,转发跨局发到货票信息。

(2)确报信息。该信息中跨局列车确报信息由铁路局转发给铁道部中央转报系统,铁道部中央转报系统向列车运行的前方局转发确报信息;各铁路局管内列车确报信息由始发站(或指定的确报站)发出传送到铁路局转报系统,由铁路局转报系统向前方中转站或到达站转发确报信息。

(3)货运营销与生产信息。该信息主要来自联网托运人、联网站(段)、铁路局及铁道部四级。

货运管理信息纵向共享如表 6-8 所示。

表 6-8 货运管理信息纵向共享

信息需求单位	信息提供单位	共享信息类别	共享信息内容
车站	铁路局	货票信息	到达中转货票信息,退补款信息,票号联查信息
		确报信息(运统 1)	转发报站确报信息:列车信息(车次、编组站、解体站、列车长度、列车总重等),车辆信息(车号、车种、发站、到站、货物品名、载重、收货人、运输注意事项等)
		货运营销与生产信息	审定的原提要车计划,到达(卸车)数据,给货主的实际装车数据
铁路局	车站	货票信息	发送货票信息,"财收 4"信息,装卸车信息,退补款信息,票号联查信息
		确报信息	发报站确报信息
		货运营销与生产信息	原提要车计划,装车完成实绩,"运货五"请求车信息
	铁道部	货票信息	到达中转货票信息
		确报信息	转发报铁路局确报信息
		货运营销与生产信息	由铁道部审定的原提要车计划
铁道部	铁路局	货票信息	发送货票信息,"财收 4"信息,装卸车信息,退补款信息
		确报信息	发报铁路局确报信息
		货运营销与生产信息	原提要车计划,铁路局审批的原提要车计划,装车完成实绩

(三)经营管理业务信息共享

1. 财务会计管理信息

财务会计管理信息主要来自基层站段、铁路局、铁道部三级。财务会计管理信息纵向共享如表 6-9 所示。

表 6-9 财务会计管理信息纵向共享

信息需求单位	信息提供单位	共享信息内容		
		季报	月报	实时
站段	铁路局	站段财务决算报表审核信息,站段清算收入信息	站段清算收入信息	需下发的"铁财"文件,铁路局财务处发文件
铁路局	站段	站段财务决算报表,站段国有资产统计报表	站段运输收入报表,站段点到点成本信息	站段财务、收入上报文件
	铁道部	铁路局财务决算报表审核、清算收入信息		铁路局各成本区间变动成本,固定成本、需下发的"铁财"文件,财政部法规
铁道部	铁路局	铁路局财务决算,国有资产统计报表	铁路局运输收入报表,铁道部、铁路局、站段点到点成本信息	铁路局财务处上报文件

2. 统计分析信息

统计分析信息不仅为日常组织、指挥运输生产、编制和考核月度运输工作计划提供可靠依据，而且能为铁路企业的经营管理、成本核算提供决策支持信息。统计分析信息类别如表6-10所示，统计分析信息纵向共享如表6-11所示。

表6-10 统计分析信息类别

信息类别	信息内容
客运统计信息	旅客、补票旅客、退票旅客发送量统计表，旅客、补票旅客、退票旅客运输量及人公里统计表，分界站旅客、补票旅客、退票旅客输出输入通过量统计表，区段平均旅客密度统计表，旅客、补票旅客、退票旅客运送距离统计表，行李、包裹发送量统计表，行李、包裹运输量及吨公里统计表，分车次分席别旅客发送量周转量统计表，分站别分担当局旅客发送量中转量及公免人数统计表，分车次行包专列发送量周转量统计表，分站别分担当局行包专列发送量统计表，普通行包分管内直通的中转及到达量统计表
货运统计信息	货物发送、到达量统计表，分界站货物输出输入及通过量统计表，省、市、自治区间货物交流统计表，区段平均货物密度统计表，货物运输距离统计表，省外运物资统计表，主要干线客货运输量统计表，铁路局间货物交流统计表，分品类的货运收入统计表，合资铁路货物运输量及吨公里、区段平均货物密度统计表，货物运输量及吨公里统计表
货车统计信息	分界站货车出入报表，现在车报表，18:00现在重车去向报表，货车停留时间、运用成绩报表，货物列车正晚点报表，装卸车报表，货物分类装车、卸车报表，货车车辆公里统计表，货物列车公里统计表，编组站办理货车车辆数统计表，综合效益统计报表，货物分类收入统计报表，货车检修收入统计报表
机车统计信息	机车运用检修状况、运用效率报表(日、月、季、年报)，机车工作成绩、燃料消耗报表，客、货运机车车辆运用成绩报表，货运跨局机车总重吨公里表，机车修竣、定检走行公里报表(月、季、年报)，机车区段燃料消耗报表(月报)
固定资产投资统计信息	基本建设更新改造投资统计，基本建设项目主要实物量统计，基本建设大中型更新改造跨省及限额以上项目统计，建设规模和新增能力，基本建设、更新改造投资按行业和省市、投资性质分组，机车车辆购置完成情况(分车种车型)，基本建设大中型、更改限额以上跨省项目资金来源表(年报)，基本建设、更新改造完成情况统计，基本建设资金到位情况、完成投资金来源、项目主要实物量统计，职工住宅建设完成情况(月报)
劳动统计信息	铁路基层单位劳动统计调查，铁路全部人数和劳动报酬统计表，铁路企业在岗职工按岗位分组统计表，非在岗职工统计表，铁路劳动生产率统计表，铁路单位工资总额构成统计表，铁路企业工资总额同经济效益挂钩统计表，铁路从业人数变动情况统计表，铁路单位保险福利费用构成统计表，铁路运输业行车主要工种在岗职工人数和工资统计表，铁路企业人工成本统计表，合资和地方铁路劳动统计表(年报)，铁路运输业主辅分离工作进度表，铁路运输企业内部分立工作进度表(月报)
运输设备统计信息	线路、道口信息，线路长度变更信息，桥梁、隧道信息，主要通信、信号设备，配属机车、客车数，货车信息，运输部门主要站段信息，机车行车安全设备信息，集装箱信息，运输部门主要装卸机械及救援列车信息，电子计算机信息，电力贯通线(年报)
建筑施工统计传输信息	施工企业基本情况，生产经营情况，财务状况信息(年报或半年报)

表 6-11　统计分析信息纵向共享

信息需求单位	信息提供单位	共享信息内容
铁路局	基层站段	客货运统计信息，货车统计信息，机车统计信息，劳动工资统计信息，运输设备统计信息，固定资产投资统计信息
	铁路局级直属单位	客货票精密统计信息，铁路局级直属单位劳动工资统计信息，固定资产投资统计信息，建筑施工统计信息
铁道部	铁路局	铁路局级统计信息
	铁道部级直属单位	铁道部级直属单位劳动工资统计信息、固定资产投资统计信息、建筑施工统计信息

3. 建设管理信息

建设管理信息主要来自铁道部、铁路局、基层站段三级。建设管理信息纵向共享如表 6-12 所示。

表 6-12　建设管理信息纵向共享

信息需求单位	信息提供单位	共享信息内容
基层站段	铁路局	铁路局级更新改造计划，基本建设计划下达与调整信息
铁路局	基层站段	基层站段申报投资计划信息
	铁道部	铁路中长期发展规划，基本建设计划，更新改造计划，机车车辆购置计划下达与调整信息
铁道部	铁路局	铁路局级单位申报投资计划信息

4. 人力资源管理信息

人力资源管理信息从基层站段上报铁路局，从铁路局汇总后上报铁道部，各级上报信息内容基本相同，所以基层站段上报的信息可以直接供铁路局和铁道部共享。人力资源管理信息纵向共享如表 6-13 所示。

表 6-13　人力资源管理信息纵向共享

信息需求单位	信息提供单位	共享信息内容	共享信息时间类别
铁路局、铁道部	基层站段	两年数字变化情况表，分部门情况统计表，中央分地区情况统计表，事业单位管理人员、专业技术人员基本情况统计表，事业单位管理人员、专业技术人员分行业情况统计表，事业单位专业技术人员分层次情况统计表，企业单位管理人员、专业技术人员学历、年龄情况统计表，企业单位管理人员、专业技术人员分行业统计表，企业单位专业技术人员分层次情况统计表，企业单位专业技术人员分情况统计表，中央直属事业、企业党委党政主要领导干部基本情况统计表，领导干部职务调整情况统计表，领导班子基本情况统计表，政工干部基本情况统计表，铁路运输站段劳动定额管理情况统计信息，工人构成年报信息，铁路劳动工资干部状况统计信息以及铁路事业单位机构编制信息等	年报

5. 办公信息

其建设目标是联结各项业务信息，最大限度地实现信息资源共享；代替书面文件和材料，逐步做到“无纸办公”；通过综合分析加工信息，为决策提供参考依据，及时准确地辅助决策，使办公信息成为各级领导实施管理和指挥的重要参考。

二、横向广域信息共享

铁路横向信息共享，主要指各铁路局，尤其是相邻铁路局之间的各种客货流信息。相邻铁路局之间信息横向共享，如表 6-14 所示。

表 6-14　相邻铁路局之间信息横向共享

需求信息类别	共享信息内容
调度信息	铁路局共享从其他铁路局发出的在本铁路局中转或到达列车的调度信息
货运信息	铁路局共享从其他铁路局发出的在本铁路局中转或到达的货物货票信息和确报信息
客运信息	地区客票中心之间共享异地售退票信息，异地查询信息（包括列车时刻表、两站间的里程、两站或多站间的经由选择、客票票价、客票发售状况及换乘信息等）
	铁路局的客运营销管理系统要求邻局之间共享直通客流信息
	行包追踪中心之间共享跨局运输的行包的到发信息
统计信息	异地售、退、补票信息：售票日期，乘车日期，售票站统计码，发站统计码，到站统计码，经由站电报码串，里程，人数，事由一，事由二，列车特征，坐席特征，席别，车次，客票价，合计票价
	客货运直通统计信息：补、退票及旅客运输信息（输入分界站、到站、到局、经由、人数），行包运输信息（输入分界站、到站、到局、经由、到达件数、千克数），货物运输信息（输入分界站、到站、到局、经由、品类、吨数），通过资料交换信息
物资信息	铁路物资单位之间共享物资供求信息（如材料厂把库存向材料处公开，材料处把计划也公开，这样可以互通信息）

1. 业务应用信息共享

业务应用信息共享，主要指铁道部、铁路各级局域网中各业务应用信息的共享。业务应用信息共享分布如表 6-15 所示。

表 6-15　业务应用信息共享

信息名称	需求信息类别	共享信息内容
运输管理信息	机务管理信息	支配机车和非支配机车概况信息，机车技术履历基本信息，机车运用信息，供电给水设备状态信息，设备检修 施工计划信息
	车辆管理信息	车辆基本信息，车辆修理信息
	工务管理信息	线路和桥梁的技术状态和维修施工计划信息
	电务管理信息	通信信号设备的技术状态信息，设备检修、施工计划信息

续上表

信息名称	需求信息类别	共享信息内容
机务管理信息	运输管理信息	实时信息：机车到达出发信息，机车出入分界站信息，机车运转事故信息，列车运行情况信息，列车运行的动态信息，列车运行计划信息
		统计信息：机车总重吨公里，机车走行公里，机车技术速度，机车牵引总重
车辆管理信息	运输管理信息	实时信息：现在车分布信息，修程别车辆分布信息，特种车动态信息，车辆事故信息
		统计信息：修程别车辆总走行公里，修程别重车公里，修程别空车公里
电务管理信息	运输管理信息	列车运行的动态信息，列车运行计划信息
工务管理信息	运输管理信息	列车运行动态信息，列车开行计划信息，开天窗后的运行图信息，走行吨公里信息
财务会计管理信息	运输管理信息	运营工作量，货票信息，客票信息，日常运输统计信息，货物、旅客、行包运输信息
	机务管理信息	机车信息（国有资产、固定资产信息）
	工务管理信息	施工信息，设备信息（国有资产信息、固定资产信息）
	人力资源管理信息	劳动工作量，职工工资信息
	统计分析信息	运营、基建、施工等工作量统计信息
	办公信息	机关文件
统计分析信息	运输管理信息	客、货运信息
	机车管理信息	机车状态、运用信息
	车辆管理信息	车辆状态、运用信息
	电务管理信息	电务设备信息
	工务管理信息	工务设备信息
	建设管理信息	铁路基本建设、更新改造信息，建筑施工信息
	人力资源管理信息	劳动信息，工资信息
人力资源管理信息系统	办公信息	人事管理文件法规，劳资管理文件法规
安全管理信息系统	各业务部门安全生产信息	机务、工务、电务、车辆、客货运、公安、工程等安全信息

2. 路内外信息共享

路内与路外信息共享是铁路信息化的重要目标，是铁路营销现代化的重要标志，是国家信息化的重要组成部分。路内外信息共享主要通过铁路电子商务系统、铁道部网站系统和铁路科技信息服务系统，是铁路与旅客、货主及社会联系的纽带。路内外的信息共享与信息交换如表 6-16 所示。

表 6-16 路内与路外信息共享与信息交换

管理信息名称	共享信息内容	信息分布	提供信息内容	输出方向
运输管理信息	车站、线路等信息	铁路局	铁路基础信息	社会公众、客货运需求单位
	货票信息等	TMIS 等	货票查询信息	货主
	货运需求信息	货运市场、托运人	运输产业信息服务	货主
	国际查询信息(列车时刻表、两站间的里程、两站或多站间的经由选择、客票票价、客票发售状况及换乘信息),国际售退票信息	国际售票互联系统	国际查询信息(列车时刻表、两站间的里程、两站或多站间的经由选择、客票票价、客票发售状况及换乘信息),国际售退票信息	国际售票互联系统
	铁路客运市场信息,营销环境信息	客运市场		
	行包增值服务需求信息	其他社会信息服务系统	行包信息查询,行包增值服务信息	货主、其他社会信息服务系统
电务管理信息	电务企业信息	电务企业	电务资源、安全生产、工程、检修维修等信息查询	电务企业
财务会计管理信息	财务工作文件法规、指示,路网、货票、行包等数据,结算信息	财政部系统,路外邮运企业,运输保价公司,银行等	铁道部财务决算报表,铁道部财务司上报文件,清算信息	财政部系统,结算中心(银行)
人力资源管理信息	人才信息	人才交流中心	人才信息	人才交流中心
办公信息	国务院综合信息,各部委信息,各省市地方信息,Internet 信息,国外铁路信息,市场营销信息	各级政府、国家部委、路外企业、www 网站、铁路产品需求市场	铁路电子商务信息,铁路政府网站信息(铁路运输系统动作情况、国家制定的铁路法律、法规、运输政策、规章制度和实施要求等信息),铁路科技信息(铁路和其他交通运输系统先进的设备装置、管理方法、生产经营状况及最新铁路科技成果、资料等信息)	各级政府、国家部委、路外企业、铁路运输产品大客户

3. 决策支持信息共享

由于决策支持信息共享灵活性较大,在此仅列举其某些可能的情况如表 6-17 所示。

表 6-17 决策支持信息共享

信息类别	共享信息
运输生产经营决策信息	财务会计管理信息
	运输管理信息，统计分析信息
	车辆管理信息
	机车管理信息
	路外信息
运输营销决策信息	运输管理信息，机车管理信息，车辆管理信息

第三节　铁路信息资源共享模式

铁路信息资源的共享是目前铁道部正在推进的重点建设内容，共享方法可以说在不断探索与实验中。本书这里描述的铁路信息资源共享模式属于探讨性的内容，供读者参考。

铁路数据分散在铁路各级部门，数据种类多样，结构千差万别。数据完全集中在技术和管理上是不可行的；而数据完全按分布式的方式管理也存在协调、数据质量控制、高层次集成等问题，因此必须建立集中和分布相结合的信息共享体系。以统一的数据字典(元数据)标准和基础地理信息平台建立分布式数据库系统，将可无偿使用的、带有一定共性的、可集成的数据集中在网络中心，形成以分布式为主、集中和分布相结合、集中带动分布的完整的共享体系。

基于铁路信息共享需求分析和建设目标，综合考虑铁路内部各级部门信息共享需求，以及路内外信息交换的要求，设计实现铁路信息共享的“铁路信息资源共享集中分布式模型”。

所谓集中分布式是指按行业或地区建立一个集中式的网站作为信息流中心，别的个体作为网上交易的参与者分列在周边，每个参与者都通过互联网(或专线)跟信息流中心直接相连，各参与者之间又互相连接。信息中心确立活动标准及公共平台，成功的交易据此被裁剪为有条理的、连贯的片断，在相应的参与者之间实施。这种交易既可以同时进行，也可以交互进行。成功的交易信息被记录在信息中心，作为统计、分类及分析的基础，并可据此建立客户关系管理、市场预测、价格预估等数学模型。通过信息中心向所有的参与者进行传播，这种散布信息的方法将提高信息共享的时效性、正确性、数量及对所有参与者的透明度。集中分布式结构模式改良了数据集中模式仅仅对数据进行集中处理、注重凸现信息的集中，而忽略了其他参与者之间的交流和信息纵横向信息共享的弊端。该模式整合各方面信息，提供一个更加全面的分析，能够促进相互间的交易及信息共享，实现点到点的信息传递，是当前最先进模式。

铁路信息资源共享集中式分布模型主要包括“铁路信息共享网络平台”和“铁路信息共享服务平台”硬软件两部分。其中，“铁路信息共享网络平台”是实现铁路信息共享的网络硬件基础，分为纵向和横向两部分网络互联；“铁路信息共享服务平台”是从数据组织，数据库管理方

面描述实现铁路信息共享的软件要求。

一、铁路信息资源共享网络平台

已经建设的铁路骨干信息网络为“铁路信息共享网络平台”的建立提供了很好的网络硬件支撑，目前铁路各业务部门使用的业务信息系统的网络通信大多以此为基础。因而，以现有铁路骨干网络为基本框架，吸收当前成熟先进的网络通信软硬件技术，为实现铁路信息纵向共享(即用于向其他平级的兄弟单位信息平台、铁路局级信息平台和铁道部级信息平台提供整合过的各个站段的信息资源，还可以接受来自上级平台的信息反馈及命令)和横向共享(即用于向公众和路外其他交通管理部门提供本局内的旅客信息、货运信息和列车时刻表信息，并且可以从其中提取出所需要的其他运输方式的信息，不仅可以为本部门的管理人员提供辅助决策支持，还可以方便旅客或货主查询所需要的信息，选择旅行和运输的交通运输衔接方式)。因此，“铁路信息共享网络平台”是由铁路信息共享纵向网络平台和铁路信息共享横向网络平台两部分组成。

1. 铁路信息共享纵向网络平台

铁路计算机网络是一个由铁道部、铁路局、基层站段三级局域网互联构成的全国性计算机网络，各个功能子系统也基本上覆盖铁道部、铁路局、基层站段的管理信息系统，在规划通用信息平台的时候必须充分考虑铁路计算机网络的结构特点。许多信息管理系统都分为铁道部级、铁路局级、站段局级。所以从实用和简化系统设计的角度出发，根据上文提及的设计原则，可以将信息网络平台在纵向上划分三个层次分别为铁道部级信息平台、铁路局级信息平台和站段级信息平台，使系统的层次分明清晰并且各级平台只有在必须的情况下才和不同级别的平台数据库互相通信，可以减少网络的阻塞。

根据铁路三级业务运行机制，铁路信息共享纵向网络平台为部级业务中心网络、铁路局级业务网络、站段级局域网络三级网络架构。如图 6-3 所示。

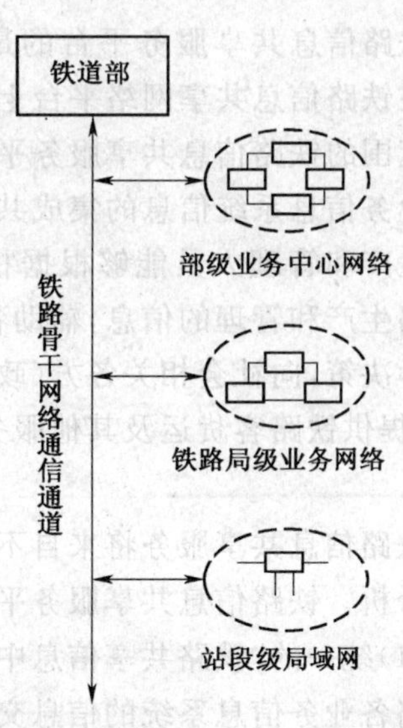

图 6-3　铁路信息共享纵向网络平台

2. 铁路信息共享横向网络平台

由于不仅路内同级各业务部门业务联系密切，需要信息共享，而且同级路内外单位、部门或个人也有信息共享需求，因此铁路信息共享横向网络平台包括路内的运输单位网络中心，机务、工务等业务部门网络中心，各业务部门办公室或站段操作台；路外所在政府部门信息网络中心，如图 6-4 所示。

3. 铁路信息共享一体化网络平台

整合铁路信息共享纵横网络平台，得到一个纵向有

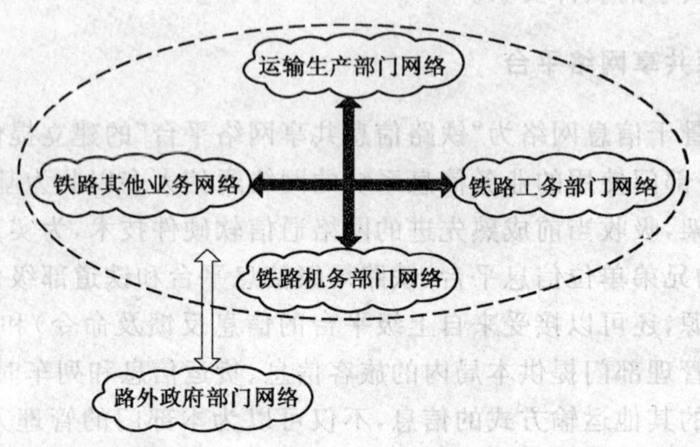

图 6-4 铁路信息共享横向网络平台

序互通、横向有序互联的铁路信息共享网络平台如图 6-5 所示。信息共享纵向网络平台纵向分布，各司其职，分工简洁便于信息自上而下或自下而上的传播；信息共享横向网络平台更多是组成于纵向网络平台，彼此之间没有联系，但在纵向平台内部却相互作用，有机结合。

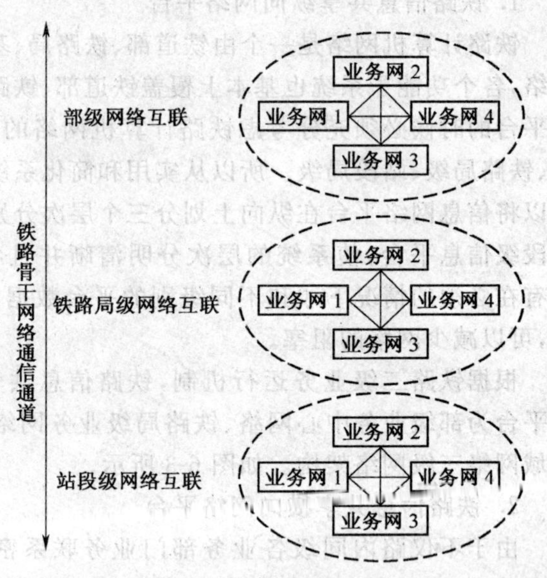

图 6-5 铁路信息共享一体化网络平台

二、铁路信息共享服务平台

铁路信息共享服务平台的最终建设目标是在铁路信息共享网络平台上，建设覆盖全路范围的铁路信息共享服务平台，实现铁路各业务信息系统信息的集成共享，使铁路各级生产和管理人员能够根据权限及时共享铁路生产和管理的信息，辅助各级管理人员科学决策，向社会相关各方（政府部门、客户等）提供铁路客货运及其他服务的准确信息。

铁路信息共享服务将来自不同数据库的信息进行共享，实现数据的分级管理、互相叠加和综合分析。铁路信息共享服务平台主要包括以下组件。

（1）统一的"铁路共享信息中心服务器系统"。它是铁路信息共享模型的中枢系统，一方面是铁路各业务信息系统的信息交互接口，铁路公用基础信息的存放地点；另一方面也是铁道部和国家信息中心等相关国家部门的信息交互接口。各分中心可以在自己的共享平台和公共基

础地理信息平台上进行数据和信息的集成；网络中心可以在铁路共享信息中心服务器系统上进行进一步的集成，形成决策部门、社会公众以及各行各业服务的信息产品，同时网络中心的数据和信息集成还可以对数据质量进行控制。

(2)统一的"数据字典"(元数据)。网络中心有全局数据字典，各个分中心有各自数据库的数据字典。在全局数据字典的控制下，可支持全局的数据查询和信息分析。在网络中心有全局调度的软件，因而可以进行全局性的操作。

(3)"业务应用信息系统"是目前铁路各业务部门开发并运行的信息系统，这些业务信息系统的各级信息源均遵循统一的接口标准与铁路信息共享模型的另一部分"铁路共享信息中心服务器系统"的信息源直接相连，信息系统内部各级信息源之间建立自己的数据复制、更新机制。

铁路信息共享服务平台作为信息中心服务系统的核心，为其他的信息中心的连接奠定了有力的基础，是不能同铁路其他信息系统完全割裂开来的。铁路信息共享平台是铁路各信息系统用于信息共享的那一部分信息的结合。

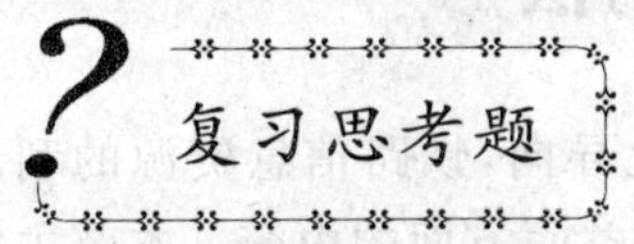

复习思考题

1. 铁路信息共享需求共分为几个层次？分别是什么？
2. 铁路决策支持信息需求有哪些特点？
3. 铁路纵向广域信息共享可分为哪几类？
4. 相邻铁路局之间的各种客货流信息主要通过哪种信息共享方式共享？
5. 铁路信息共享服务平台包括哪些组件？分别起到什么作用？

第七章

铁路信息资源利用

【本章要点】 本章分别从经济利用方法、空间利用方法以及方法的变动性三方面着手介绍了铁路信息的利用方法，着重介绍了业务型、决策性以及检索型三种类型铁路信息资源利用的特点、类型、构成等情况。

第一节　铁路信息资源的利用方法

鉴于铁路信息资源的多维属性和铁路信息资源利用的效益化导向，铁路信息资源的利用方法在一定意义上包含铁路信息资源来源和铁路信息资源利用效益两方面的内容。本节主要从经济利用方法、空间利用方法和方法的变动性三个方面来说明铁路信息资源的利用。

一、经济利用方法

(一)基本利用方法

根据信息资源的经济属性，其利用方法可以分为无偿共享和有偿共享。

1. 无偿共享

无偿共享，即在提供信息服务时，不向用户收取任何信息的生产成本费，主要以提供公共服务为主。

免费共享的公共服务代表的是公共利益，不从事商业活动，主要提供政府信息、法律法规、国家机关的决议、决定、命令和其他具有立法、行政、司法性质的文件及其官方正式译文。收取相关费用的公益服务主要代表公共利益和商业利益，主角是事业单位和非营利组织，从事经营活动，但不以营利为目的。铁路需要无偿共享的信息以基础信息为主，主要包括路网描述信息、客货运价里程信息、列车时刻表、财务制度、清算规则等信息。

2. 有偿共享

有偿共享，即在提供信息服务时，依据不同的用途向用户收取一定比例的信息生产成本。有偿共享按使用数据目的又可分为非营利和营利性两种。

非营利有偿共享是指事业单位为了自身事业的发展，或事业企业为承担国家下达的任务所

需的数据。事业化数据服务机构和其他数据服务业,对国家投资所获取的原始性、基础性数据,进行组织加工后所形成具有专业用途的公益性的有产权归属的数据产品。其目标是保护产权拥有者、数据组织加工者和用户的基本利益,减少数据机构发布费用,避免商业投资者无偿获取可直接获利的数据产品,实行回收加工成本(以尽可能低廉的价格提供用户)的收费方式,通过知识产权保护数据资源,可采用协议方式确定终端用户,保证允许使用范围并控制拷贝。

营利性有偿共享按照信息在经营活动中的作用又可细分为两种。其一是利用信息开展生产或经营活动;其二是直接以获取的信息为基础,对其进行深层次加工或组合,最后形成市场需要的数据商品来赢利。商务服务只代表商业利益,不必对政府目标负责,但要承担企业社会责任,可持续经费来源是利润。商业信息是能以此在市场中谋取利润的数据,如战略类信息、涉及铁路安全或对铁路工程建设具有特别重大影响的数据(如大比例尺地形、高程数据、GPS数据、重力数据等)。

(二)铁路信息资源经济利用方法

铁路信息资源经济利用方法,在利用方向上可以考察铁路信息来源、层次、载体、加工深度、投资、时效性等不同属性,在利用效益上主要区分无偿共享和有偿共享,信息利用的属性方向和利用效益相匹配,构成铁路信息经济利用方法,如表 7-1 所示。

表 7-1 铁路信息资源经济利用方法

类别	不共享	无偿共享			有偿共享	
		免费	收取复制费	收取服务费	非营利	营利
信息层次	作业信息	管理信息			决策信息	
加工深度	一次信息	二、三次信息			四次信息	
获取难易	难获	易获				
投资主体		以铁道部投资形式采集或生产的国有数据(即使是企业用于营利性目的)			以铁道部或铁路运输企业投资所采集或生产的铁路信息	
投资强度	强	弱				

二、空间利用方法

空间上的利用是指信息在不同部门和不同地区之间的分布,它实际上就是信息在不同使用方向上的分配。信息的空间利用存在的前提是信息内容本身的差异性以及区域间经济活动水平的差异性,它们与千差万别的用户信息需求共同作用的结果引起了区域间信息的流通,并进而导致了区域间信息结构上的差异。

按空间利用信息就是要运用一切市场的、非市场的手段调节和控制信息在不同部门之间的分配关系,目的是追求信息在不同范围内利用后能产生最大化的经济效益。

信息在不同范围内利用后所产生的经济效益的大小取决于多种因素,如市场竞争和价格

体系、网络技术和资源条件、网络及其所涉及区域的信息效用和社会公平以及资源使用者的消费偏好、接受教育程度、职业状况和工资水平等。这些因素可以有不同的影响权重和排列组合方式，这是导致大小不一的经济效益的内在机理。信息在空间上有效利用的任务就是寻求一种最佳的影响权重和排列组合方式，以使信息的开发利用取得最佳的效益。

从信息交流共享的角度出发，铁路信息按照共享需求层次和范围可以划分为下列层次。

1. 社会范围共享

社会范围共享指铁路与政府机构、社会大众数据相互交流和使用，完全共享。具体内容包括铁道部和国家发改委、财政部、统计局等国家机关之间的信息交换；铁路局、站段和地方政府、厂矿、企业、公路、水路、海关等之间的运输和统计信息交换；铁路和广大社会客户之间的客货运信息交换等，这是目前铁路信息利用比较薄弱的地方。随着铁路面向市场的体制改革的进行，以顾客为中心理念的逐步确立，铁路内外信息共享的需求将进一步扩大。

2. 铁路内部共享

铁路内部共享指铁道部范围内机构之间、个人之间的数据相互交流及使用，在铁道部内完全共享。铁路局内部共享，指企业范围内处室之间、个人之间的数据相互交流及使用。共享内容包括企业内部管理数据，或尚未完成加工处理还无法向外正式提供的数据。铁路采用纵向垂直行政（业务）领导，因此铁道部、铁路局需要及时详细了解所辖部门的生产和管理信息，下级部门也需要及时得到上级主管部门的指导信息。由于我国幅员广阔，这一范围的信息共享常常跨越几十到几千公里，因此属于广域网范围内的信息共享，通过铁路干线数字通信网络实现共享信息。铁路同级单位或部门，特别是相邻铁路局之间，往往需要交换机务、工务、客流、货流、列车到发时刻、货物丢失赔偿及调度等实时信息，特别是通过分界口的各种客货流信息。实现这一部分信息共享，需要充分保证信息的一致性，它涉及同级信息系统之间的接口设计，较为复杂，这是目前铁路信息共享最难规范的部分。

3. 企业内部共享

企业内部共享是个铁路局内的信息共享，这些信息主要用于局内的事务处理，不需要与铁道部及其他各铁路局进行数据交换。

4. 限制条件共享

限制条件共享指的是保密数据。凡关系到铁路运输发展的安全和利益，一旦泄露会造成以下后果之一的信息，应列入保密范围：削弱国家的防御和治安能力，影响我国技术在国际上的先进程度，失去我国技术的独有性，影响技术的国际竞争能力，损害国家声誉、权益和对外关系。保密等级分为：秘密、机密和绝密。保密等级越高，限制条件就越多，共享范围就越小。如正在建设中的京沪高速铁路相关设计资料就应是限制条件共享。

三、利用方法的变动性

影响信息资源利用的变动因子有属性、时间、空间、对象和环境。各个因子对利用变动所能施加的影响大小不等，各因子权重比较如图 7-1 所示。

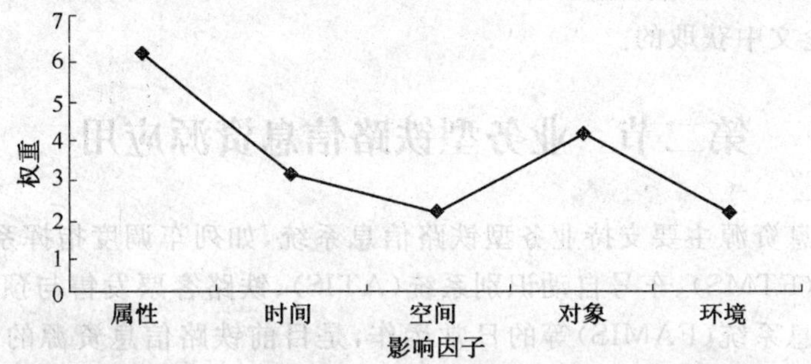

图 7-1　信息资源利用方法影响因子权重图

属性体现了信息本身的变化（如大小、形式等），其对信息分类的影响最大，是影响信息利用的决定性因素。例如，当某信息由文本转化为音频形式时，该信息的利用方法与工具将进行根本性调整。

时间是影响信息利用分级发生变更的重要因子。例如，保密信息在确定铁路保密信息的密级时，应当同时确定其保密期限，保密期限届满的，自行解密，共享限制条件就会发生变更。又如，单独占有信息，国家允许对难以获取信息和强投入信息的单独占有，但除必须立即公布信息目录外，单独占有的时限为两年，过了两年信息持有者还可继续使用该信息，但同时必须提交社会共享。按获取时间利用的信息会因职能、内容不同而与共享信息有不同的对应关系，但一般归入历史文档的信息，除国家明确保密外，都应对社会无偿共享。

空间对信息利用的影响限于与空间定位紧密相关的部分信息。由于空间、地域变动会使信息利用发生根本改变，这主要是涉及国家安全与经济重大利益。例如，地图信息和地质信息都应是无偿向社会提供共享服务的，但如果某地区为敏感地区，某地区蕴藏着战略矿产资源或影响国民经济的重要矿产，则这些地区的地图或地质信息都应变更为严格的保密信息。

对象对于信息利用起着很大的影响作用。信息共享利用主要是针对实际使用、面向用户的利用，因此，用户对象是其决定因子，往往由于对象的变更而使利用发生变动。例如，公益类与商业类信息相互转换，就因为对象的转变所致（向科教领域或社会用户提供的信息属公益类，同类信息向企业提供就属商业类）。

环境对信息利用影响较小，当某些环境发生重大变动时，利用会随之而变动。如用途发生变化时，信息利用就会随之而更改。如发生战争、重大灾害，为了抢险救灾，不论哪类信息都应该无条件向国家提供，满足抢险救灾的需要。而保密信息，会因以下的条件变化而失去保密意义，从而转为公开信息。

（1）技术趋向陈旧，失去保密价值。

（2）为使我国在国际科学研究中占据领先地位，国外同行即将研究成功的。

(3)信息已经扩散而很难采取补救措施。

(4)已普及推广,可保密性较差。

(5)可从公开论文中获取的。

第二节　业务型铁路信息资源应用

业务型铁路信息资源主要支持业务型铁路信息系统,如列车调度指挥系统(TDCS)、铁路货物运输管理系统(FTMS)、车号自动识别系统(ATIS)、铁路客票发售与预订系统(TRS)、铁路财务会计管理信息系统(FAMIS)等的日常运作,是目前铁路信息资源的主体部分,其利用水平如何直接影响铁路绝大部分业务信息系统的运作。

一、业务型铁路信息资源的含义

业务型铁路信息资源直接支持业务型铁路信息系统的运作,因此,要清楚业务型铁路信息资源的含义,必须先明了业务型铁路信息系统的特点。

中国铁路经过几十年的信息化建设,目前已全面应用了铁路客票发售与预订系统(TRS)、铁路财务会计管理信息系统(FAMIS)等信息系统,基本建成调度集中系统(CTC)、铁路货物运输管理系统(FTMS)、电子政务系统(EGS)等信息系统,部分应用客运营销辅助决策系统(PMDS)、车辆管理信息系统(CMIS)、办公信息系统(OMIS)、统计分析系统(SAS)等,正研究开发列车超速防护系统(ATP)、货运营销及运力配置系统(FMCOS)、科技管理信息系统(STMIS)等信息系统,准备开发车流推算与调整系统(CFCRS)、救援指挥系统(RCS)等信息系统。铁路的信息化系统非常庞大,不同的信息系统有针对性地支持铁路不同业务的运作。在这些铁路信息系统中,目前占主体的是业务型铁路信息系统,这类信息系统具有以下共同特点。

(1)业务型铁路信息系统的作用是完成铁路货运业务、客运业务以及铁路组织内部办公、财务、人事等事务的日常运作,支持铁路日常生产,是流程化的、比较精确、有规律的业务,呈现工作流(Workflow)特征,与传统管理信息系统类似。

(2)所需要的信息资源基本体现为数据库,支持数据的日常添加、删除、存取。

从上面的特征分析看出,铁路的众多信息系统中,TRS、CTC、FTMIS、FAMIS、CMIS、RCS、STMIS等都是这类业务型信息系统。而PMDS、SAS、CFCRS等信息系统均具有统计分析、预测推断等特征,主要用于管理人员的辅助决策,属于决策型信息系统。

基于上述分析,这里就可以给出业务型铁路信息资源的含义。所谓业务型铁路信息资源,就是主要针对业务型铁路信息系统的应用而建设的铁路信息资源,其载体主要是各类业务数据库,其内容是动态更新的。

根据铁路业务的种类,业务型铁路信息资源一般包括人事信息、财务信息、设备与物质信息、客户信息、货物信息以及工艺图纸类方法信息等。

二、业务型铁路信息资源利用案例

中国铁路具有相当规模，近年大量高速铁路的建设进一步拓展铁路网，铁路运输服务越来越趋向及时、高效、准确、安全，这依赖于众多的先进、成熟的业务型铁路信息系统的全面应用，依赖于广域范围内业务型铁路信息资源基于计算机网络的快捷、准确、安全的共享与交换。

下面以铁路财务会计管理信息系统、铁路客票发售与预订系统为例说明业务型铁路信息资源的利用。

1. 铁路财务会计管理信息系统

铁路财务会计管理信息系统覆盖铁路财务管理的各管理层，除管理层的管理机构之间存在横向信息交换外，上下级管理层之间存在大量的纵向信息交换。财务管理信息系统运营管理结构图如图 7-2 所示。

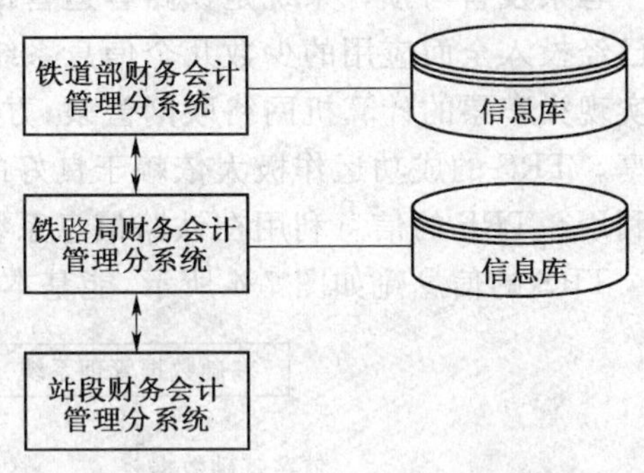

图 7-2　财务管理信息系统运营管理结构图

财务会计管理信息系统通过各财会事务管理分系统传递财务决算报表、运输收入报表、国有资产统计报表以及站段点到点成本信息和文件法规；通过各信息库分系统传递点成本信息和计算结果。财务会计管理信息系统还需要和铁路其他信息系统，以及铁道部财务司、财政部

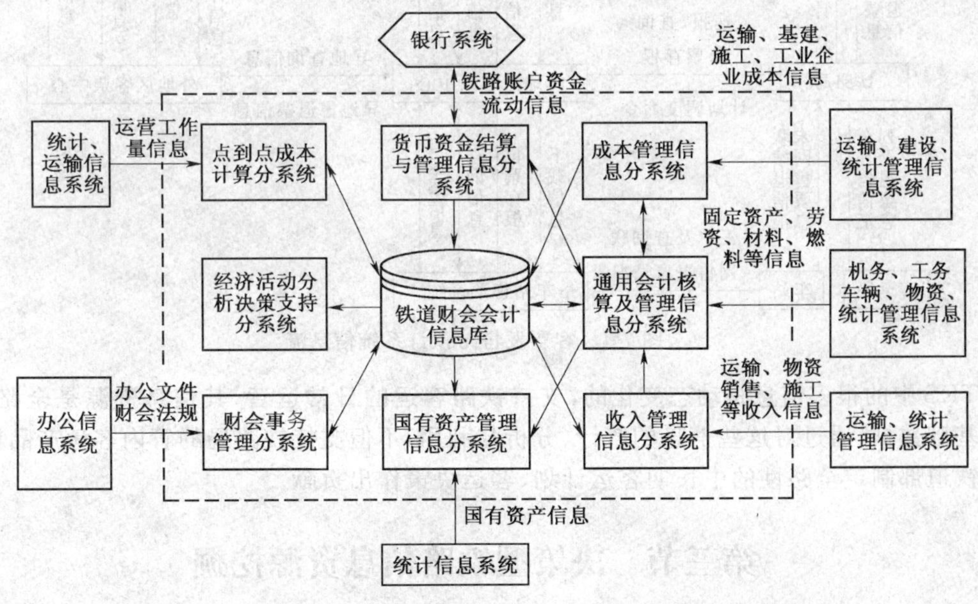

图 7-3　财务会计管理信息系统内部信息流

进行数据交换，主要包括客货票据、运营工作量和文件法规等。财务会计管理信息系统内部信息流如图 7-3 所示。

2. 铁路客票发售与预订系统

客票发售与预订系统是铁路客运营销系统的主要组成部分，是目前铁道部众多信息系统中已经投入全面应用的少数几个信息系统之一。目前 TRS 运营成熟、稳定，支持在全国范围内实现火车票的计算机网络联网售票，方便了旅客出行，对提高铁路客运服务水平作出了重要共享。TRS 的成功运作极大依赖于良好的客票数据库设计、信息流的合理规划以及高效的信息利用。TRS 的信息利用在铁路信息系统中具有示范作用。

TRS 的信息流如图 7-4 所示，能基本反映在 TRS 中信息资源的利用方式。

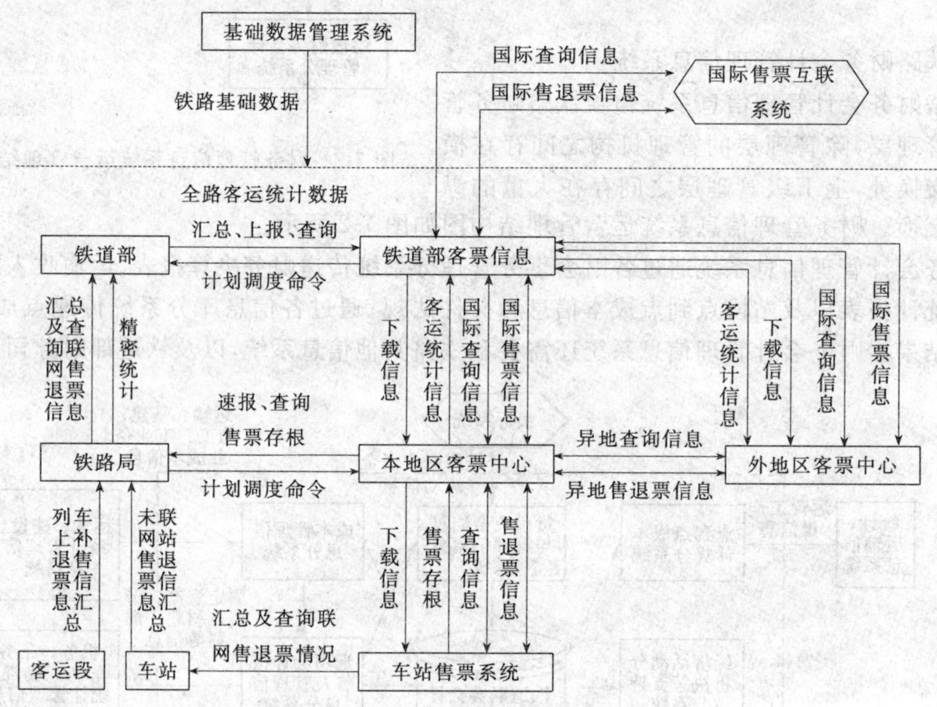

图 7-4　客票发售与预订系统信息流

TRS 中的很多信息是动态变化的，支持铁路客运的日常运营，其信息资源是全路的重要客运基础数据，通过对这些信息的统计、分析与利用，不但支持铁路局的管内客运产品设计，而且为铁道部制定全路性的中长期客运计划、客运决策作出贡献。

第三节　决策型铁路信息资源挖掘

决策支持系统采用多种数据挖掘技术，综合分析加工信息资源，充分发挥信息资源在企业

决策中的作用。它包括为铁路各个职能部门提供日常的个性化、专题化、智能化的管理决策支持系统和以知识库、方法库、模型库、数据库为核心为铁路未来发展规划提供战略决策支持的铁路战略决策系统。

一、决策型信息资源概述

1.决策信息的含义及类型

决策信息是决策过程中涉及的信息。决策过程可以划分为五个阶段:第一阶段,依据当前任务或特殊需要确定决策对象,产生决策问题;第二阶段,围绕既定目标,广泛搜集、整理、加工决策信息;第三阶段,利用概率理论、运筹学以及其他信息分析方法分析决策信息,从而提出决策者决策用待选方案;第四阶段,决策者基于决策行为实施完毕后的决策反馈信息重新修正决策行为,体现决策行为的动态性;最后,决策者对决策实施效应进行绩效考核,既是对决策行为的评估,是为下一次等同决策提供经验和教训。

决策信息按信息性质分为自然信息、人力信息、有形信息和无形信息。决策信息按信息内容分为政治信息、经济信息、社会信息、文化信息、法律信息和统计信息等。决策是一种综合判断行为,这种综合判断行为因其是一种创造行为,又是一种超前行为,所以信息决策使用的决策信息必须兼顾各种必要的显性信息和可能的隐性信息。当然也可以按决策信息的载体分为印刷品信息、光性材料信息和磁性材料信息等。决策信息按信息产生过程的不同可以分为综合应用信息和运营指导信息两个亚层。前者是通过对不同业务部门的信息进行综合得到的,对数据本身的处理并不及运营指导信息亚层复杂,统计信息在一定意义上来说,就属于综合应用信息亚层;后者是在综合应用信息亚层的基础上经过复杂的处理(如数据挖掘、知识发现等)产生的。

2.决策支持系统的构成

决策支持系统(Decision Support System,简称 DSS)是辅助决策者通过数据、模型和知识,以人机交互方式进行半结构化或非结构化决策的计算机应用系统,其体系结构是构成决策支持系统的各组成部分的排列、组织以及组成方式,是决策信息形成的重要基础。体系结构决定了 DSS 的本质特征,并影响着系统功能的实现与发挥。自从 20 世纪 70 年代提出决策支持系统概念以来,决策支持系统已经得到很大发展。结合 DSS 的发展过程,依据 DSS 组成部件的体系结构可以把 DSS 分成 3 种基本类型。

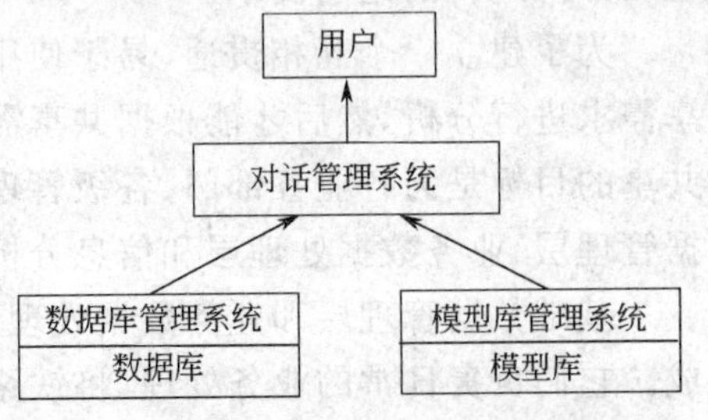

图 7-5　基于数据库与模型库的 DSS 框架

(1)基于 X 库的 DSS 体系结构——以模型库为主体的 DSS。1980 年,Sprague 提出了决策支持系统两库三部件结构,即对话部件、数据部件(数据库和数据库管理系)、模型部件(模型库和模型库管理系统),如图 7-5 所示。

(2)基于知识的DSS体系结构——智能决策支持系统(Intelligence Decision Support System,简称IDSS),基于知识的DSS体系结构是Bonczek于1981年提出的。DSS结构由语言子系统、知识子系统、问题处理子系统三部分组成,如图7-6所示。

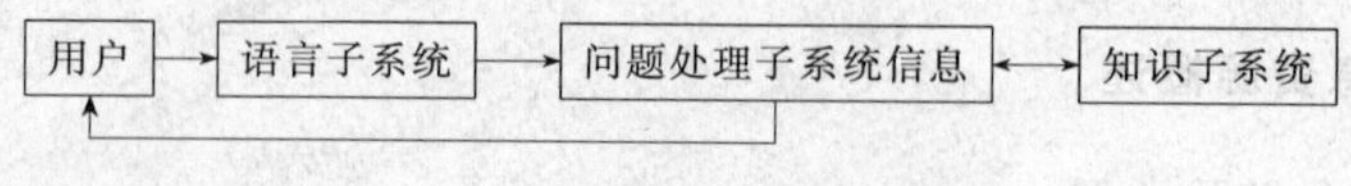

图 7-6 基于知识的DSS框架

(3)基于数据仓库和数据挖掘的DSS结构。20世纪90年代初,兴起了决策支持新技术,即数据仓库(Data Warehouse,简称DW)、联机分析处理和数据挖掘(Data Mining,简称DM),很好地弥补了传统DSS数据来源与数据处理方面的缺陷,进而形成了基于数据仓库和数据挖掘的DSS的结构,如图7-7所示。

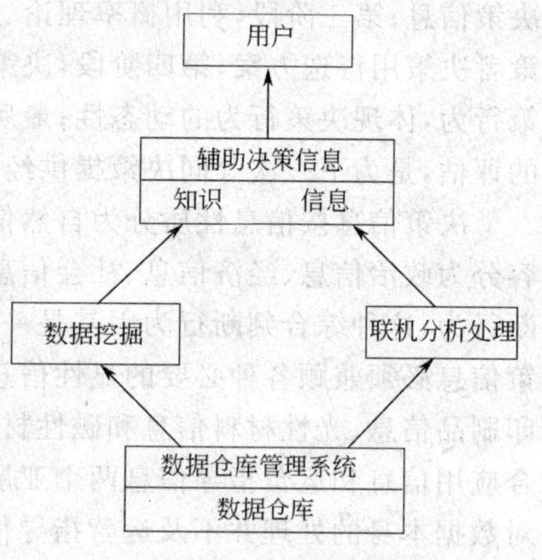

图 7-7 基于数据仓库与数据挖掘的体系框架

另外针对一些大、中型的企业或者一些非常复杂的问题构建决策支持系统时,很难用一种类型的DSS来实现所要求的目标,通常需要把一种或几种结构融合在一起。当把上面的3种结构结合在一起,并让各部件充分协调工作时,就出现了综合体系结构,如图7-8所示。

3.基于数据仓库的铁路决策型信息资源利用

目前已经建成的铁路信息系统虽然大大提高了铁路运营的工作效率和质量,但是,随着信息化建设的不断深入,一些新的需求开始显现出来。铁路各信息系统间的联通性和互操作性较差,不能为客户提供详尽的信息服务,缺乏铁路与其他运输方式共享及交互的信息平台以满足运输联运发展的需要等等。因此,加强对铁路信息资源的整合利用,实现铁路信息资源的完全共享,已经成为铁路信息化建设深入进行的迫切要求。

为了建立一个互相贯通、易于使用、快速可靠的全路信息网络,首先需要对铁路的信息共享需求进行分析,然后才能根据共享需求模型对铁路信息资源实现合理规划、充分共享。信息共享的目标是为各业务部门、各级管理者提供适用的各层信息。因此,信息管理可分为基础数据管理层、业务数据处理层和信息分析辅助决策层三个层次。

基础数据管理层和业务数据处理层的信息共享主要由通常意义上的各类管理信息系统完成。它们负责日常的业务处理,将铁路信息资源层次中的铁路空间信息和铁路运输基础信息转化为铁路业务应用系统信息。信息分析辅助决策层信息共享由决策支持系统完成。决策支持系统通过加工和分析统计的、历史的信息,最终将铁路空间信息、铁路运输基础信息、铁路业务应用系统信息转化为决策支持信息,为管理决策部门服务。由于铁路各级部门的职能不同,

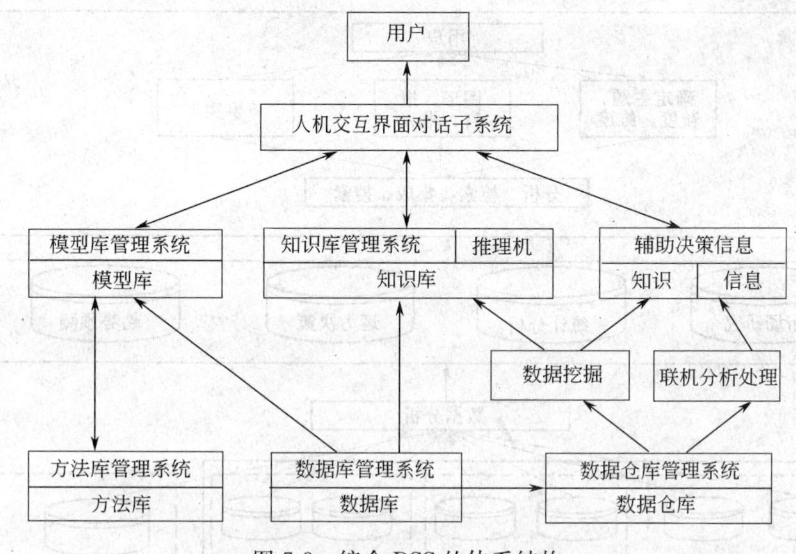

图 7-8 综合 DSS 的体系结构

各级信息分布的结构也不同。级别越高，决策支持信息占的比重越大，相应的，决策支持系统在该级信息系统中所占的比重也越大，管理信息系统所占的比重相对越小。

在现实操作中应用比较广泛的铁路决策支持系统模式是基于数据仓库的铁路决策支持系统。

基于数据仓库的铁路决策支持系统结构如图 7-9 所示。数据仓库由三部分组成，数据源、后端加工处理和前端服务。其中，数据源以业务型铁路资源数据为基础进行数据分析，而各数据资源又以各级管理信息系统的信息为基础得到有利数据。这些信息必须综合利用信息系统采集的基础信息并进行数据挖掘和知识发现才能实现，目前尚处于探讨阶段。

后端加工处理是数据源数据的接收、析取、汇总、变换、打包和储存等，包括确定分析主题和指标体系，数据集成。以客货营销的分析主题为例，则有运输市场研究占用率、发展趋势、利润分析、绩效分析、趋势预测、价格决策、产品决策和综合评价等。

前端服务是面向用户的数据需求，完成数据提取和计算分析等功能。主要内容有用户指定分析主题，确定分析粒度和维度建议和指定分析方法。

二、决策型铁路信息资源利用案例

决策者或管理者利用信息资源做出决策，首要解决的问题就是信息共享，将铁路基础设施建设和管理中大量孤立、分散、无序的信息和资料，通过铁路管理信息系统，以铁路收集到数据为核心，以网络为纽带进行科学管理，对各阶段的声、像、图、文、数据等不同类型、不同格式的信息进行一体化的管理，先于或引导决策者做出决策，以保证铁路安全、高效的运营和发展。

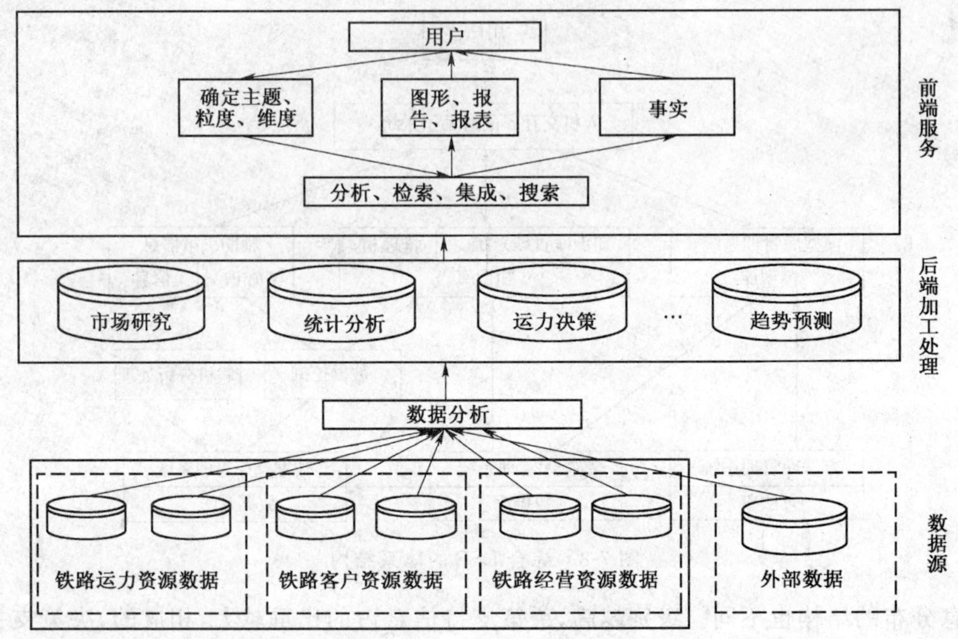

图 7-9　基于数据仓库的铁路决策支持系统结构

1. 铁路线路地理信息决策系统

随着铁路建设的飞速发展,我国已经初步形成了大规模的铁路运行线路网络。面对国民经济高速发展的需要,原有的铁路运营的管理已经远远无法满足铁路运营发展的需求,只有建立空间信息管理决策系统,才能有效地提高铁路运营管理的水平。

铁路作为一个连续分布的对象与地理位置、地理环境有着密切的关系。为了有效地掌握铁路的各种资源,将铁路数据与地理信息联系起来,实现对铁路路况、沿线环境、主要设备等信息进行管理,并在铁路运营管理中应用地理信息系统,实现铁路有关的信息以图形、图像或文本的方式,形象、直观的显示出来,达到图、文、声、像并茂的效果。

在铁路的运营管理过程中,铁路线路地理信息决策系统能够为有关管理部门提供查询铁路沿线的地形、地貌及设备主要运行状况等综合信息及决策支持功能。系统主要功能如下。

(1)地理信息的检索和查询

该系统的主要功能集中表现在对地理信息的空间检索和查询中,具体的功能包括以下几个方面:线路录像的检索和查询,线路地形图的检索和查询,线路影像、图片的检索和查询,车站的检索和查询,车站地形图的检索和查询,车站影像、图片的检索和查询,车站人员的检索和查询,桥梁、涵洞的检索和查询,平立交道的检索和查询,工区的检索和查询,曲线的检索和查询,坡度的检索和查询。

(2)地理信息的管理

地理信息的管理就是指利用计算机对各种铁路地理信息进行管理。铁路线路地理信息决策系统内的地理信息的管理主要包括以下4个方面的信息管理:地图、地形图的管理,线路影像、图片的管理,属性数据的管理,线路设备参数数据的管理。

(3)空间分析

利用本系统可以进行一些简单的空间分析。如特定地理位置搜索、组合条件查询、最佳位置判定和专题分析等。

(4)其他功能

该系统除具有上述三个方面的功能外,还可以实现播放线路的录像,沿线线路设备、建筑物等360°×360°全景显示,线路沿线三维地形显示,数据统计,线路地图打印输出,排版输出,数据更新,GPS跟踪定位等功能。

在列车的行车过程中,利用先进的行车安全监测系统,定期或实时地对机车、车辆、线路、桥梁、隧道、通信信号、平交道口等与运输安全直接相关的设备状态进行智能化的监测,通过信息的采集、传输及获取,建立全路安全数据库并由行车安全信息系统对上述监测信息进行统一管理,使与行车安全有关的装备处于监控之中。制定安全标准,由行车安全信息系统智能化地对各类数据进行分析,对各种设备的安全状态进行评估,以掌握全路的安全状况全貌。建立维修决策支持系统及预警系统,根据评估结果中的危险等级向管理部门及时提出对移动设备、固定设备的维修决策建议,提高维修的针对性和有效性。建立自动化的维修系统,通过计算机数据接口,将详细的检测数据及维修决策建议提供给检修站段,配合维修计算机网络管理的建立,进行故障分析处理,及时排除安全隐患。

2.铁路客运营销分析与决策支持系统

掌握客运市场经营现状,制定科学合理的客运市场营销策略,已成为铁路客运部门的重要目标之一。

经过多年的发展,以TRS产生的业务数据为基础,客运营销分析系统为车站、铁路局和铁道部分别提供了相应的解决方案。通过营销系统提供的功能,车站管理人员可以实时了解本站的客票销售情况、到站列车密度等关键指标。铁路局营销分析系统是一个综合性铁路局级的分析、辅助决策支持系统,它在现有TRS的基础上,对全局的运输能力、区段、分界口能力、售票量、收入、发送量进行汇总,完成宏观指标统计,同时对客票系统运行中所涉及的票额分配、席位利用、车站售票等动态信息进行实时监控和相关分析。铁路局营销分析系统的应用可以使客票管理部门及时掌握全局每天的重要生产指标,实现对各联网售票车站的客票发售情况以及担当车次的席位利用情况的实时监控,为铁路局营销决策提供有价值的营销分析信息。铁道部级的营销分析系统是以全路客票业务数据为基础,以对铁路局、列车、线路在运能、运量、利用率等关键指标统计分析,为铁道部客运部门营销决策者提供决策支持。

铁路客票营销分析系统是铁路客运信息化的重要组成部分，是提高客运管理和决策水平的重要手段。通过与相关系统的信息共享和数据整合，该系统最终将发展成一个先进的、科学的、智能化的铁路客票营销决策支持系统，为客运业务工作人员提供全路共享信息平台，为铁路客运营销决策者提供决策支持。

第四节　检索型铁路信息资源匹配

近年来，信息产业发展迅猛，信息技术相继在各行业内得到广泛应用，这不仅带来了生产、办公的规范化与高效率，而且引起了企业管理制度与生产方式的重大变革。中国交通运输在行业管理信息化进程中，结合行业自身特点，运用先进的信息技术，逐渐开发出了满足现有交通运输需求的信息系统。随着国民经济持续快速健康发展，交通运输市场需求不断增长，但铁路客运交通信息资源的提供方式仍滞后于信息资源的发展，经营计划不能充分满足出行人员的需求。加快铁路运输信息化建设是实现科学合理运输组织，提高运输的可视性、计划性的重要保证，这要求必须坚持以市场的需求为导向，不断满足和适应因经济与信息技术的发展所产生的需求。建立高效全面的信息检索系统，为铁路内部决策也为铁路外部客户提供充分有效的信息和快速的检索途径非常必要。

一、面向客户的社会化服务系统

随着铁路逐渐走向市场化和信息化，以搜索引擎为基本检索技术来实现面向客户的社会化服务系统逐渐形成并走向成熟。从使用者的角度看，搜索引擎提供一个包含搜索框的页面，在搜索框输入词语，通过浏览器提交给搜索引擎后，搜索引擎就会返回和用户输入的内容相关的信息列表。其实搜索引擎也是一个网站，只不过它提供的是帮助因特网用户查询信息，它以一定的程序把互联网上的信息归类为网络用户提供检索服务，从而起到信息导航的目的。由于它很像一扇引导人们进入互联网的大门，所以它也被称为入门网站。

由于铁路信息资源自身的特点，用户往往不知道自己所需的数据存放在哪里和如何存取。在铁路信息资源共享平台建成后，这个问题会更加突出。如何从数据海洋中找出全路任何一个用户所需要的数据，实现现有共享信息的充分利用，关键在于设计一个功能强大、高速、高效且对用户透明的全路信息搜索引擎。

铁路共享信息搜索引擎是构建在铁路信息共享平台之上的，它根据铁路共享信息平台来和各个不同地区的信息管理系统进行交互。它的安全性是由数据库安全模块提供的，铁路共享信息搜索引擎和铁路共享信息的其他模块是一个有机的整体，共同实现铁路信息共享的目标。铁路面向客户共享信息搜索引擎的架构如图 7-10 所示。

路外用户作为访问信息的客户，根据其所访问的目的和性质的不同我们可以分为以下几

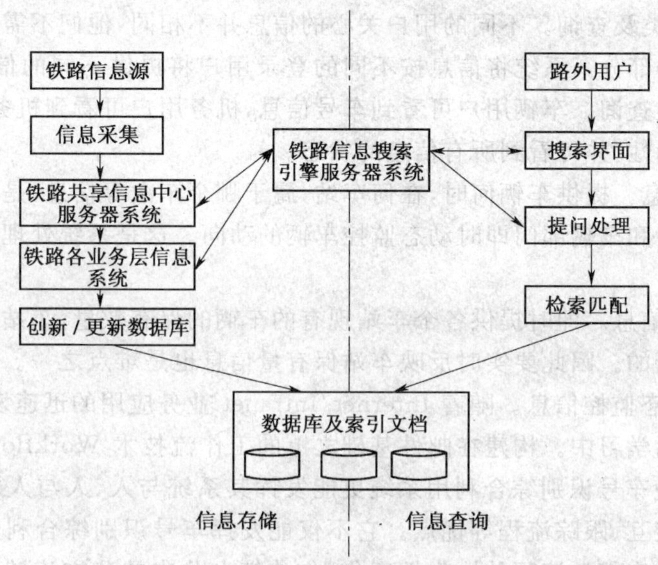

图 7-10 铁路面向客户共享信息搜索引擎架构图

种。

(1)基于人事劳资的需要的用户,如人员招聘,人才交流中心等。

(2)基本本质运输的需要或者了解铁路运输基本信息的需要的用户,如旅客和货主,潜在客户等,这种运输可以有国内的,也可以有国际的。

(3)基于与铁路的合作关系的用户,如铁路运输产品大客户、保价公司、各级政府和国家部门等。

(4)基于提供铁路运输的运输设备或者基础设施的用户。

(5)基于对铁路某些信息数据的共享和统计的用户,如财政部和结算中心等。

二、面向决策者的信息检索系统

为尽快提高我国铁路运输效率和运输服务质量,铁道部建立了覆盖全国的铁路运输管理信息系统。该系统可使全国各铁路局直至各站段的运输信息直达铁道部,并可对全国的铁路运输进行网络化实时管理,实现全国铁路运输管理决策的信息化与网络化,这是一套实时的应用系统。

交互协作的车号识别综合利用子系统实现了在现有的办公网络中让车号信息不只限于被浏览,而是让信息主动地与人交互,实现人与人之间协作,即利用 Workflow 挖掘车号识别综合利用系统的交互协作功能。

(1)车号信息统计。车号信息统计为用户提供一个日常的数据统计,每日各分界口车辆的

接入交出量,保有量,部属车、自备车、机车等数据的统计。

(2)车号信息分类及查询。不同的用户关心的信息并不相同,他们不需要到杂乱无章的所有信息中寻找有用的部分。系统将信息按不同的登录用户将提供不同的信息界面。按时间、车站、车次、车号分类查询。车辆用户可看到车号信息,机务用户可看到机务信息,计算中心关心信息的完整和正确性,并可看到所有信息的状态。

(3)车辆经由信息。提供车辆何时,在何车站,属于哪个车次等信息,是车辆在一个时间段内的经由。便于机务和车辆部门即时动态监控车辆的动向。这是系统处理的一个难点问题之一。

(4)车站保有量信息。即时提供各个车站现有的车辆的保有数量,车站现有车辆的保有量是动态变化不断更新的。因此要实时反映车站保有量信息也是难点之一。

(5)AEI设备状态监控信息。随着Internet/Intranet业务应用的迅速发展,邮件已经深入到许多人的工作生活学习中。构建在邮件基础之上的工作流技术Workflow,充分利用Internet/Intranet平台,使车号识别综合利用系统更能发挥其系统与人、人与人之间的交互协作功能。具有即时信息交互、跟踪流程等优点。它不仅能发挥车号识别综合利用系统的潜能。也同样适用于其他有一定信息流程的协作性工作(如传统办公中的公文流转)。通过Workflow实现的交互协作是一项复杂的技术,其应用前景非常广阔。随着工作流技术在办公领域的深入应用,必将创建出新的工作模式,提高工作效率。

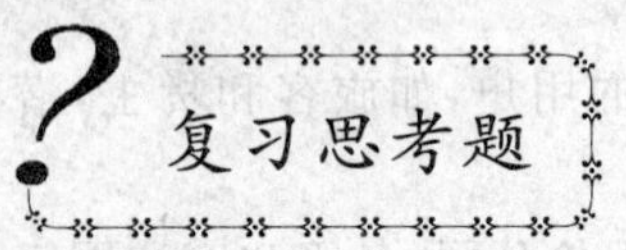

复习思考题

1. 铁路信息资源的利用方法主要可分为哪几类?
2. 铁路运输业务的核心和根本是什么?
3. 业务型铁路信息系统的特点是什么?
4. 调研已投入运行的铁路电子政务系统,分析其属于哪一类铁路信息系统并说明理由。
5. 信息资源的含义是什么?它有哪些特点?
6. 决策信息与信息有什么区别?决策信息是怎么分类的?
7. 决策支持系统可分为哪几种类型?
8. 信息检索的概念是什么?
9. 信息检索的原理是什么?请简要叙述。
10. 信息检索处理分哪些步骤?

第八章 铁路信息资源安全与维护

【本章要点】 本章主要讲述了铁路信息资源安全问题与相应的维护措施。首先，从铁路信息资源安全的基本要求和问题，说明其问题的解决思路；其次，从信息资源安全制度体系及其处理机制建设、组织机构建设、人力资源建设、技术工具应用等各方面详细介绍了铁路信息资源的安全机制内容；最后，从信息资源自身的维护、信息资源软硬件维护及其业务人员维护等各个方面阐述了铁路信息资源的安全与维护。

第一节 铁路信息资源的安全需求

在信息资源的开发、管理和利用过程中，安全问题是大部分企业都面临的问题，信息资源安全问题涉及的领域相当广泛。铁路信息资源十分分散，因此如何保证铁路部门信息资源的安全性，就成为铁路部门信息资源建设面临的主要问题。

一、铁路信息资源的安全问题

信息资源安全的根本目的是在信息的采集、传输、加工、存储和利用的全过程中，防止与这些过程相关的信息、载体及其各类软硬件设备等被非法破坏、窃取和使用。

(一)铁路信息资源安全基本要求

铁路信息资源安全有以下几个基本要求。

1. 保密性

保密性是指在信息资源的采集、存储或传输等过程中，防止信息资源被未经授权用户、实体或过程使用，即信息只为授权用户使用。保密性是信息资源安全之本。

对于铁路部门来说，系统内部有很多需要严格保密的信息资源，包含许多关键技术、知识产权等问题，所以铁路部门十分重视信息资源的保密性，同时从管理和技术两个方面着手保证信息资源的安全。

2. 完整性

完整性是保证信息资源在采集、加工存储、共享、利用等过程中不被非法修改、破坏和丢失。完整性是信息资源安全的基本要求，如果不能实现信息资源的完整性，会影响信息资源用户的正常使用。信息系统中各信息，从采集到最后的存储备份过程中都必须保证完整性。

例如，客票的出售率，客流量及车流量，列车的始发、到达时间等都必须保持高度的完整性，才能保证铁路高层决策部门在对未来的发展趋势进行预测时更加准确，在处理一些意外事故时更加及时，同时保证各信息资源的完整性也是铁路部门进行电子商/政务应用的基础。完整性被破坏可能导致双方信息的差异，影响如网上售票等交易顺利完成，甚至造成纠纷。

3. 可用性

可用性是指对于有权限的使用者，信息资源具有某种效用，当授权用户或过程需要时，信息资源保证能够被开发和利用，并产生效益。可用性是信息资源安全的基本要求，可用的信息资源才能存在价值。

例如，北京铁路局从武汉铁路局调来部分运输资料，其中包括车次、所运货物、到达时间等信息，但由于信息资源本身问题或者是传输等问题，造成信息资源无法打开、阅读，这样造成信息资源不能使用，使信息对于使用者本身来说没有任何意义，不存在任何价值。

4. 可靠性

实现信息资源的可靠性是保证信息资源安全的又一基本目标。可靠性是指保证信息来源、使用、传输、存储等过程的真实、准确，尤其是对信息资源的来源来说，可靠性更是十分重要的一点。可靠性是实现信息资源利用的基础，不可靠的信息资源有时不仅不会给企业带来好处，反而会使企业遭受巨大的损失。

危害信息资源可靠性的事件很多，包含在信息生命周期的各个部分，这就需要企业对信息资源管理的各个环节进行有力的控制，采取多种措施，保证信息资源的安全。

(二)铁路信息资源安全问题

1. 铁路信息资源安全隐患的划分

铁路部门的信息资源安全隐患有很多种类，主要分为以下两类。

(1)信息资源泄露。信息资源泄露是指非法或未授权用户通过侦查、截获、窃取等手段，偶然或故意地获得未经授权的信息资源。导致信息资源泄露的原因很多，例如，某信息资源管理人员不能经受利益的诱惑，偷偷将绝密信息复制给对手，或者不小心将含有保密信息的移动硬盘丢失，或者本部门计算机防辐射措施失败，致使信息资源泄露。这些行为都会给铁路甚至是国家带来巨大的经济损失。

(2)信息资源破坏。信息资源破坏是指偶然事故或者人为破坏使得信息资源的完整性、可用性等受到破坏，包括信息资源被修改、删除、添加、伪造等。信息资源破坏是信息资源安全的主要问题，信息资源一旦被破坏会给铁路的正常运行和管理者的决策带来严重的影响。

例如，在每年的客流高峰时刻，北京铁路局都要根据以往的客流量，对当年的客运工作做

一个整体的部署，以应对将要到来的客流高峰，他们所依据的数据是往年的客流量和学生数等信息，一旦由于某种原因，这些数据被人为更改过了，参照的信息资源就不再是准确可靠的，就可能作出错误的决策，导致乘客滞留等事件的发生。

2. 铁路信息资源安全涉及的相关环节

铁路信息资源安全涉及与信息资源相关的众多环节，其中最主要的环节是息资源的存储、信息资源的使用和信息资源的传输三个过程。

(1)安全存储。随着现代网络技术的快速发展，信息资源遭到攻击或者意外泄漏的事件层出不穷，如何保证信息资源存储的安全，不被外人恶意篡改或者窃取成为许多企业面临的主要问题，铁路部门也不例外。信息资源的安全存储是铁路信息资源建设中面临的主要问题。

(2)安全使用。信息使用过程中的安全问题主要指防止信息的非法使用，即破坏信息的保密性，禁止非法用户对信息资源的使用是信息资源安全的基本目标。铁路部门主要通过身份验证、授权限制等技术手段实现对信息资源的安全使用限制。

(3)安全传输。安全传输是现代信息资源建设的另一大问题。随着网上业务的发展，铁路需要在不同区域的铁路局、车站间传输数据，如何保证数据在传输的过程中数据的完整性、真实性，就是安全传输需要研究的问题。

铁路部门信息资源的最大特点是分散，所以如何解决数据传输中的安全问题成为铁路部门信息资源安全建设的另一大问题。

二、铁路信息资源安全问题的解决思路

通过对铁路信息资源安全问题进行分析，铁路部门采取了一系列有效措施对信息资源进行保护。这些措施主要从建立相应安全机制和进行安全维护两方面着手，如图 8-1 所示。其

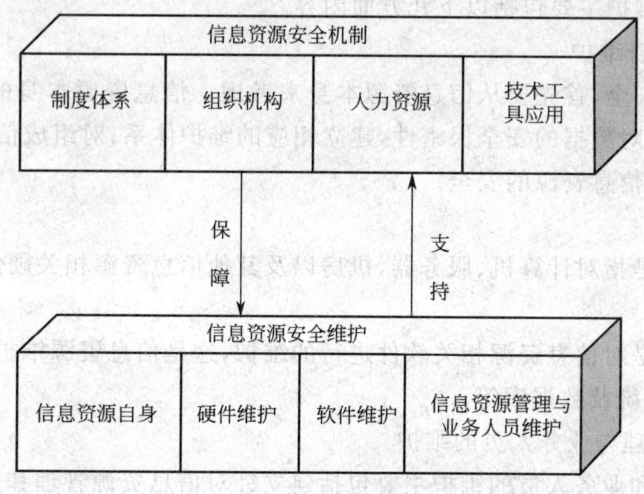

图 8-1　信息资源安全手段

中,安全机制是基础,安全维护是保障,只有两者有效的结合才能充分保证信息资源的安全性。

(一)信息资源安全机制

在信息资源建设中,建立适当的信息资源安全机制是十分必要的。铁路部门的安全机制主要包括以下几方面内容。

1. 制度体系建设

制度体系建设是实现信息资源安全的基石,影响着信息资源安全其他要素的实现。只有好的制度体系为基础,才能从根本上实现信息资源的安全建设。制度体系建设是铁路部门保护信息资源安全的基本手段。

2. 组织机构建设

组织机构建设是企业立足之本,好的组织机构有利于企业的发展,反之将损害企业的发展。铁道部、铁路局、站段三级部门均应配置相应的信息服务机构。

3. 人力资源建设

人是企业的主要组成部分,实现人的规范管理是信息资源安全建设的根本。提高信息资源相关人员的技术与操作水平,是铁路部门需要解决的一大问题。

4. 技术工具应用

用来保护信息资源安全的相关技术主要包括物理保密、防窃听、防辐射、备份、防火墙、加密技术、用户身份认证、访问控制、虚拟专用网、安全检测等。技术工具的使用是保证信息资源安全的主要手段。

(二)信息资源安全维护

信息资源安全维护主要包括以下几方面内容。

1. 信息资源本身维护

要保证信息的安全,首先要从信息资源本身来考虑。信息资源本身的维护指在充分了解信息资源的基础上,对数据的安全保密性,建立相应的维护体系;对组成信息资源的数据文件、代码进行维护,保证信息资源的安全。

2. 硬件维护

硬件维护主要是指对计算机、服务器、机房以及其他信息资源相关硬件进行的维护。

3. 软件维护

软件维护主要是对信息资源相关软件进行的维护,这是信息资源维护的主要组成部分,包括操作系统、信息系统及数据库等。

4. 信息资源管理与业务人员的维护

信息资源管理和业务人员的维护主要包括建立针对信息资源管理和业务人员的安全维护制度和提高两者的职业道德修养两方面来考虑。

第二节　铁路信息资源的安全机制

建立信息资源安全机制是解决信息资源安全问题的主要方法，在前面已经有简要介绍，在这里主要介绍其包含的内容，以及在铁路部门信息资源安全建设中的应用。

一、制度体系建设

信息资源的安全制度体系为信息资源的管理提供准则，明确责任归属，使信息资源安全工作有章可循，是保障信息资源安全的根本措施。

信息资源安全制度体系建设是铁路部门信息资源安全建设的重要内容。以国内为例，随着国内铁路信息化的发展，越来越多的信息技术应用到铁路信息化的建设中，增强相应的制度建设，是保证新信息技术更好、更高效的为铁路信息系统乃至客户服务的基本策略。为此，铁道部公安局于 1998 年 9 月公布的《铁路计算机信息系统安全保护办法》。基于这个条例，各铁路局根据自身实际情况，进行部分调整，建立了整套的安全管理法律、制度、规章、配套措施，从而保证了铁路信息资源的安全性。

安全制度体系一般主要事前预防和事后处理两方面的内容，事前预防措施主要包括各工作岗位人员权责的确定、设备的使用制度、技术使用规范、运行环境制度的建立四部分；事后处理则主要包括人员责任的追究以及安全应急机制两部分。

（一）信息资源安全预防机制

1. 各工作岗位人员权责的确定

工作岗位人员的权责的确定是制度体系建设中最重要的一个方面。这里的权是指权限，责是指职责。所谓的权责分明包括两方面的含义：一是权限清楚，二是职责分明。

权限清楚，就是明确规定各工作岗位人员所拥有的权限，防止越权事件的发生给企业或组织带来的不良后果。例如，销售、仓储人员都只能对其相关的信息资源进行操作，不能产生销售人员非法越权更改仓储信息资源的事件产生。这就需要在相应的安全制度准则中明确规定所属权限，如果非法越权也要及时给予处理。

职责分明，就是指各工作岗位人员该做什么不该做什么都有明确规定。杜绝出现问题互相推脱的事情发生，做到责任落实到人。对于人员众多，且工作岗位十分繁杂的铁路部门，为了保证各项工作的顺利运行，必须要做到职责分明，相关内容的理解可以参考附录阅读资料——计算机室主任权责。

2. 设备的使用制度

为了保证信息资源的安全可靠，不受到人为或自然因素的危害，而使信息丢失、泄漏或破坏，必须对计算机设备、设施等外部硬件设备采取适当的安全措施。这些设备使用制度的确立也是信息资源安全的一个方面。信息资源安全相关的设备主要有计算机、服务器等。针对这

些铁路部门建立了相应的使用制度。例如，非操作人员不得进行操作，禁止在计算机操作台上放烟灰缸、水杯、食物等可能污染设备的物品等（参考附录阅读资料——操作员守则）。

3. 技术使用规范

为了保证铁路信息资源的安全，铁路相关部门采用了多种先进的信息安全技术，这些安全技术的使用规范（参考附录阅读资料——数据库系统加密的要求），也是铁路信息资源安全制度体系的主要组成部分。

运行环境的不安全性，如各种自然灾害、人为操作失误或错误及各种计算机犯罪行为等也会给企业的信息资源带来很大的损失。好的环境是信息资源安全的重要保证。信息资源运行环境主要包括硬件和软件环境两部分：硬件环境包括计算机、计算机机房等，软件环境则包括操作系统、管理信息系统等。

针对信息资源运行的硬件环境，铁路部门建立了相关的制度准则。例如计算机机房安全等级划分、计算机安全标准、机房工艺卫生制度等（参考附录阅读资料——计算机房的安全等级划分）。

对于信息资源安全相关的软件运行环境的安全，比如操作系统等，铁道相关部门也制定了相应的制度标准（参考附录阅读资料——操作系统安全评估准则）。

（二）信息资源安全处理机制

预防措施对于信息资源的安全可以起到一定的作用，但却不能绝对的阻止破坏信息资源安全事件的发生，一旦发生信息资源安全受到破坏的事情，及时、合理的处理也是必需的。

1. 安全应急机制

发生事故后的应急机制的建立是信息资源安全处理机制的重点。一旦发生破坏信息资源安全的事情，快速的解决这些问题带来的严重后果，使企业的损失降到最低是企业亟须处理的首要问题。全面的、快速的安全应急机制的建立可以避免事到临头，手忙脚乱，无处着手的事情发生。

例如，制定计算机病毒的清除原则及方法，一旦信息资源受到病毒侵害时，即可参考附录阅读资料——计算机病毒清除原则的内容进行相关操作。

2. 人员责任的追究

一旦信息资源被破坏，追究当事人，并进行处罚是必须的。奖罚分明是保证员工工作积极性的主要方法，信息资源安全管理工作也一样。对危害信息资源安全人员的责任追究，主要有经济处罚、刑事处罚等措施（参考附录阅读资料——铁路计算机信息系统安全保护相关处罚措施）。

二、组织机构建设

组织机构建设对信息资源安全的作用在于在组织机构上建立相应的体系，对信息资源安全工作进行监控。组织机构建设是信息资源安全的另一保障，仅有好的制度体系，没有好的组织机构给予支持，制度就有如空头支票，一无用处。

组织机构主要包括各级组织机构的建立，各级组织机构的职能、权限划分，人员岗位、数

量、职责的确定等内容。

在我国，铁路部门的信息资源安全问题，主要由铁道部负责。其主要职责如下。

(1)负责部定信息系统生产运行保障工作，组织各铁路局完成相关信息系统生产运行、技术支持和维修维护任务。

(2)承接在全路应用的信息系统工程设计、软件开发、系统集成等工程建设工作。

(3)指导各铁路局信息中心相关业务工作。

(4)承担铁路计算机网络管理和信息安全等相关工作。

(5)承担国家和铁道部下达的信息系统科技攻关任务。

(6)承担全路计算机专业人员的继续教育和技术培训。

(7)完成部信息化领导小组及其办公室交办的有关工作。

经过多年的发展，铁道部信息中心已经得到了很大的发展，在信息资源安全建设方面发挥着不可低估的作用。

三、人力资源建设

人力资源建设是组织结构建设的基础，是现代企业发展的核心推动力量。好的人力资源开发与管理可以促使企业得到本质的提升，进而增强了企业的核心竞争力和发展能力。铁路部门的人力资源开发与管理重点围绕岗位分析和设计、人员培训、绩效评价三方面进行。

(一)岗位分析和设计

岗位分析和设计是人力资源建设的基础，是指收集与分析岗位信息，对岗位做出明确规定，并确定完成工作所需要的行为、条件和人员的过程。岗位分析与设计是现代人力资源管理所有职能工作的基础和前提。只有做好了岗位分析与设计工作，才能据此有效地完成具体的现代人力资源管理工作。岗位分析与设计主要包括岗位说明书、岗位设置、定员定编等内容。

1. 岗位说明书

岗位说明书是岗位分析的结果，作为企业人力资源管理中一项重要的基础工作，它同各项人力资源管理工作有着不可分割的联系。岗位说明常与岗位规范编写在一起，统称岗位说明书。岗位说明书是对岗位性质类型、工作环境、资格能力、责任权限及工作标准的综合说明，用以表达岗位在单位内部的地位及对工作人员的要求。

2. 岗位设置

岗位的设置科学与否，将直接影响一个企业的人力资源管理的效率和科学性。在一个组织中，设置什么岗位、多少岗位，每个岗位上安排多少人、什么素质的人，将直接依赖岗位分析的结果。在岗位的设置过程中，主要服从因事设岗、规范设岗、岗位最少化、人事相宜等原则。

3. 定员定编

根据岗位分析，确定工作任务、人员要求、工作规范等，只是岗位分析与设计第一层次的目标。随后的任务是，如何根据工作任务、人员素质、技术水平、劳动力市场状况等，有效地将人员配置到相关的岗位上，这就涉及定员定编的问题。定员定编主要是为编制企业人力资源计划和调配人力资源；充分挖掘人力资源潜力，节约使用人力资源；不断改善劳动组织提高劳动生产率服务的。为此，定编定员必须做到以实现企业的生产经营目标和提高管理人员的工作士气、职业满意度为中心；以精简、高效、协调为目标；同新的劳动分工和协作关系相适应；合理安排各类人员的比例关系。

（二）人员培训

人员培训是铁路部门人力资源建设的重点。铁路部门人员结构相对稳定的特点，因此人力资源建设更多是依靠人员培训。人员培训主要包括管理人员培训、技术人员培训、应用人员培训三部分。

1. 管理人员培训

管理层包括企业的负责人和各部门的负责人。对企业管理层培训的主要内容应放在对信息资源安全的认识和观念的转变上，具体内容包括两个方面：一是充分认识信息资源安全对企业管理的作用和意义，以保证管理人员对信息资源安全工作的支持；二是结合各个管理者的实际工作，对保证信息资源安全的实际内容进行培训。

2. 技术人员培训

技术人员在信息资源安全过程中起着非同寻常的作用。对技术人员的培训主要包括职业道德修养和相关技术的掌握两方面。

3. 使用人员培训

信息资源的应用人员遍及企业的各个部门，对所有的信息资源使用者都应该进行基础的信息资源安全培训，提高信息资源安全意识。使用人员培训主要包括信息资源相关设备、软件的具体使用方法及注意事项，信息资源安全相关制度的培训等方面。

铁路部门在进行人员培训的时候，结合自身特点，将三种培训综合应用，在对各类人员进行计算机使用与维护培训的同时，有组织、有计划地实施信息资源安全培训，开设专门的安全教育课程，提高员工的防范意识和安全意识。

（三）绩效评价

没有好的绩效评价，工作人员就没有积极性，对信息资源的维护工作是十分不利的，所以在人力资源建设的时候，加强绩效评价的建设是十分必要。绩效评价是对组织或个体行为活动的效能进行科学测量和评定的程序、方法、形式之总称，是人力资源建设顺利实施的保证。从事任何一项工作，都要通过对该活动所产生的效果进行度量和评价，以此判断这项工作的绩效及其存在的价值。在信息资源安全建设中，为了能够使信息资源安全工作有效的实行，科学、全面地分析和评价信息资源安全工作的绩效，合理的绩效评价体系就成为铁路部门研究的重点。

绩效评价可以影响和改善企业员工的工作态度、工作行为和工作结果，也可以为企业提供

员工的个人资料，作为人力资源规划和其他人力资源管理作业的依据。因此，绩效评价作为现代企业的一种高效管理工具在国内外企业中普遍运用，建立一套公正、合理、科学、客观的人才评价标准，并且把评价结果与员工的职位升迁、薪酬发放及奖惩培训等紧密联系起来，形成公开、公正、公平的人才评价制度对于促进员工的奋发进取大有裨益。

绩效评价有多种方法，企业需要根据实际情况选择和设计绩效考评方法，常用的绩效评价方法有专家评议法、百分制法，另外还有新兴的层次分析法、模糊数学法、灰色关联度分析法、主成分分析法等。在绩效评价实践中应该根据各方法的不同特点选择适合的方法，采取相应的对策使之更适合人力资源绩效评价工作的特点，建立起科学合理的绩效评价机制，使人力资源管理的开发与管理工作成为企业动态的核心竞争力和持续竞争优势的源泉。

四、技术工具应用

安全技术工具主要应用于运营系统后台、前台乃至接触个人消费者最前沿等领域。在这方面，铁路部门主要采取物理保密、防窃听、防辐射、备份、防火墙、加密技术、用户身份认证、访问控制、虚拟专用网等技术。

1. 物理保密

物理保密即利用各种物理方法（如限制、隔离、掩蔽、控制等措施），保护信息资源不被泄露、盗取。例如，铁路各部门通过技术限制涉密的计算机及计算机网络联结 Internet，并在物理上与 Internet 完全隔离等措施，都是从物理上保证信息资源保密性的手段。

2. 防窃听

防窃听是利用各种技术手段发现、查出并消除窃听行动，使对手侦收不到有用的信息资源。这是在信息资源的传输、存储等过程中经常使用的手段。

3. 防辐射

防辐射主要是指防止有用信息资源以各种途径辐射出去。由于设备中的计算机处理机、显示器有较强的电磁辐射，如不采用屏蔽或干扰，就会使信息通过电磁辐射泄露，根据保密等级，可分别采用低辐射设备，在全室或关键设备局部使用电磁屏蔽房或者使用相关干扰的电磁辐射干扰器，使其他人员难以从被截获的辐射信号中分析出有效信号。

4. 备份

备份是容灾的基础，是指为防止系统出现操作失误或系统故障导致数据丢失，而将全部或部分数据集合从应用主机的硬盘或阵列复制到其他的存储介质的过程。传统的数据备份主要是采用内置或外置的磁带机进行冷备份，但是这种方式只能防止操作失误等人为故障，而且其恢复时间也很长。随着技术的不断发展，数据的海量增加，不少的企业开始采用网络备份。网络备份一般通过专业的数据存储管理软件结合相应的硬件和存储设备来实现。

目前比较常见的备份方式有定期磁带备份数据、远程磁带库、光盘库备份、远程关键数据＋磁带备份、远程数据库备份等。

5. 防火墙

防火墙技术是保护信息资源安全最基础的手段。防火墙是设置在两个或多个网络之间的安全隔离，用于保证本地网络信息资源的安全。

防火墙不是单个的设备或软件，通常是包含软件部分和硬件部分的一个系统或多个系统的组合。防火墙在信息资源安全方面主要起到限制外网主机非法取用、篡改本地信息资源，限制内部用户浏览非法网页，从而保护本地资源不受病毒侵害。

6. 加密技术

加密是一种主动的保护信息资源安全的手段。不管在单机环境还是在现代网络环境下，必要的加密技术是必须的。对信息资源进行加密方法主要有私有密钥密码方法和公开密钥密码方法及国际数据加密算法，相应的标准分别为 DES 算法、RSA 算法和 IDEA 算法。

7. 身份认证

身份认证是对用户身份进行认证，是保护信息资源完整性的安全控制手段。身份认证是一个证明自己身份的过程，主要使用约定口令、智能卡或用户指纹、视网膜和声音等生理特征来实现，是一种普遍使用的信息安全技术。

8. 权限控制

除了进行身份认证，对用户的权限进行设置也是必要的，这是防止越权操作的主要方法。确保用户仅能访问已经授权的区域，功能和数据等资源，并可保证同一资源的不同用户被授予不同的访问权限。

9. 虚拟专用网络

目前很多企业都面临着这样的挑战：分公司、经销商、合作伙伴、客户和外地出差人员要求随时经过公用网访问公司的资源，这些资源包括公司的内部资料、办公 OA、ERP 系统、CRM 系统、项目管理系统等。如何使员工访问这些资源并且保证信息资源的安全就成为企业亟须解决的问题，虚拟专用网作为其中的一种解决方式得到广泛应用。

虚拟专用网是指通过一个公用网络(通常是因特网)建立一个临时的、安全的连接，是一条穿过混乱的公用网络的安全、稳定的隧道，是对企业内部网的扩展，可以帮助远程用户、公司分支机构、商业伙伴及供应商同公司的内部网建立可信的安全连接，并保证信息资源的安全传输。

第三节　铁路信息资源的安全维护

信息资源维护需要的工作量很大，虽然对不同应用领域来说，其维护成本差别很大，但就平均来说，维护成本可以高达开发成本的四倍左右，这也是一些现代企业认为维护比开发更重要的原因。信息资源的维护是铁路部门信息资源建设完成后面临的主要问题。

一、信息资源自身维护

对信息资源自身的维护主要从数据文件维护、代码维护、安全保密维护三方面来考虑。这三种维护共同组成了对信息资源自身的维护，通过三者的相互结合，可以有效地保护信息资源的安全。

（一）对数据文件的维护

对数据文件的维护，一般包括数据更新维护和数据备份维护两种。

1. 数据文件的更新维护

对数据文件的更新维护策略一般分为实时维护、延时维护和快照维护三种。

（1）实时维护。实时维护是指当数据源发生变化时，立即更新数据库中的数据。这一点对于数据的维护来说尤为重要，尤其是对于业务信息系统中的数据文件，一旦有业务产生，其相关的数据文件就需要及时更新，如果更新不及时，会造成数据不一致等问题。

对于铁路部门的信息系统来说需要进行实时维护的数据很多，如 TRS。目前我国铁路部门的客票全部实现联网，分散在各处的订票点节省了人们的购票时间，方便了人们出行。铁路联网售票示意图如图 8-2 所示。

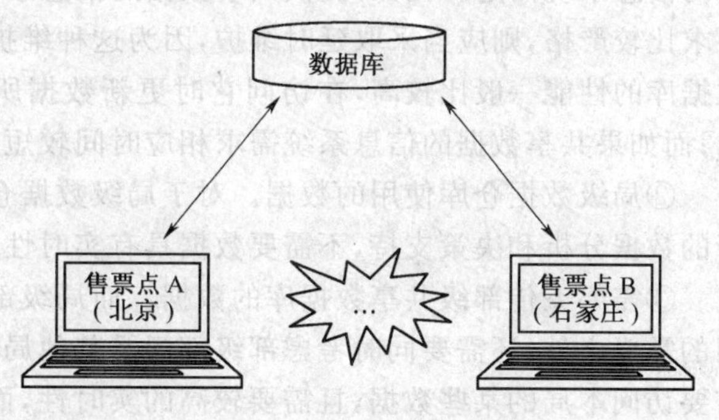

图 8-2　铁路联网售票示意图

TRS 是由分散在各地的终端机相互协调完成工作的，售票点 A 与售票点 B 可以同时出售火车票给乘客，假设售票点 A 的一位乘客要买石家庄到北京的返程火车票，而售票点 B 的乘客也要在同一时间买石家庄到北京的火车票，这时如果数据库的数据不能够及时更新，就有可能售票点 A、B 都打出一样的火车票，由此会给乘客带来很大的不方便，更有甚者会引起争端。所以在这种系统中，数据源要实现实时维护，这里的实时操作就是指如果一个售票点在某个时间点对数据库进行了操作，比如说打出一张车票，那数据源中的数据需要立即进行修改，并且在其他售票点显示出修改后的数据。

（2）延时维护。延时维护指当数据源发生变化后，用户在首次对其所在数据库进行查询时，系统才完成对信息资源更新。

这种维护最典型的就是一些网页数据的维护。奥运会期间，大部分人会从一些大型网站查询比赛信息，这些网站大部分会有一个奥运会奖牌排行榜，当你打开一个网页很长时间，并且没有进行刷新，如果有新的数据录入网页上的数据也不会修改，但一旦刷新，数据就会得到更新，这就是一种延时维护。

(3)快照维护。快照维护即定期对数据库进行维护，允许数据有一定的滞后期。这种策略不会给源数据的更新事务或者目的数据库的查询事物增加任何负担，但通常无法提供最新的数据。因为数据仓库主要用于数据分析和决策，通常不要求数据具有实时性，因此使得这种策略得到了广泛的应用。

以上三种维护方法各自有各自的特点，很难说哪一种方法最好，在实际应用中需要根据实际情况选取合适的方法。铁路部门对数据进行维护时，根据各种数据的存储特点和更新周期灵活使用各种维护策略。以局级为例，其数据的去向可以分为三部分来考虑，分别是局级信息系统使用的共享数据、局级数据仓库使用的数据、需要上传部级共享数据库的数据，相应的数据维护策略如下。

①局级信息系统使用的共享数据。对于信息系统使用的共享数据，可以根据信息系统的需求适当的采取一种或者几种数据维护策略。对于需要反应最新的数据变化的数据，可以采用实时维护或者延时维护，具体采用哪种策略要根据提供共享数据的信息系统和需要共享数据的信息系统而定。比如，提供共享数据的信息系统一次要更新大量的数据，或者对更新时间要求比较严格，则应当采取延时维护，因为这种维护策略不增加源数据段的更新时间，而共享数据库的性能一般比较高，在访问它时更新数据所耗费的时间较短，基本可以满足用户的需求；而如果共享数据的信息系统需求相应时间较短，则应采取实时维护。

②局级数据仓库使用的数据。对于局级数据仓库来说，这部分数据主要用于管理部门进行的数据分析和决策支持，不需要数据具有实时性，因此一般采用快照或延时维护。

③需要上传部级共享数据库的数据。而局级部门需要上传的共享数据，除了考虑局级部门的需要之外，还需要同时考虑部级部门及其他局级部门的需要。例如，其他局级的信息系统需要访问本局的某些数据，且需要较高的实时性，而本局的这些数据却尚未更新，此时更新会造成访问时间较大的延迟，在这种情况下，就不能采用延时维护了。

2. 数据文件的备份维护

信息资源备份按时间分为对运行数据备份和对历史数据备份两大类。

(1)对运行数据的备份。为防止发生系统数据丢失或损坏，应对当前系统日常运行所必需的数据进行定期备份。数据备份分为全量备份和增量备份两种。增量备份是将上一次备份后数据库中发生变化的数据拷贝到永久脱机存储介质中。增量备份时间较短，所需存储容量也较少，但仅做增量备份难以在系统重装后恢复全部数据，因此全量备份也是必不可少的。

(2)对历史数据的备份。由于计算机昂贵的在线存储介质容量有限，因此对于信息系统日常运行无需访问的往年历史数据多采用离线存储介质作永久保存。历史数据备份后，一般可从系统主磁盘中对这些数据进行物理删除，以便系统进行日常的运行。历史数据一般数据量较大，磁带的每兆字节所需投资最少，技术也最为成熟，因此目前较多地被用于历史数据的备份，但由于属于顺序存取类介质，因此数据随机查询、存取的速度较慢。

针对铁路部门，对于数据量较小的基层站段级单位，采用低容量、低成本的存储设备，并通

过增量备份、全量备份以及历史数据备份等手段，实现存储系统的安全性；数据量较大的基层站段、铁路局级、铁道部等重点单位，应采用双机设备、双服务器体系结构，主服务器应采用容错硬件存储技术，并定期进行运行数据备份和历史数据备份。

(二)对代码的维护

这里的代码指的是对数据进行编码以后，在数据库中信息资源代码，而不是日常所说的程序员所写的代码。对代码的维护一般由代码管理小组进行，其中主要包含四个过程，如图 8-3 所示。

1. 代码维护需求的产生

代码维护需求一般是由代码用户和代码管理人员两方面提出的。代码管理人员的代码维护需求一般是从专业的角度，对代码进行完善；而代码用户则是从使用的角度出发，提出代码的优缺点，产生代码的维护需求。

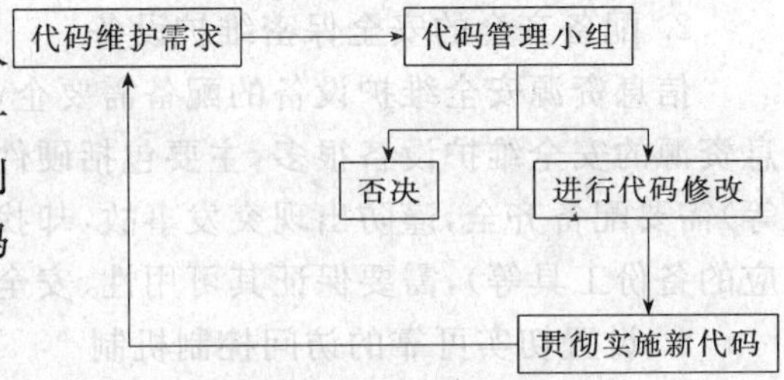

代码维护需求 → 代码管理小组 → 否决 / 进行代码修改 → 贯彻实施新代码 → 代码维护需求

图 8-3　代码维护过程图

2. 组建代码管理小组

所有产生的代码需求并不一定都是合理的，所以需要建立代码管理小组，对于维护需求进行分析处理，如果需求不合理则不对代码进行修改，相反则进入下一步。

3. 进行代码修改

代码的修改是对代码维护的一个主要环节，是对代码的进一步完善，满足人们的需求，更加适用。对代码进行修改的时候应当遵循相应的编码原则(如唯一性、可扩充性等)。

4. 贯彻实施新代码

代码修改完成后，需要在广泛的区域实施，检验其合理性。这种检验任务主要是通过用户的使用测试来实现的。

在上面的四个过程中，代码维护的困难往往不在代码本身的变更，而在于新代码的贯彻。为此，除了成立专门的代码管理小组外，各业务部门要指定专人进行代码管理，通过他们贯彻使用新代码。

(三)信息资源安全保密维护

信息资源的安全保密维护是为防止有意或无意破坏信息资源行为的发生，避免企业遭受损失所采取的措施。前面两种维护是针对信息资源这个主体的各个部分进行的维护，而信息资源安全保密维护则是从信息资源本身出发，以技术和制度为手段，对信息资源进行的维护。信息资源的安全保密维护主要包括以下三方面的内容。

1. 健全安全保密维护制度

制度是基础，贯穿于维护工作的始终，维护工作的每个阶段都需要相应的制度来保证。信息资源的安全维护制度很多，主要包括以下三个方面。

(1)提高企业员工的安全维护意识。人是危害信息资源安全的主要因素，因此在对信息资源进行安全保密维护时,要首先从提高人员的意识来出发。企业可以通过宣传教育、员工培训等多种方式来提高员工的安全维护意识,保证信息资源的安全保密。

(2)日常维护工作的确定。维护信息资源需要从日常点滴入手,这就需要企业建立完善的日常维护措施。例如,制定良好的备份制度,做好数据的备份和保管工作,包括备份间隔期的确立、备份标准、备份方法以及备份存放原则等内容。

(3)突发事故维护方案。维护方案是当信息资源遭受破坏以后,对需要进行的维护工作所作的指导。这与信息资源安全处理机制具有相同的效果,维护的目的更加明确。

2. 配备齐全的安全保密维护设备

信息资源安全维护设备的配备需要企业从总体上进行规划,保证安全维护设备够用。信息资源的安全维护设备很多,主要包括硬件设备和软件设备。硬件维护设备(如电源保护装置等)需要配备齐全,谨防出现突发事故,却找不到设备进行处理的情况;软件维护设备(包括相应的备份工具等),需要保证其可用性、安全性。

3. 设置切实可靠的访问控制机制

设置切实可靠的访问控制机制,是从技术上式实现对信息资源的安全保密维护,主要包括主体身份的鉴别和确认、访问操作的鉴别和控制等。

(1)身份鉴别。用户身份鉴别的基本方法是用户的标识和口令。为保证数据信息的保密性,尤其为保证对机密数据信息的访问控制,应当识别每个用户,并确认其唯一性。当然,还要对访问进行确认,事后不能否认。

例如,图 8-4 所示的上海铁路局货运代理,如果用户需要办理货运事项,对其货物进行查

图 8-4 上海铁路局货运代理

询，需要输入 ID 和密码来确认身份，如果两者中任何一项不正确，都不能查询。

(2)访问控制。运用安全级元素的确定、视图技术等方法，可以确保用户仅能访问已经授权的数据，并可保证同一组数据的不同用户被授予不同的访问权限。

二、信息资源硬件维护

为了保证计算机信息资源相关硬件安全可靠地运行，确保信息资源的保密性、完整性以及可用性，防止信息资源丢失、泄漏或破坏，必须对计算机设备、设施等外部硬件环境采取适当的安全维护措施。信息资源的硬件维护主要包括对信息资源相关的计算机、网络基础设施等硬件的维护。做好硬件维护工作，可以减少甚至消除故障，延长设备使用寿命，且在故障发生后，可以及时排除故障，以保证信息资源的安全。

对硬件的维护一般有两种类型：一种是定期的设备保养性维护，内容包括经常的卫生清洁工作，防尘、防潮、温度条件，进行例行的设备检查与保养，易耗品的更换与安装等，通过对各种设备进行定期的检查维护，可以保证信息资源相关系统的正常运行；另一种是突发事故维护，计算机和其他设备出现故障(如机内电源烧坏、保险烧断等)不能工作或工作不能正常进行，需要及时查出故障原因并排除。

三、信息资源软件维护

信息资源的软件维护主要指更具需求变化或硬件环境的变化对信息资源所用操作系统及应用程序进行维护。

(一)软件维护的类型

潜在的程序错误、系统运行的数据环境或处理环境发生变化、需求发生变化或原有功能需要完善都可能需要软件维护。软件维护类型主要有以下四种。

1. 正确性维护

信息资源相关软件在设计和过程中，会出现多种多样的问题，有些在测试阶段可以发现并且进行了修改，但是也有一些未能发现的错位变成了后来的隐患，在运行时才发现问题，这种情况下就需要及时纠正并进行修改，以保证信息资源的准确性，这就正确性维护的主要内容。

2. 适应性维护

适应性维护是指为适应管理需求变化而对信息资源相关软件所进行的修改。例如，计算机硬件的升级、操作系统版本的变更、数据库存储介质的变动等，都需要对信息资源相关软件进行适应性维护。

3. 完善性维护

完善性维护主要是指以软件的功能为基础，为改善其性能而进行的软件修改，同时还包括为提高处理效率而进行的适当的改进，如信息资源经过一段时间会发生一定的变化，这就需要对其公共字典等进行维护。

4. 预防性维护

为了提高软件的可维护性和可靠性而对软件进行的修改称为预防性维护。这是为以后进一步的运行和维护打好基础。这种维护在整个维护中所占的比率比较小。

软件系统的运行不同,所需要的维护种类也就不同。例如,在软件系统的运行初期,由于潜在错误的存在,正确性维护工作量最大,而随着软件系统错误的不断减少,适应性维护和完善性维护工作量逐渐增大。

(二)软件维护的一般步骤

软件维护是一项复杂的工作,其维护步骤如图 8-5 所示。软件维护主要包括以下四个方面。

1. 建立维护团队

在一个企业的 IT 团队中,软件维护的工作量占到 2/3 以上,维护工作首先要在组织上得到保证。对软件的维护不能仅从技术角度去分析,而应从技术与组织相融合的角度来考虑。软件维护工作首先要形成一个长期、稳定的维护队伍,在开始维护之前把维护人员的责任明确下来,形成科学的维护管理机制。

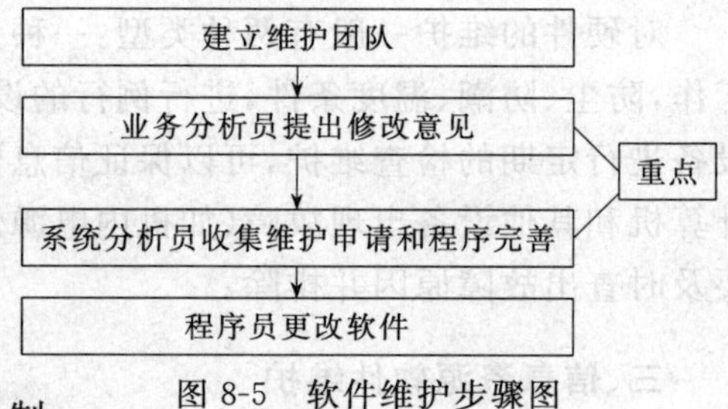

图 8-5　软件维护步骤图

2. 业务分析员提出修改意见

在企业信息资源相关系统软件中,由业务分析员对所有涉及的业务问题进行把关,负责从业务角度提出修改意见。这类人员最好由企业业务部门的中级人员担任,因为他们一般还要负责维护组织的协调工作。

3. 系统分析员收集维护申请和程序完善申请

系统分析员需要熟悉整个软件系统的流程和数据库设计,因此这类人员最好由高级技术人员担任。

4. 程序员更改软件

程序员根据系统分析员的要求,修改程序,完善系统功能,并进行测试,完成软件系统的升级等工作。这部分工作可由熟悉计算机编程的一般技术人员担任。

需要注意的是,软件修改后必须进行内部测试。对修改后的问题要定期进行评审,由此推出是否有预防性维护的必要。

四、信息资源管理与业务人员维护

信息资源建设完成之后,对信息资源的维护一直都是企业非常关注和重视的,在信息资源的维护过程中,对信息资源管理与业务人员的维护可以更好地促进信息资源的建设和信息资源升级换代。对信息资源管理和业务人员的维护主要有两方面:一是从法律、法规两方面制约

信息资源管理与业务人员的非法或不合适的行为；二是从信息资源管理和业务人员本身来考虑，通过提高其自身的职业道德素质来保护信息资源。

（一）法律法规

随着信息技术的不断开发应用，国家及企业在这些方面也投入了大量的努力，制定了相关法律法规，虽然这些法律法规还在完善之中，但还是在很大程度上还是约束了信息资源管理和业务人员的行为。这种约束主要是硬性的制度规定，是信息工作人员必须遵守的基本准则，这些制度主要从预防、惩罚性两方面来实现。

1. 预防性法律法规

预防性的法律法规是指日常对信息资源管理和业务人员的法律法规约束，一般用在发生信息资源泄漏事件之前。这方面的措施主要包括禁止本部门人员带领外部人员接近机密信息，严禁在含有机密信息资源的计算机上上网，不得私自接入移动设备等。

2. 惩罚性法律法规

惩罚性法律法规主要应用于信息资源泄漏以后的责任追究及相关人员的处理。例如，企业对于由于泄露信息资源造成损失比较小的相关人员采取的降级、开除等措施，国家对于危害到国家安全的信息资源泄露相关人员进行的刑事处罚，这些都是一些惩罚性法律法规。

（二）职业道德修养

信息资源管理与业务人员是最接近信息资源的，如果这些人员没有良好的职业道德修养，会对企业及组织带来严重的不良影响。近年来由于企业绝密信息资源泄密事件的不断发生，使得企业加重了对信息资源管理与业务人员的职业道德修养的考察与培养。

职业道德是同人们的职业活动紧密联系的符合职业特点所要求的道德准则、道德情操与道德品质的总和。每个从业人员，不论是从事哪种职业，在职业活动中都要遵守道德，要充分理解职业道德需要从以下四个方面把握。

1. 内容

在内容方面，职业道德是要鲜明地表达职业义务、职业责任以及职业行为上的道德准则。它不是一般的反映社会道德和阶级道德的要求，而是要反映职业、行业以至产业特殊利益的要求；它不是在一般意义上的社会实践基础上形成的，而是在特定的职业实践的基础上形成的，因而它往往表现为某一职业特有的道德传统和道德习惯，表现为从事某一职业的人们所特有道德心理和道德品质，甚至造成从事不同职业的人们在道德品貌上的差异。如人们常说，某人有“ 工人性格”、“农民意识”、“干部派头”、“学生味”、“学究气”、“商人习气”等。

2. 表现形式

职业道德的表现形式往往比较具体、灵活、多样，而且总是从本职业交流活动的实际出发，采用制度、守则、公约、承诺、誓言、条例以及标语口号之类的形式，这些灵活的形式既易于为从

业人员所接受和实行,而且易于形成一种职业的道德习惯。

3. 调节范围

职业道德一方面是用来调节从业人员内部关系,加强职业、行业内部人员的凝聚力;另一方面,也是用来调节从业人员与其服务对象之间的关系,用来塑造本职业从业人员的形象。

4. 产生的效果

职业道德既能使一定的社会或阶级的道德原则和规范"职业化",又使个人道德品质"成熟化"。

铁路是一个比较特殊的行业,在我国的国民经济中占据重要位置而且覆盖范围之广是一般企业所无法比拟的,国家对于铁路信息资源建设也一直比较重视,投入大量的人才,铁路信息资源建设已经取得了一定的成效,必须不断加强对信息资源管理与业务人员的维护才能使得铁路信息资源的成效长久维持下去。

开展职业道德修养学习的方法有很多种,可以通过定期的培训和组织学习班的形式;也可以请机构内部高层人员或高校教师针对企业信息资源的建设情况进行总结并授以新技术的使用;还可以加强企业内外部交流,从而促进信息资源建设过程的顺利进行。上述几种方式都是普遍应用的,还有就是和高校之间建立长期的合作关系,双方开展互相学习,这些都可以促进信息工作人员职业素养的提高,也可以建立起一种学习的氛围。当然,最终还是要通过信息工作人员自身的努力才能完成。

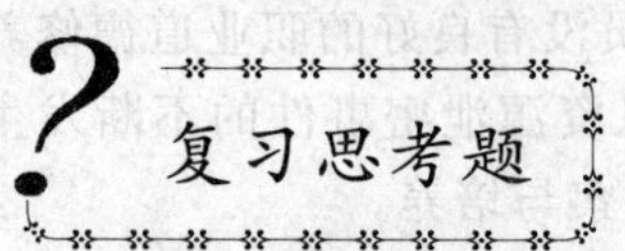

复习思考题

1. 铁路信息资源安全的基本要求有哪些?
2. 铁路信息资源安全问题有哪些?
3. 简述信息资源安全维护的内容。结合所学你认为还可以从哪些方面来维护?
4. 铁路部门主要采取哪些安全技术保护信息资源安全?你认为还有哪些安全技术?试列举。
5. 信息资源自身的维护包括哪些方面?
6. 试述软件维护的一般步骤。

第八章

Internet 铁路信息资源服务

【本章要点】 本章首先简单介绍了 Internet 信息资源的概念、特点及分类，让读者了解什么是 Internet 信息资源，并据此对铁路 Internet 信息资源进行了相应的介绍；然后在此基础上重点介绍了铁路 Internet 信息资源在检索与电子商务方面的应用。

第一节 Internet 信息资源概述

Internet 堪称世界上资源最丰富的信息库和文档资料库，几乎能够满足全球范围内对信息的需求，然而如何快速而准确地查找网上信息资源，成为日益突出的问题。因此，比较详细地了解网络资源的分布特点、类型，熟练地掌握其信息检索的方法、策略和技巧是非常重要的。

一、Internet 信息资源的概念及特点

1. Internet 信息资源的概念

随着互联网发展进程的加快，信息资源网络化成为一大潮流，与传统地信息资源相比，Internet 信息资源在数量、结构、分布和传播的范围、载体形态、内涵传递手段等方面都显示出新的特点。这些新的特点赋予了 Internet 信息资源新的内涵。

作为知识经济时代的产物，Internet 信息资源也称虚拟信息资源，它是以数字化形式记录的，以多媒体形式表达的，存储在网络计算机磁介质、光介质以及各类通信介质上，并通过计算机网络通信方式进行传递信息内容的集合。简言之，Internet 信息资源就是通过计算机网络可以利用的各种信息资源的总和。

2. Internet 信息资源的主要特点

(1)载体形式的虚拟性。传统的信息资源是指存储信息的载体(如报纸、报刊等)，而网络信息的存在要借助于一种新型的载体——网络，故不存在传统形式上的实实在在的信息源，计算机屏幕上显示的是来自 Internet 上各种服务器提供的信息。

(2)存储方式多样性。日本情报专家海野敏使用模拟非网络环境中信息存取方式的方法，

对 Internet 信息资源进行归类，提出了邮件型、电话型、揭示板型、广播型、图书馆型和书目型六种类型。

(3)传播方式的交互性。人们借助 Internet 可以在家办公、学习、开会、购物、聊天，可以与全球沟通信息，进行思想交流。

(4)存在状态无序性、不稳定性。Internet 是通过 TCP/IP 协议将不同的网络链接起来的，对 Internet 信息资源的组织管理并无统一的标准和规范，Internet 上的信息地址、信息连接、信息内容也处于经常变动中。

(5)信息资源价值差异性。Internet 信息资源发布具有很大的自由度和随意性，缺乏必要的过滤、质量控制和管理机制。和印刷性文献相比，Internet 信息资源内容非常复杂、混乱，规范精度低，信息污染相对严重。

二、Internet 信息资源的分类

Internet 信息资源丰富多彩，根据不同的分类方案可以获得不同的分类结果。

1. 按其对应的非 Internet 信息资源分类

(1)图书馆馆藏目录。用户利用目标图书馆的 URL，就可以冲破图书馆利用的时空限制，查询世界各地图书馆馆藏。

(2)电子书刊。指完全在网络环境下编辑、出版、传播的书刊或印刷型书刊的电子版。

(3)参考工具书，以及指南、名录、手册、索引等。

(4)数据库。涉及不同领域和专业，为用户直接提供信息资源检索服务。

2. 按信息的存取方式分类

(1)邮件型。以电子邮件和邮件列表为代表。

(2)交互型。以 IRC 为代表，在网络上通过文字实现即时信息传播。

(3)公告牌型。以 BBS、网络新闻、匿名 FTP 为代表的非即时信息传播方式。

(4)广播型。自网络上向特定多数利用者即时提供图像和声音的信息传播方式。

(5)图书馆型。以 Gopher、WWW 为代表，通过信息的有系统组织来提供信息资源的方式。

(6)书目型。包括查询人物机构团体的 Finger 和 Whois 查询 FTP 文档的 Archie 和广域信息服务器(Wick Area Information Systen，简称 WAIS)，以及集成于 WWW 技术至上的综合型检索工具 Yahoo!、Altavista、Google 等。

三、铁路 Internet 信息资源介绍

随着铁路各部门之间信息交换需求的产生与铁路用户对铁路信息需求的增加，铁路系统实施铁路 Internet 信息资源服务势在必行。

铁路 Internet 信息资源一般可分为五大类，包括一般资源、铁路公司资源、博物馆信息资

源、旅游信息资源、铁路文档资源。

一般资源包括世界各国各地区有关铁路俱乐部，工业组织机构，铁路建设模式，设计规划资讯，铁路设备与咨询，各类机车计算机模拟和效果，地方铁路建设，运输服务，艺术与照片，历史保存资料、图书、杂志和录像，股票与信息和铁路论坛与网站目录等方面的主页、网页地址。

铁路公司资源包括各铁路局(集团公司)的介绍，组织成员，News 发布，BBS，货运、客运服务信息，分类广告，网上商品，赞助和广告联系以及铁路电子商务活动等内容的公司网站。

博物馆信息资源包括各个国家、各个时代、各种类型的机车产品收集与模型展示，各种媒体(声音、图像等)的铁路历史文档资料收藏的博物馆网址。

旅游信息资源主要是提供与铁路有关的旅游旅行信息服务的网址。

铁路文档指保存铁路项目研究报告、技术报告、技术标准和模型的网址。

第二节　铁路 Internet 信息资源的检索服务

Internet 上的信息十分复杂、繁多，铁路部门所公布的一些信息也是如此，为了能方便信息的需求者和提高铁路部门的服务质量，实现 Internet 铁路信息资源的检索是十分必要，也是信息在 Internet 上公开后必然的应用趋势。

一、Internet 信息资源检索服务定义及其方法

随着 Internet 的飞速发展，网上资源日新月异，呈爆炸性增长。面对浩如烟海的数字化、多媒体、非规范、跨时空、跨行业、跨语种的信息资源，网络信息检索应运而生。从 20 世纪 80 年代起，人们就开始致力于网络信息检索的研究和检索工具的开发，网络信息检索成为网络环境下发展起来的一种新型检索模式。

网络信息资源检索主要有四种方式，包括浏览器方式检索、数据库形式检索、远程登陆形式的信息检索、通过网上交流讨论检索信息。

(一)浏览器方式的信息检索

1. WWW 信息资源搜索法

万维网(即 WWW)是 20 世纪 90 年代初期由位于瑞士的欧洲粒子物理实验室发明的，由于它能方便迅速地浏览和传递分布于网络各处的文字、图像、声音和多媒体超文本信息，适合于 Internet 信息服务的特点，因此在 20 世纪 90 年代中期以后得到迅速发展。Internet 上的 WWW 服务器以每年翻几番的速度增长，从而成为 Internet 信息资源的主流。

2. Gopher 信息浏览系统

Gopher 是 Internet 上菜单式信息浏览工具，该信息浏览系统使用 Gopher 协议，是 TCP/IP 协议集的应用协议之一，该协议规定了各个 Gopher 服务器之间按主题编联信息的方法，也

规定了 Gopher 客户程序在 Gopher 信息系统中访问和定位信息的方法。同时，他采用的是 Client/Server（客户程序/服务器程序）方式为网上用户提供信息检索及其他服务。众多的 Gopher 服务器上建立了一系列的资源目录，它们可以直接连接到某个具体的数据文件或检索系统中，也可以连接到另一个 Gopher 服务器的资源目录和文件中。

（二）数据库形式的检索

1. OCLC 信息检索系统

OCLC（Online Computer Library Center，联机计算机图书馆中心）是目前世界上最大的为读者提供文献信息服务的机构之一。它是一个会员制的、非赢利的、世界性的文献资源共享组织。目前该中心拥有书目记录 3 700 万条，反映 25 000 个成员馆的 6 亿条馆藏记录。

2. Dialog 国际联机系统的检索方法与步骤

早在 20 世纪 80 年代，Dialog 系统就已被我国一些大型图书情报单位引入，因其数据库种类多、范围广、数据更新快，成为信息用户查询各类信息的重要工具，尤其是科研人员在着手一些大型科研项目的研究时，常常选用 Dialog 系统进行信息收集、项目查找等项工作。

3. 广域信息服务器信息资源

WAIS 是思维计算机公司设计的一种双层客户机/服务器结构的网络全文检索系统。WAIS 客户机管理输入输出，将用户检索要求转换成标准检索指令传送给 WAIS 目录服务器或数据库服务器，或接受和显示检索结果。目录服务器提供 WAIS 网络中各个数据库服务器的名称、网络地址、内容描述和关键词，并根据用户指令检索和提供一个或多个相关服务器的名称和网络地址。数据库服务器对多个数据文件编制全文关键词索引，根据用户指令提供一个或多个相关数据文件的名称、路径、检索词出现次数。

（三）远程登陆形式的信息检索

1. Telnet 信息资源

Telnet 是 Internet 的远程登录协议，允许用户用自己的计算机作为某一个 Internet 主机的远程终端与该主机相连，从而使用该主机的硬件、软件和信息资源。许多机构都建立了可供远程登录的信息系统，如各类图书馆的公共登录系统、信息服务机构的综合信息系统、政府和公共事业部门的信息系统、商业化数据库系统等。

2. FTP 文件传输

FTP 称为文件传送协议，是 Internet 上历史最为悠久和应用最为广泛的网络工具。它允许人们通过协议连接到 Internet 的一个远程主机上读取所需文件并下载到自己的计算机上，传送的文件可以是文本、图像、声音、多媒体、数据库和可执行二进制代码。目前世界上有 1 000多个公共 FTP 文件服务器，装有许多大学、公司等科研和应用单位提供的支持用户公开访问和下载的文件，这些文件可能是一般的文本介绍，也可能是功能强大的各种应用程

序或其他语音、图像文件。用户可以通过字符界面、图形界面下的 FTP 将这些有用信息传递过来。

(四)通过网上交流讨论检索信息

Internet 上进行交流和讨论的主要工具有 Usenet/Newsgroup(新闻组)、LISTSERV(电子邮件群)、Mailing list(用户邮件组)三种。

1. Usenet/Newsgroup 信息资源

Usenet 是 Internet 上的一种应用软件,用于提供新闻组服务。在这个服务体系中,有众多的新闻服务器,它们作为 Internet 主机运行的服务器软件,接收和存储有关主题的消息,供自己的用户查阅。用户可在自己的主机上运行新闻组阅读器软件。申请加入某个新闻组,并从服务器中读取新闻组的消息或将自己的意见发送到新闻组中。用户可查阅别人的意见并予以回复,由此反复形成讨论,所以新闻组又称"电子论坛"。

众多新闻组每天都发布大量的新信息。用户使用新闻组时首先要订阅感兴趣的新闻组,选择要阅读的新闻和感兴趣的消息,然后将它们下载到自己的计算机上阅读,并针对所阅读的消息进行回复,回复可送给消息的原始发送者或新闻组的所有成员,用户也可将自己的新消息张贴在新闻组上。而且,一些新闻阅读器允许用户根据新闻组中的关于某个具体问题的线索进行检索。

2. LISTSERV、Mailing list

LISTSERV 和 Mailing list 都是基于电子邮件(E-mail)所形成的讨论组合群。

电子邮件群和用户邮件组有管理地址和邮件地址。管理地址负责接受订阅、暂停发送、取消订阅等信息,通常电子邮件群在网络地址前加"LISTSERV@",用户邮件组在网络地址前加"_reques@";邮件地址负责接收需要发送的具体消息。加入电子邮件群和用户邮件组必须申请订阅,即向其管理地址发送一个订阅申请,待收到同意订阅的回复后才能通过其发送和接收消息。

电子邮件群和用户邮件组都是一对多的交流工具。传送的消息可以到达所有成员,当然,也可以使某个成员的个人电子邮件只传送给个人。

二、Internet 信息资源检索服务评价标准

Internet 信息检索服务评价主要包含以下五个方面。

1. 查全率和查准率

查全率被认为是测量信息检索系统的检索能力指标,它关心的是满足查询请求的所有文档被检索到的程度;而查准率是系统排除不相关文献的能力,它关心的是查询结果满足查询请求的程度。查全率的确定采用联营法(Pooling)、专家法、子集法等方法。联营法是让多个不同用户做同一具体检索课题的查找,假定进行足够多次数的检索,且每个用户都检出所有相关文献,然后将所有检索用户的结果进行汇集去重,每一个单一用户的检索结果与汇集后相关文

献总数之比就计算出查全率。专家法是由一个或多个具有检索经验和专业领域知识的专家进行检索,假定这些专家能查找出检索系统中所有相关文献,然后用普通用户查找出的相关文献数与专家查找到的相关文献总数相比,得出查全率。子集法是对检索系统数据库中某分类目录下某个小类下的所有文献逐一查找其相关文献,然后累加,这种方法的潜在假设就是选取的某子类作为整个检索系统的代表。

查全率和查准率是不完善的评价指标,计算时没考虑到交互作用、成本、检索速度等因素;查全率和查准率只评价检索结果而忽略检索过程;查全率和查准率的前提假设是通常情况下用户都力求检索大量的相关文献,并都能排除很大比例的不相关文献。此外,查全率和查准率中没有相关性程度的定义机制,要么相关,要么不相关,而且所有相关文献的权值都是一样的,不管是勉强相关还是完全相关都同等对待。所以产生了以下查全率和查准率的替代性指标:平均查全率和平均查准率、标准查全率和标准查准率、相关查全率、E—测度指标。

2. 非相关检出率

非相关检出率主要用来衡量检索系统对不相关文献的检出比率,其计算方法为:

非相关检出率＝检出的不相关文献/检索系统中的不相关文献总量＝b/(b＋d)。

从检索效果评价角度来看,非相关检出率值越小,检索系统性能越好。但在实际应用中,误检率的应用并不广泛。

3. 囊括值

囊括值用来表示与某一检索提问相关的文献在系统文献集合中的分布密度,其计算方法为:

囊括值＝检索系统中的相关文献总量/检索系统中的文献总量。

严格来说,比起算作评价检索性能的尺度,囊括值更像是从相关性角度评价数据库质量的一个指标。

4. 响应时间

检索的响应时间是网络信息检索者十分重视的指标。在网络环境下,响应时间不仅取决于检索工具本身的响应速度,还在相当大的程度上取决于用户使用的通信设备、网络的拥挤程度等外部因素。同一种检索系统,在不同时间使用同一个检索式来检索同一课题,其响应时间都会有所不同。因此,在计算响应时间时,应该在相同的时间、相同的软硬件环境下,对同一个检索课题的响应情况进行量化评价。

5. 链接的可靠性

这是网络信息检索系统性能评价特有的指标。这个指标与数据更新频率和查准率有关。

三、铁路 Internet 信息资源检索服务应用

铁路门户网站是 Internet 铁路信息资源检索服务的主要渠道,客户通过登陆铁路门户网站可以及时、方便地办理客户原来需要到车站等业务窗口才可以办理的业务,同时,可以通过

互联网获得铁路行业和相关业务信息。

近年来，铁路各部门加强 Internet 铁路信息资源检索服务力度，不仅铁道部成立了相关的门户网站为客户服务，各铁路局也通过建立自己的门户网站实现为本地客户服务的目的。

铁道部政府网站于 2004 年 4 月建立，致力于宣传贯彻国家有关铁路的法律、法规和方针政策，宣传铁路发展的战略思路及铁路各项工作取得的成就，实现政务公开，推进依法行政，树立铁路服务于社会、服务于人民的形象。

从网站服务方面来说，其提供的网站内容是多样而及时的。无论是铁路新闻还是政务公开文件都可以及时地反映在网站中。尤其重要的是，在政务公开方面，政府网站作为实现政务信息公开的重要窗口，铁道部通过此网站发布了大量政务信息，特别是行政事项办理程序及结果公示、财政、采购、人事任免等关键性政务信息的发布，使其在做好行政管理和服务工作的同时，保障了公民的知情权，广泛接受公众监督。

第三节 电子商务在铁路上的应用

网络信息检索已经成为铁路信息检索的一种重要方式，也就是说，铁路信息服务也逐渐走上了信息化、网络化的途径。电子商务作为建立在信息检索基础上的一种新型的交易方式，逐渐在铁路现代化进程中加以利用成为必然。

一、铁路电子商务概述

电子商务既是一种新的信息技术应用模式，又是一种技术平台，其核心在于建立新的商务模式和有效的信息沟通渠道，强化企业与客户和业务合作伙伴之间的关系。电子商务从形式上是以网络手段连接客户与供应商，而最终则需要完成整个企业的流程自动化，建立广泛的电子关系，通过数据流的通畅和业务的自动化，实现企业运作的 Web 速度。这种模式应用于客货营销，用于完成与客运、货运相关的商业服务以及铁路的其他业务，可以提高客户对运输系统的满意度。

在电子商务环境下，各行业内部及其各企业之间的竞争越来越激烈，仅靠产品的质量已经很难留住客户，要赢得客户就必须为客户提供个性化的服务。服务已经成为企业克敌制胜的法宝。因此，对网络平台的支持和与前端客户关系管理系统的紧密集成，已经成为电子商务时代企业信息化建设的核心内容。

我国铁路经过几十年的发展，实现电子商务的几个前提条件（如物流实体网络和企业内部信息化建设等）都已经具备。我国拥有几乎遍布全国的铁路线路网络和车站，同时还有一大批用途各异的仓储设备、机车、车辆设备和装卸机具设备，构成了强大的物流配送实体网络；发达的路网通信能力为铁路内部信息交流和营销网络体系的建立提供了坚实的保障；现代化的管理信息系统已经逐步形成，为铁路运输代理构筑全国统一的信息管理系统提供了保障。

随着市场国际化、经济全球化，市场已经成为电子商务时代企业制胜的关键。企业以产品为核心的运作机制已经向以客户为核心的运作机制转换。谁能够与客户保持紧密的联系，深入了解客户的需要并对客户的要求做出快速反应，就能得到更多的客户和市场份额，创造更高的销售业绩和利润。铁路也不例外，加入 WTO 后，中国铁路不但要面对更多的国外竞争对手，还要面对国内民航、公路、水运等运输部门的竞争。在这种激烈的竞争环境下，要想大力开展市场营销，扩大铁路的市场占有率，中国铁路企业必须完成铁路电子商务和其客户关系管理（Customer Relationship Management，简称 CRM）的集成，建立以客户为中心的经营策略。所以，对中国铁路而言，CRM 是实现中国铁路电子商务的关键问题。

二、面向客户的铁路电子商务

在运输市场已出现充分竞争的情况下，铁路必须及时对市场变化和需求做出反映，分析客户行为，掌握不同类型客户特征，寻找利润增长点，为客户提供优质个性化的服务，全面掌握、分析、理解企业各类业务的发生情况，不断开发满足客户需求的运输产品，优化客户关系，增强竞争优势。如前所述，为实现“以客户为中心，以服务求发展”的经营策略，铁路电子商务的应用已成为必然。

（一）电子商务环境下的铁路 CRM

CRM 是一种新的管理理念。它把企业的客户当作最重要的企业资源，强调以客户为中心，通过先进的计算机应用技术和优化的管理方法相结合，收集和整理客户的各种信息（如客户基本信息、交易记录、服务记录等），通过客户分析系统的分析，掌握客户信息，了解客户需求，得出客户企业信用度、客户价值等重要信息，从而判断客户重要性和需求特点，以便制定正确的市场战略，更好地为客户服务，创造客户价值，达到提高客户忠诚度，提升企业竞争力的目的。随着研究的不断发展，CRM 中的“客户”不仅是指企业产品或服务的销售对象，还应该包括企业的合作伙伴等和企业发展相关的外部单位。在电子商务环境下的铁路的 CRM 结构如图 9-1 所示。

1. 客户需求管理

铁路为客户提供运输服务，但是每个顾客对于运输服务的需求具有行业性和目的性，而某些具有一致性需求的客户可以看作一个集合，铁路只需满足其需求，所以在此我们以客户需求来映射客户群。以客户需求分类有针对性地提供合适服务，从而使铁路价值目标与客户价值目标协调。所以，要收集客户的各种需求信息资料进行整理，然后进行规划与管理，以便更大程度的满足客户需求。

2. 铁路人事管理

人事劳资的管理主要是对铁路内部人员的招聘、培养以及相应的工作准则和法规等，其一部分是建立在铁路经营管理系统的基础之上。

3. 铁路营销管理

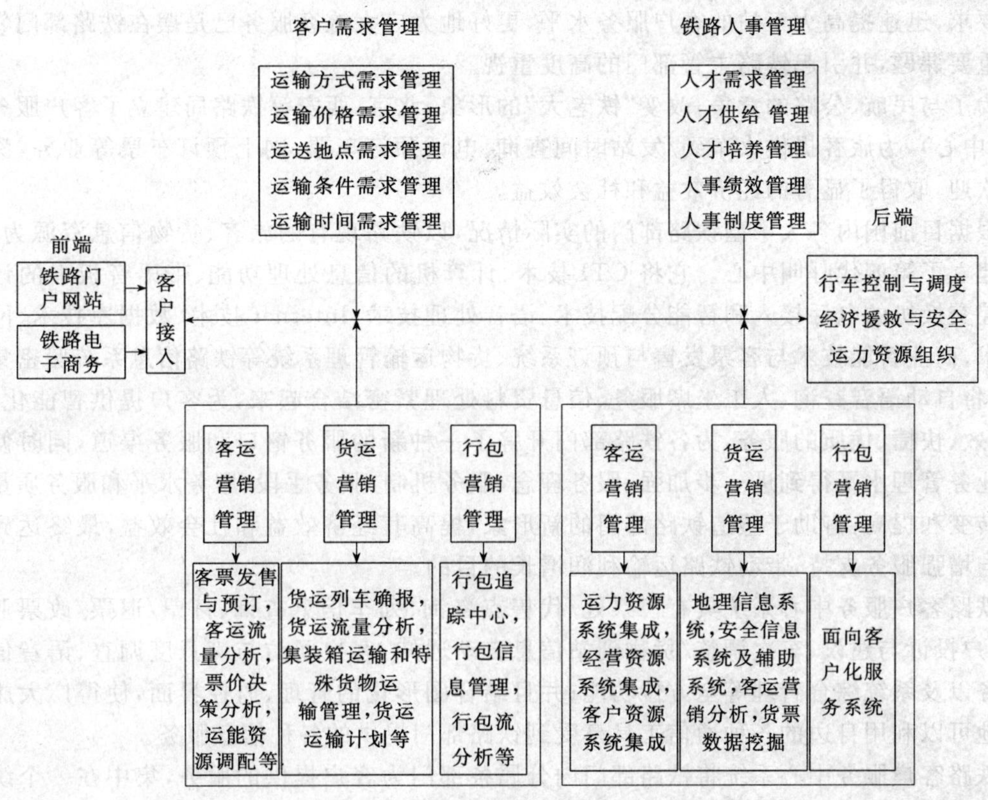

图 9-1　电子商务环境下 CRM 结构

在铁路 CRM 中，铁路营销管理是个重头戏。现在市场行为日益复杂，各种运输方式竞争激烈，等客上门的营销行为已经过时，取而代之的是高技术含量的即时化行为，而且涉及铁路客运、货运和行包三方面营销。

4. 铁路信息管理

信息通畅与共享是顾客关系管理的保障。在 CRM 中，信息是共享的，但不是所有信息都是公开的。所以必须把所有的信息进行筛选、整理、汇编、编密，从业务型、决策型和检索型三方面进行分类管理，然后按照程序规范进行公布和发送，使之与铁路其他信息耦合，达到共享。

另外需要说明的是铁路 CRM 结构中的前端用户和后端用户。前端用户即客户接入端，后端用户即铁路内部的运力资源方面的管理。

综上所述，随着以客户服务为中心的铁路市场的建立，电子商务应在铁路生产运输中占有重要的地位，从而也应得到了较为普遍的应用。

(二)铁路客户服务中心

铁路作为一个面向社会提供服务的综合服务行业，最终目标就是为客户提供满意的服务。随着我国国民经济的迅速发展和人民生活水平提高，人们对铁路部门的服务也提出了更多、更高的要求，迅速提高火车站的客户服务水平，更好地为广大旅客服务已是摆在铁路部门领导面前的重要课题，并引起铁路主管部门的高度重视。

为了与民航、公路的竞争，改变“铁老大”的形象，北京、西安等铁路局建立了客户服务中心（呼叫中心），为旅客提供火车到/发站时间查询、电话预订车票、网上预订车票等业务，深受旅客的欢迎，取得了显著的经济效益和社会效益。

根据目前国内各大中型铁路部门的实际情况，以铁路现有的旅客、货物信息资源为基础，铁路建立了第四代呼叫中心。它将 CTI 技术、计算机的信息处理功能、带语音板卡的计算机或程控交换机的电话接入和智能分配技术、语音处理技术、Internet 技术、数据库技术、网络通信技术、商业智能技术与客票发售与预订系统、货物运输管理系统等铁路信息系统紧密集成在一起，将自动语音查询、人工坐席服务、信息资料处理紧密结合起来，为客户提供智能化、亲情化、高效、快捷、优质的服务，为各铁路部门开辟了一种新的服务窗口和服务渠道，同时使铁路部门业务管理水平得到进一步加强，服务理念、服务机制、服务手段、服务水平和服务质量得到明显转变和提高；有助于塑造铁路部门的新形象，提高其经济效益和社会效益，最终达到增加销售与增强服务支持，带动铁路运输利润增长的目的。

铁路客户服务中心系统具有售票处/代售点咨询、列车信息查询、订票/退票/改票业务受理、用户投诉与建议、车次调整/货物到站信息自动通知、客户回访与满意度调查、语音信箱留言服务以及系统综合管理等全方位功能；并且结合图形化的管理、监控界面，使得广大旅客随时随地可以利用身边的各种通信工具享受到铁路部门提供的各种信息服务。

铁路客户服务中心系统将铁路部门内分属各部门为客户提供的服务，集中在一个统一的对外联系“窗口”，努力实现通过电话、传真、电子邮件、因特网浏览、手机或网络电话等手段解决客户所有疑难问题的目标；铁路客户服务中心系统认真处理每次客户呼叫，并提供智能路由选择、电话外拨、预计客户等待时间、屏幕弹出、呼叫和客户数据以及操作界面同步转移、因特网服务等先进功能，让客户感受到高质量的服务，大大提高铁路部门的响应速度和形象。同时，还实现客户信息的集中管理，提供业务统计和呼叫统计分析等功能，通过客户的相关信息为客户提供个性化服务，确保每个呼叫的处理都能满足客户的特定需求，同时能自动对所有客户的呼入过程及操作内容进行量化处理，生成报表，作为管理依据，以帮助铁路领导实现决策分析。

三、铁路电子商务网站实例——首铁在线

首铁在线是北京铁路局电子商务网站，承办各类客、货运网上服务业务，提供有关售票订票、行李包裹、货物运输、自助旅游的相关信息及相应服务。从首铁在线网站首页的整体布局来看，其网站基本做到了布局清晰、导航明确，首页简洁而又涵盖了浏览网站全部内容的导航。首铁在线导航详细内容如表 9-1 所示。从表中可以看出首铁在线的站内链接是可用并且明确的，客户可以在三个链接之内浏览全部网站功能。

表 9-1　首铁在线网站导航表

选项	功能
会员专区	会员资料\会员升级\客票订单\会员帮助
火车票预订	在线购票\在线订票\直达车(Z)预订\直达车(Z)预约\车站取票(普通车)\车站取票(Z 字头)\取票号查询方式\订单查询
机票预订	国内机票查询
火车票信息	北京列车时刻票价\北京局列车到发晚点\全国车次时刻查询\列车时刻单机版下载
行包信息	行包签约会员\行包发送查询\行包到达查询
帮助中心	铁路规章\代售处信息\会员帮助\票务帮助\行包帮助
代售处信息	信息公布
酒店预订	城市\价格\星级\日期
联系我们	联系方式
企业邮箱	036 首铁在线电子邮件系统

(一)客运在线功能

首铁在线提供的客运车票预订与销售功能如表 9-2 所示。

表 9-2　首铁在线提供的全部火车票预订功能

预订方式 服务项目	在线购票	在线订票	动车组(D)预订	直达车(Z)预约	西站取票直通车	西站取票直达车
会员资格	注册会员 VIP 会员	注册会员 VIP 会员	注册会员 VIP 会员	注册会员 VIP 会员	注册会员 VIP 会员	注册会员 VIP 会员
发车地区	北京	北京	北京	全国	北京	全国
发车日期	第 3、4 天	第 5 天	第 5～20 天	第 21～180 天	第 3～5 天	第 7～20 天
提交时间	每日 9:00～16:00	全天	每日 00:00～16:00	全天	每日 00:00～11:30	每日 00:00～11:30
处理时间	当日 9:00～16:00	第二日 中午 14:00	当日 9:00～16:00	当日 9:00～16:00	当日 9:00～12:00	当日 9:00～12:00
支付时间	当日 9:00～16:00	订票成功 当日 16:00 前	当日 9:00～16:00	当日 9:00～16:00	当日 9:00～15:00	当日 9:00～15:00
取票方式	上门自取 代售处取票	上门自取 代售处取票	上门自取 代售处取票	代售处取票	北京西站取票	北京西站取票

首铁在线提供六种针对不同客户，不同需求的在线客票服务分别是：在线购票、在线订票、动车组(D)预订、直达车(Z)预约和两种西站取票直通车。

首先需要强调的是，对于提供在线服务的对象是注册会员与 VIP 会员在此基础上提供各种服务。在线购票与在线订票的区别在于提交日期与距发车日期的天数、是否当天处理、是否当天支付；动车组(D)预订与直达车(Z)预约是两项针对专门票务的专门服务，具有针对性，适

用于不同需求得人群；西站直接取票的服务以直通车和直达车(Z)分为两类，两种服务的提交日期与距发车日期的天数不同；取票方式方面顾客可以选择自取，代售处取票，西站取票。

此外，在客户预订或支付客票的过程中，首铁在线网站提供了明确的程序说明，并且无论在填写订单过程中，还是在在线支付过程中，各订单页面，支付页面均能给用户进行指示明确的导航。特别地，当用户选择代售处取票时，须通过短信或声讯电话方式查询取票号。

(二)其他方面服务

其他方面服务是指除了铁路客运在线服务以外，首铁在线网站提供的其他在线延伸服务项目，具体来说就是机票预订和商旅查询。首铁在线网站提供的机票预订业务与其他专业机票销售网站的功能是相似的，具备了在线机票销售的要素。首铁在线网站提供的商旅查询业务分为两个部分：一部分为全国范围内的酒店预订查询业务；另一部分是旅游信息搜索。这两部分的功能实现是通过与其他的旅游网站(如艺龙旅行网)进行连接。这样的方式也是很典型的 WWW 信息资源搜索方法。

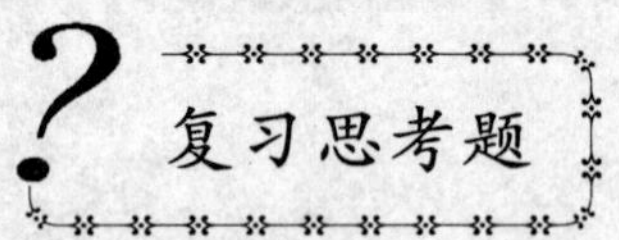

复习思考题

1. 如何理解网络资源的概念、特点？
2. 当前铁路信息资源如何分类？分类存在哪些缺陷？
3. 怎样对铁路信息资源进行检索？
4. 铁路信息资源利用有哪些新的趋势？

第十章
典型铁路信息资源规划案例

【本章要点】 本章以铁路客票发售与预订系统为例，具体介绍了铁路信息资源规划。首先，从系统目标、结构等入手，简要介绍铁路客票发售与预订系统；其次，以铁路客票发售与预订系统发展的各个阶段为主线，详细介绍了铁路客票发售与预订系统的发展过程及现状；再次，从安全需求、网络安全具体措施以及网络安全产品的选择三个方面阐述了铁路客票发售与预订系统信息资源安全与维护；最后，详细介绍了铁路客票发售与预订系统信息资源服务的现状、趋势以及关键问题的研究。

第一节 铁路客票发售与预订系统简介

早在20世纪70年代以前，欧美及日本等发达国家就开始了计算机售票，英国的Tribute系统具有列车运行时刻表管理、运营运价算法管理、席位预订、发售欧洲其他国家车票等功能。这些系统的成功应用对我国铁路客票发售与预订系统建设有着重要的指导意义。

一、铁路客票发售与预订系统概述

TRS于1996年开始推广实施，1998年底逐步实现了铁路局范围内联网售票，建成了23个地区客票中心系统和510多个车站计算机售票系统，5 000多个售票窗口投入了运用；到2002年，已经建成所有的地区中心系统，并实现地区中心范围内的集中售票和地区中心的灾难备份系统；到2006年8月，全国18个铁路局(集团公司)已全部完成TRS 5.0版本的升级工作，车票由铁路局客票中心统一管理，全面上网销售，实现了全国范围内的联网异地售票，计算机售票量达到全路售票量的90%以上，计算机售票收入占全路客票收入95%以上。

TRS的成功实施，促进了铁路客运生产力和生产关系的重大变革，加强了市场竞争能力，提高了工作效率，减小了劳动强度，方便了旅客购票，促进了营销改革，提高了管理水平，产生了巨大的社会效益和经济效益。

实践证明，统一应用软件技术先进、功能齐全、成熟可靠，具有丰富的基本数据，有效的票额调整，完整的交易概念，方便的中转售票，严格的票券管理，齐全的制票驱动，简捷的退票操作，明了的余票揭示，先进的预订系统，统一的报表格式，规范的统计接口，完善的容错功能，友好的用户界面，很好地满足了车站售票、订票服务的要求。而且，该系统在铁路旅客运输实施营销战略、参与市场竞争，增加服务项目、扩大服务网点、提高客运服务质量，增运增收、以客补货，改善工作环境、减轻劳动强度、提高售票效率，实现资源共享、促进售票体制改革，推进服务规范化、销售网络化建设等方面起了促进、保障和支持作用。

该系统对铁路客运走向市场，加强营销，提高市场竞争能力，提高客运服务水平起了技术支持和促进作用。

二、铁路客票发售与预订系统总体结构

TRS的最终目标是建立一个覆盖全国铁路的计算机售票网络，实现客票发售和管理工作的现代化，从而方便旅客购票和旅行，提高铁路客运经营水平和服务质量，达到国际先进水平，成为世界上规模最大的铁路客票发售与预订系统。其总体结构包括体系结构、网络结构、系统环境和功能框架四部分。

1. 体系结构

TRS采用的是集中与分布相结合的客户/服务器体系结构。系统中的席位数据分别存储在各地区中心的数据库中，在网络能力和可靠性达不到要求的车站以及有业务需求的车站，也设有部分本地席位数据库。地区级数据库的布局，是在综合考虑各地区的客运量、列车数、快车营运站数的均衡性和合理性、客运管理行政和职责的划分、地域范围、车站所在城市的规模、列车数量和运量需求、铁路数据网节点布局、通信设备状态和地区通信条件等因素，经过充分论证后确定的。

2. 网络结构

系统的通信网络由基干网、沿线网和市区网三部分组成。基干网主要为铁道部客票中心和各地区客票中心之间提供较高速率的通信服务；沿线网主要是为车站与地区客票中心之间提供通信服务；市区网则是为城市内的车站、售票窗口以及代售处之间提供通信服务。

基干网由2M专线，X.25专用通道和PSTN专线两套通道组成，这两套通道可以自动完成数据备份与恢复。对于沿线网来说，各运量较大的车站，采用2M以上通道直接与地区中心连接，其他车站通过铁路数据网或铁路专线入网。市区网采用铁路专线或租用公用线路等多种方式入网。

3. 系统环境

作为超大型的客户/服务器系统，铁路客票发售与预订系统中的服务器端统一采用Unix操作系统，客户端采用Window操作系统，数据库采用了Sybase数据库管理系统，通信协议为TCP/IP。

在开发工具方面，系统采用了PowerBuilder、Sybase Open Client和C++等多种工具。

在商业智能方面，系统选用了 Sybase IQ 数据仓库产品和 Business Objects、Cognos 等 OLAP 分析工具。

在系统安全方面，系统选用了 CA Unicenter 和 BMC Patrol 等软件。

4. 功能框架

铁道部客票中心系统主要管理全国铁路客票的宏观售票业务，具有数据维护、综合查询、营销分析、数据传输、复制基础数据、系统监控等模块。负责维护路网结构、基础字典、基车运价等静态基础数据，赋权地区中心维护列车信息，将基础数据复制到其他数据库，利用综合查询了解整个系统的售票状况和各种信息，利用数据传输收集售票汇总资料，以便进行客票营销分析，指导宏观决策。

地区客票中心系统主要管理本地铁路客票的售票业务，具有席位管理、数据维护、综合查询、营销分析、交易连接管理、数据传输、复制基础数据、系统监控等模块。负责所管辖车站的始发列车信息、列车票价等动态基础数据，将基础数据复制到其他数据库。集中管理管辖范围内车站的席位，利用综合查询了解本地区的售票状况和各种信息，利用数据传输收集各站售、退票存根并初步汇总后传输至铁道部客票中心，进行客票营销分析指导客运决策。地区客票中心系统与铁道部客票中心系统分离时，可对所有数据进行维护，组织所辖车站独立运行。

车站系统主要从事直接面向旅客的售票业务，具有售票、订票、退票、余票揭示、席位管理、票券管理、经由管理、数据维护、综合查询、财务结账、客票统计、软件分发、交易连接管理、数据传输、系统接口、系统监控等模块。车站只有少量数据维护和少量席位管理，除了具有面向旅客的售票、订票、退票、余票揭示等功能外，票券管理用于保证作为有价证券的票底使用安全无误，经由管理用于优化生成车站至全国各站用于通票发售的若干有效经由；综合查询用于了解车站售票状况和各种信息；数据传输用于将售、退票存根传输至上级地区客票中心；软件分发用于自动更新客户机的应用软件。车站系统还有若干接口，与调度部门连接以便接收调度命令，与电视台、互联网、显示牌连接以便发布余票等信息，与统计部门连接以便输出用于统计的原始数据。当车站系统与上级地区客票中心系统分离时，可对所有数据进行维护，独立开展正常的售票业务。

在上述铁道部客票中心、地区客票中心和车站三级系统中，还涉及相关的后台应用，包括复制服务器、交易连接管理、反向交易连接管理、数据传输管理、工作流程及进行调度管理、营销数据整理、安全管理以及系统和网络监控等。

纵观国内外相对比较成熟的客票系统，其中有许多成熟的经验可以借鉴，而当今计算机和网络技术的飞速发展则为我们提供了很好的条件。但中国铁路客票发售与预订系统存在着自己的特殊性，主要表现在以下几点。

(1)规模庞大。如前所述，中国铁路有 5 000 多个车站承办客运业务，日开行旅客列车 2 000多列，系统建成后将有几万个窗口机器需要联网，每年客运量大于 10 亿人次，最高日发

售客票高达400万张之多,可以说没有任何一个国家的铁路客票发售与预订系统具有如此庞大的规模。

(2)实时性强。中国铁路客票发售量不但大,而且热线车票和售票时间较为集中,在售票高峰时,将会同时产生4 000～5 000个坐席申请,其中有相当数量是对同一时间、同一车次、相同坐席的请求。为保证响应速度,对网络时延的要求非常高,计算机处理一张票的总时间一般应小于7s,其中网络通信时延要在2s以内,虽然我国的通信条件已得到飞跃发展,但要满足这样的要求也具有一定的难度。

(3)票务管理复杂。中国是一个发展中国家,人口众多,铁路旅客运输是主要的交通运输方式。从整体上讲,客票的发售与预订在数量上是供不应求,因此,每一张客票均要精确地确定坐席,并且是当日当次有效。加上票种繁多、票价复杂、票额预分、坐席复用和规章众多等等,给数据组织和数据库管理增加很多约束条件和困难。

国外发达国家,由于铁路运输能力是供远大于求,其主要客流集中在市郊和地铁,客运管理简单,对系统功能要求不高,除部分国家在预约客票中考虑了坐席外,大量的售票业务都不必处理坐席信息,其系统开发的难度则要比我国小很多。

(4)多级网络结构。由于国外系统起步较早,且通信发达,大多数采用集中处理的主机/终端方式,而我国幅员辽阔,通信条件差别较大,根据实际情况,将采用近代发展的集中与分布相结合的客户机/服务器体系结构,这对大规模信息系统的应用也是探索和创新。

(5)管理体制改革。中国铁路部门在长期的手工作业过程中,为解决运量与运能的矛盾,建立了一整套严格的行之有效的客票发售组织与管理制度,但在很大程度上并不适应现代技术和新系统的运用,这在系统建设过程中将要有所突破、有所创新、有所改革,也增加了系统开发的难度。

上述种种特殊性说明,中国铁路客票发售与预订系统的复杂程度远远高于国外的售票系统。

三、铁路客票发售与预订系统展望

TRS在一定程度上解决了购票难的问题,但在节假日高峰期,乘客买票难的现象仍然很严重。如何充分利用当前先进的技术手段,进一步扩大售票网络,为乘客提供更大的便利和更好的服务,并在激烈的客运竞争中保持优势,是当前和今后铁路部门信息化建设的重点。

1. 无处不在的移动售票网络

首先,我们可以通过移动应用模式扩展售票网络,根据铁路客运业务的特点来灵活部署售票业务网络,以解决淡季和旺季不同的业务需求,同时又能够对售票业务实现全面地管理。目前Sybase行业先进的移动计算技术可以使TRS系统的作业点扩展至支持无线通信的自动售票机、手持设备,在为乘客买票、补票提供很便利服务的同时,也为铁路全面地管理客运席位,合理分布票额提供了方便的实现手段,如图10-1所示。

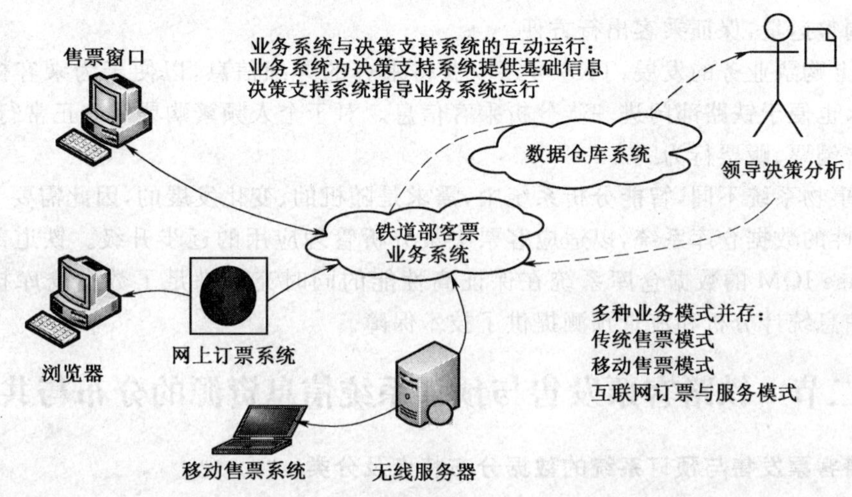

图 10-1　TRS 应用示意图

例如，运行在 PDA、笔记本电脑等移动设备上的移动售票系统，可通过实时联网接入方式向各地区中心申请客票，也可以在网络不好的方式下，通过预申请的方式，每次联网申请一定数额的票，其后进行脱机售票，为满足这种需求。在移动售票系统中可以内置 Sybase 的 ASA，以保存该移动设备所预申请的客票信息以及最新的售票信息。

ASA 是一个适用于移动和工作组级的成熟数据库，目前已占据全球 73% 的移动和嵌入式数据库市场，并已成功应用到光明乳业、平安保险、华润超市等众多行业中。ASA 可为移动售票系统提供易于管理和维护的数据库和安全、便捷的信息同步机制。

2. 电子商务环境下的客票系统

随着 Internet 技术的普及和推广，目前铁路已具备电子售票能力，可通过网上售票和电子支付的手段实现，将售票网络扩展到 Internet 所覆盖的所有角落，甚至可以借鉴国外一些最新的实践，进一步将售票业务扩展到手机等更普及的设备上，为乘客订票和购票提供更灵活的方式。随着网上售票业务逐步展开，简单的 B/S 模式并不能满足需求，必须采用支持 J2EE 的应用服务器架构，减少并发用户对数据库的负载，提高更及时的响应速度。如 Sybase 提供的 EAServer 是先通过 SUN J2EE 认证的一款应用服务器，可满足 TRS 网上售票的需求。

3. 智能决策分析和监控系统

不论是采用移动售票还是网上售票方式，必须要有丰富的席位资源作保障，否则很容易造成买票难的问题。那么，如何合理地调配资源，为乘客出行提供基本保证呢？

客票信息的逐步丰富和统一管理，为铁路部门调度分析提供了信息基础，铁路部分可使用先进的决策分析系统，对历年的乘客行程进行分析和挖掘，并参照本年的订票信息合理调整或增加车次，调整运量，保证乘客出行方便。

随着网上购票业务的发展，TRS 可逐步获得乘客的详细信息，以便于为乘客提供更加个性化的服务，也便于铁路部门进一步分析乘客信息。对于个人频繁购票等非正常行为，也可进行监控，打击倒票、贩票行为。

与联机事物系统不同，智能分析系统中，需求是随机的、变化发展的，因此需要一个具有优良的可扩展性的数据仓库系统，以适应客票决策分析管理应用的逐步升级。铁道部目前运行的基于 Sybase IQM 的数据仓库系统在保证高性能的同时充分满足了数据仓库扩展性的需求，为客票信息统计分析和流量预测提供了技术保障。

第二节　铁路客票发售与预订系统信息资源的分布与共享

一、铁路客票发售与预订系统的数据分布特点及分类

TRS 数据处理采用集中与分布相结合的方式，即在中心节点存储完整的数据，非中心节点存储局部的数据，每个节点都可以完成本地业务而不必远程访问。采用这种方式可以根据数据的检索频率，系统的可靠性要求，实现数据的灵活组合分布，通过合理地分布冗余数据，提高数据的可用性和系统的性能。

TRS 中各个系统都拥有自己独立数据库和应用系统，与售票业务相关的数据冗余分布在各个节点，大量的交易都可以在本地完成，满足售票业务的要求。铁道部和地区中心作为中心节点，基本上覆盖了系统的全部数据，实施集中管理和宏观控制。TRS 的数据冗余分布方式从车站系统的实施、地区中心联网和全路联网三个阶段中也可以得到体现。

根据 TRS 中数据的性质，TRS 的数据大致可以分为以下三类。

1. 基础数据

TRS 中的客运基础数据包括路网、车次、停靠站、列车经由等信息，是客运生产最底层的支撑，与售票业务紧密相关，基础数据的变化不是很频繁，可以视为相对静态数据，这些数据一旦发生变化，要求迅速在全路范围内得到响应。

2. 生产数据

生产数据实时地反映 TRS 的运行状况，TRS 中每天售出几百万张车票，其席位、存根、余票等信息是随时变化的，与售票业务密切相关的客运计划、调度命令等调控管理数据也是不断变化的。这些动态数据信息量庞大，变化频繁，允许数据更新有一定的延时。生产数据的一致性对于高效的生产管理、正确的异地结算、准确的统计分析等具有关键作用。

3. 营销数据

营销数据来源于基层的生产数据，是对生产数据的提炼和积累，是建立数据仓库的基础。

营销分析面向管理者，提供多层次、多角度的客运生产和财务分析信息。营销数据信息量大，数据更新有相对固定的时间间隔。

TRS中的基础数据、生产数据和营销数据冗余分布于铁道部中心、地区中心、和车站系统中。根据TRS数据分布的特点及一致性的具体要求，采用两种技术来实现TRS中的数据一致，即采用Sybase公司的复制服务器技术实现基础数据的一致性，采用数据库通信技术实现生产数据和营销数据的一致性。

二、系统信息共享模式及其解决方案

在数据分布的基础上进而提出TRS的信息共享模式（即总体结构），主要取决于业务处理、数据流程、系统功能及网络传输能力等相关因素。共享模式建立的关键是坐席数据库的规划与利用。在我国，铁路信息资源采用集中分布式共享模式。

TRS通过设立一个中央数据库和若干个地区数据库，在地区数据库中存储本地区始发列车的坐席数据。该方案综合了集中式结构简单，数据库维护方便，有利于保持数据的一致性和完整性，便于异地票、联程票和坐席复用处理以及分布式便于实施，网络上数据传输量小，对本地购票的响应速度快的优点；避免了集中式自上而下进行，见效慢，且不易分步实施，系统的运行过于依赖于高性能、高可靠的主机和广域网络以及分布式坐席数据库过于分散，不便进行票额的管理与调配，不利于联程票和坐席复用等业务处理的缺点。TRS信息集中分布式共享模式既便于异地购票、坐席复用、信息共享，又相对减少了网络的开销；设备投资合理，升级更新容易；兼顾了技术先进和现实可能；既可适应体制改革，又能适应现状，具有较大的弹性和适应能力。

根据我国地域辽阔，铁路点多线广的特点，考虑到我国铁路客运管理体制和通信基础设施的实际情况，经过充分讨论和反复论证，TRS总体结构采用集中与分布相结合的方案。综合考虑各地区数据库所覆盖的客运量、列车数、快车营业站数的均衡性，建立1个全路中心数据库和23个地区中心数据库，如图10-2所示。

TRS由部级、地区级和车站级三层结构组成，包括全国票务中心管理系统、地区票务中心管理系统和车站电子售票系统。系统采取集中与分布相结合的方案，在全路票务中心内安装中央数据库，Sybase数据库产品Adaptive Server Enterprise、Replication Server、Sybase IQ，中间件产品Open Client、Open Server以及开发工具Power Builder和Power Designer在中央数据库中都有着非常重要的应用。这一系统主要用于计划与调度全系统的数据，并接收下一系统的统计数据和财务结算数据。在地区票务中心设有地区数据库，Sybase的Adaptive Server Enterprise、Replication Server、Open Client、Open Server、Power Builder、Power Designer将全面支持这一数据库，它主要用于计划与调度本地区数据，并可响应异地购票请求。系统的基础部分是由Sybase的Adaptive Server Enterprise、Replication Server、Open Client、Open Server、Power Builder、Power Designer构成的车站售票系统，它主要具有售票、预订、退票、异地售票、

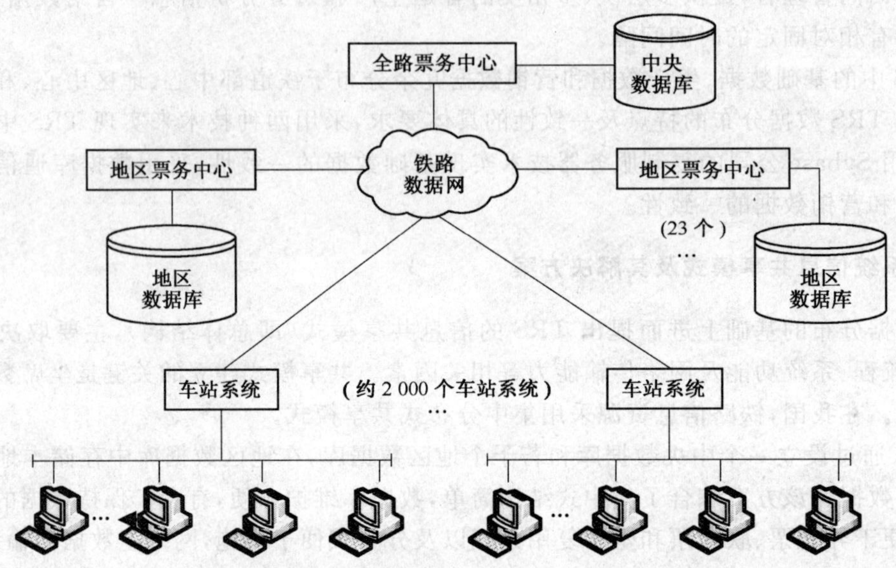

图 10-2 TRS 的集中分布式结构

统计等多种功能。TRS 实现了计算机联网售票,并且有出售返程、联程等异地购票的功能,实现了票额、坐席、制票、计算、结算和统计等计算机管理,为铁路客户服务提供了有效的调控手段,标志着中国铁路客户服务已走向现代化。

三、系统整体利用拓扑图

TRS 5.0 为三级的网络系统,由铁道部数据中心、地区数据中心和所辖车站系统组成,如图 10-3 所示。TRS 网络采用分层拓扑结构,划分为核心层、汇聚层和接入层三层。核心层涵盖了铁道部中心和所有的地区中心节点,采用部分网状结构;汇聚层涵盖了地区中心至下属部分联网车站的网络、地区中心至汇聚点的网络和连成环网的车站至地区中心的网络,采用星形和环形相结合的网络结构;接入层是用于接入地区中心下属部分车站通道的网络,采用星形和环形相结合的网络结构。

各层根据不同的业务需求有不同的配置。为了适应票库集中管理的需要,便于信息共享集中分布式地实现,车站均取消了服务器,而直接通过网络联系地区中心售票,其一切的业务与管理数据均存储在地区中心服务器上。

TRS 网络覆盖范围极广,投资巨大的全路骨干光纤环路保证了全路电子客票的预订和发售以及相关业务的顺利进行。由于通信的数字化和对多媒体服务的要求,从电话线路到卫星的多种通信手段均用于客票系统数据传输,使网络的安全要求考虑范围进一步扩大,其网络安全的重要性更加突出。

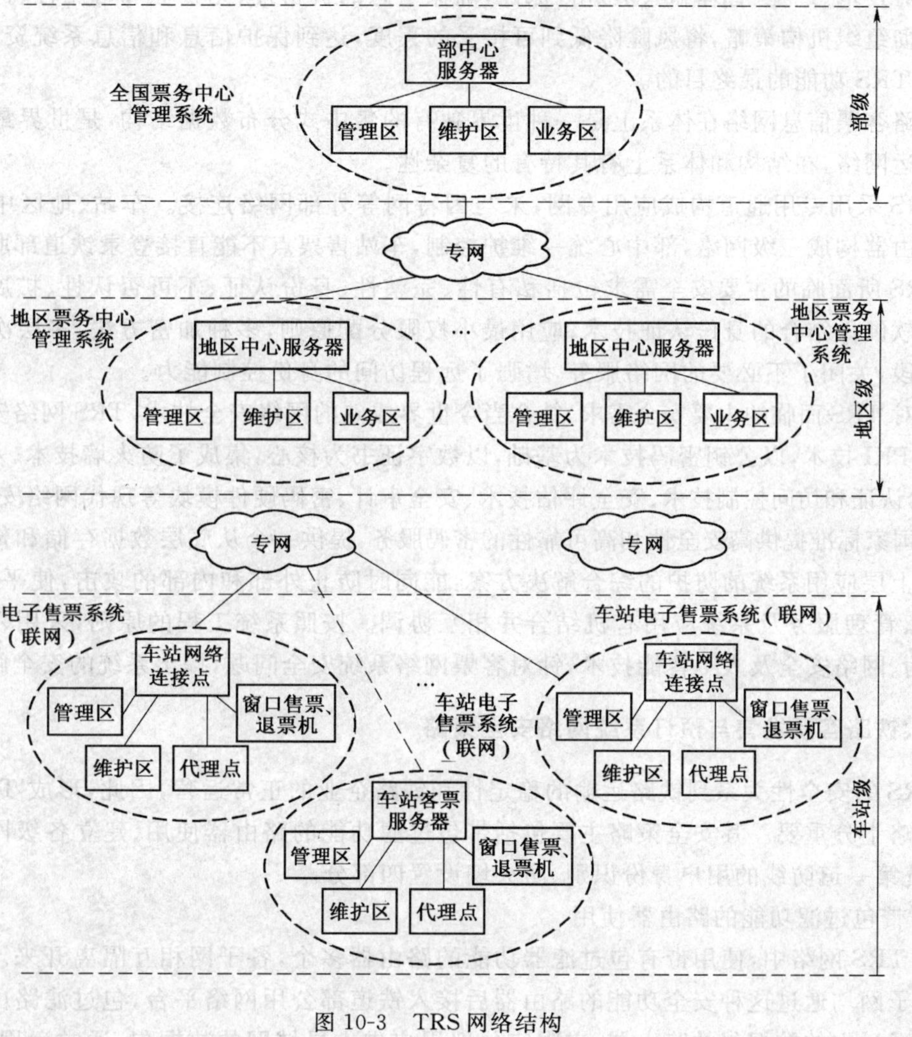

全国票务中心管理系统
部中心服务器
管理区
维护区
业务区
部级
专网
地区票务中心管理系统
地区中心服务器
管理区
维护区
业务区
…
地区中心服务器
管理区
维护区
业务区
地区票务中心管理系统
地区级
专网
专网
车站电子售票系统（联网）
车站网络连接点
管理区
窗口售票、退票机
维护区
代理点
…
车站电子售票系统（联网）
车站客票服务器
管理区
窗口售票、退票机
维护区
代理点
车站电子售票系统（联网）
车站网络连接点
管理区
窗口售票、退票机
维护区
代理点
车站级

图 10-3　TRS 网络结构

第三节　铁路客票发售与预订系统信息资源安全与维护

一、客票发售与预订系统信息资源安全需求

随着 TRS 建设、完善和发展，信息系统的安全保障越来越成为系统使用中必须解决的基础和根本性问题。TRS 信息安全保障是一种特定系统的安全保障。TRS 信息安全保障必须从信息系统（即用于采集、处理、存储、传输、分发和部署信息的整个基础设施、组织结构、人员和组件的总和）出发，结合 TRS 的特点，以风险和策略为出发点和核心，通过在信息系统生命

周期中对技术、过程、管理和人员进行保证，确保信息的机密性、完整性和可用性特征，从而实现和贯彻组织机构策略，将风险降低到可接受的程度，达到保护信息和信息系统资产，从而保障发挥 TRS 功能的最终目的。

铁路客票信息网络在体系上是一种世界独有的集中式分布数据结构，是世界最大的铁路客票营运网络，在结构和体系上有其特有的复杂性。

TRS 采用专用通道构成应用专网，未与因特网等外部网络连接。车站、地区中心和铁道部由路由器构成三级网络，部中心统一维护控制，车站售票点不能直接登录铁道部服务器。

TRS 所面临的主要安全需求包括私有性、完整性、身份认证、不可否认性、扩展性。TRS 现采用软硬件结合的身份认证技术，应用最小权限分配原则，多种加密方法，多层次的审计等管理手段，关闭了不必要的网络服务，增强了远程访问的身份控制能力。

针对 TRS 面临的主要安全需求，结合当今世界成熟的网络安全技术，TRS 网络安全管理系统采用 PKI 技术，以公钥密码技术为基础，以数字证书为核心，集成了防火墙技术、入侵检测技术、身份认证和访问控制技术、安全评估技术、安全审计、密码硬件模块等现代网络安全技术，严格按照国家标准提供高安全性和高可靠性的密码服务，提供一个从底层数据存储和传输的保护机制到上层应用系统的防护的综合解决方案，能同时防止外部和内部的攻击，使平台支撑、产品设备、管理服务及系统应用有机结合并相互协调。按照系统工程的原则，采用领先的计算机、通信、网络安全及人工智能技术，针对客票网络系统安全问题，提出系统的安全解决方案。

二、铁路客票发售与预订系统网络安全策略

TRS 的安全性关系到铁路运输的稳定性和铁路企业的正常运营，因此，形成 TRS 的网络安全策略十分重要。其安全策略主要包括带包过滤功能的路由器使用、建立各级网络安全模块、系统第一道防线的用户身份识别、防火墙设置四部分。

1. 带包过滤功能的路由器使用

在 TRS 网络中，使用带有包过滤器功能的路由器多个，各子网相互隔离开来。各级票务中心的子网均通过这种安全功能的路由器后接入铁道部公用网络平台，包过滤路由器是一个可检查通过它的数据包的路由器，它限定外部用户进入局域网的数据包，通常运用 IP 地址和端口号来限定处理，也就是依照协议按照规则允许某些 IP 范围的某些端口号通过路由器，同时限定其他 IP 地址的某些端口号的通过。由于包过滤是在协议“下三层”实现的，包的类型可进行拦截和登录。它通常直接转发报文，对于用户是透明的，而且速度较快。比起其他类型防火墙，它比较容易实现。

2. 建立各级网络安全模块

全路各级票务中心所属子系统都应具有网络安全模块。主要由该网络操作系统、相应主/备机操作系统和相应数据库管理系统等的安全功能所组成。其中网络操作系统的安全功能主要有安全管理（即物理安全）、访问控制（资源权限）、传输安全（密码技术）、故障管理（即故障检

测)、隔离措施、容错实现以及重新加载等技术,可以监督用户程序和文件的使用,识别并阻止非法用户的非法访问,一般是通过系统的日志文件和安全审计功能加以实现。此外,它还配合主机的操作系统及数据库管理系统的有关安全管理功能共同实现网络安全管理的任务。

一般说来,网络硬件设备安装的同时,提供设备的厂家也将提供网络安全模块,对于应用系统安全功能的设计者主要是选择网络安全模块所提供的功能,使其与主机操作系统及数据库管理系统相匹配,然后再依照应用系统不同层次级别的用户做出相应的规划与设置,综合并协调各安全功能的作用,达到统一的、要求的安全级别。网络安全模块应具备用户访问的许可控制、访问监听、病毒预防、安全性管理及出错管理、目录和文件的安全性操作、用户管理系统、备份窗口、事件观察窗口等基本功能。

应用系统设计者应首先了解这些功能使用的条件、方法,然后按照本票务中心所属各用户信息交换的级别分类分组;另一方面,对数据、文件资源赋予不同的使用权限,两者有机地结合,达到安全应用的目的。当然也可以把主体和客体放在一张表里,以矩阵形式构成访问控制。这些是建立系统安全模块的依据。

3. 系统第一道防线的用户身份识别

凡是用户终端(本地和远程),也包括网络应用系统的维护和管理用终端,要想进入并使用该系统都必须向系统提交其用户标识和口令。系统根据用户标识判断其是否为注册用户;如果是,再根据口令判断其合法性,如果是合法用户,则接受用户,反之拒绝用户。

口令识别是一种低成本、易实现的用户识别技术,在计算机系统内广泛使用。但它也是最容易受到攻击的部分。使用口令机制关键在于不定期更新口令,至于更新周期要看具体应用情况而定,不同的系统可制定不同的动态变化的更新时间,如一般可在3~6个月更新。另外,应将口令加密后再存放。用户注册时,先输入用户的标识和口令,系统将该口令加密,然后与口令表中的口令密文进行比较,若两者相等,表明用户为合法用户。口令的加密算法常采用单向加密算法MD5算法。在Unix系统中将它加以改进成"口令扩展法",即把用户注册时间与用户标识组成12位的数字称为保留信息R,保留信息R对每个用户是唯一的。把保留信息R附加到用户口令PW中,作为一个整体加密处理。这样的口令机制既有了动态随机性,又克服了两个相同口令有相同密文的缺陷,较大程度地提高了系统注册的安全性。无论是MD5算法,还是口令扩展方法都包括在主机操作系统之中,供用户选择调用。

4. 防火墙的设置

铁路内部网络与铁路外部网络要隔离开来,可以通过Gate NET这一安全模块(即网间防御系统)实现,Gate NET这一安全模块实际是一组功能完善的防火墙。它的基本安全策略是把内外信息交换分成两大部分,公共信息服务部分和应用网关带领服务部分。将被频繁访问的公共信息服务(如查询服务等)放在Gate NET内,外部网络上的每个用户都可方便地访问它们,不必经过网关处理,这样有效地减轻了整个系统的负担,提高了网络的效率。

应用网关代理服务提供了铁路内部与外部网络之间的文件传输服务、远程登录服务、电子

邮件代理服务等，访问这部分并希望得到相应工作服务要严格受到控制。这样组成的网间防御系统是灵活的，也是安全的。

基于包过滤（筛选路由器）的防火墙，不仅用于TRS网络设置的多个路由器，还可以将包过滤的防火墙功能用于其他部分（如数据库）。

三、铁路客票发售与预订系统的网络安全方案

TRS网络安全产品的选择主要包括保密终端、保密平台的实现、Windows软件的加密技术、RSA通用程序和DataCryptor 64E数字包端保密机。

1. 保密终端

铁路售票终端可选择插入加密卡（扩展卡）的方式实现保密终端的功能（如Fortezza加密卡）。基于硬件的加密卡，可以插入宿主平台上，其保密应用于电子邮件、电子商业及数据交换、文件传送、文件存储、远程数据访问、全球网远程识别、数字签名、加盖日戳能力、验证等。它采用了新一代Copstone芯片，其上嵌有Skipjack加密算法，使用公开密钥密码体制技术，专用密钥只有用户自己保存，该密钥放在PC卡上可防止用户周围人窃取。它最大的特点在于它能够在Fortezza卡上同时进行数据的加密和数字签名。Fortezza加密卡可以集成到保密网中起安全服务器的作用。

TRS的销售终端可采用加密卡方式，对敏感信息进行保密处理，并由售票员进行数字签名，以防篡改和推卸责任。

2. 保密平台的实现

采用市场上已有的保密平台（实用软件），可应用于在局域网的客户机/服务器方式下的办公室自动化业务中。它具有加密（快速Feal加密算法）、密钥分配\管理、实体鉴别服务、各种检测等功能，该平台能为各种类型的OA应用程序提供高等级的安全服务，从而增强了在局域网LAN上客户机/服务器OA业务的安全性。

这种保密平台具有如下的功能：

(1)防止"窃取"数据。

(2)防止"假冒"。

在TRS中，各售票站点、城市或地区票务中心的服务器都可以选用这样的保密平台（软件），一揽子解决各种安全要求，并且只需通过简单的应用接口装置即可实现。

3. Windows软件的加密技术

Windows软件已广泛使用，在此环境下的应用软件如何保密、提高安全性呢？一般Windows可执行文件可使用以下几种加密技术方法。

(1)变形法。该方法是指经处理后，应用软件变成不可运行程序，但此方式保密性不强。

(2)外壳法。该方法是指在原软件的外面罩上一层"外壳"，在原软件运行前必须先识别它的键，方可运行，但对用户的技术要求较高，好处是不改变原软件，保密性也好。

(3)内嵌法。该方法是指在原软件内部选择某一个嵌入点,嵌入检测键的模块,以判断用户的合法性。但实现起来较困难,保密性较好。

4. RSA 通用程序

RSA 通用程序是由华北计算所开发的加密程序。所谓通用即使用了移植性好的 C 语言实现,它的速度介于汇编语言与其他高级语言之间。由于 C 语言缺少汇编语言所提供的进位标志位和一些存放结果寄存器的支持,这给构造大数运算带来很大的麻烦。为此,已开发补充了某些特殊机制功能。另外应用程序中全部使用与机型、OS 无关的标准库函数,专门开发了符合 CCITT 建议的哈希函数子程序,作为通用程序的可加载模块,以适合于"数字签名"的实现。数字签名作为报文验证的一种手段更强于一般的报文验证,可以防止报文的篡改和抵赖。

5. DataCryptor 64E 数字包端保密机

这是英国 RACAL 公司生产的 X. 25 网络的数字保密机。用于保护经公用和专用包交换网传输的敏感而有价值的信息。在传输之前将数据加密,加密后的数据经网络传输,在其终点予以解密。

DataCryptor 64E 数字包端保密机的主要特性是安全的密钥管理系统,DES 或专利加密算法,广泛的故障诊断,告警报导,备有电池存储器保护,可供选择的接口;支持多至 256 个虚拟电路和前面板可编程程序等。

第四节　铁路客票发售与预订系统信息资源服务

一、客票发售与预订系统信息资源服务的现状

国外铁路使用计算机售票系统已有几十年的历史,随着计算机及通信技术的迅速发展,售票系统不断发展和完善,逐步实现跨国家、跨地区、跨行业的延伸服务,为旅客提供了方便、舒适、快捷的旅行条件。国外售票系统的功能由售票型向延伸服务型、由封闭型向社会开放型,从独家的行业性向多家的社会性转换,由单一的客票预订向旅客导购、通告等多媒体技术应用和智能化方向发展。如日本的 MARS 系统、欧洲一些国家使用的 TRANS 系统等。

从 20 世纪 70 年代末国内开始探索使用计算机售票,到目前 TRS 已经基本成熟,售票系统中的延伸服务随着售票方式和市场的变化基本可以划分为两个阶段。

第一阶段,20 世纪 90 年代以前,交通运输市场基本上由铁路垄断,铁路采用传统的硬板票售票方式,旅客购票不方便。铁路部门从方便旅客购票的角度出发,设立了一些服务项目,如上海站 20 世纪 70 年代末在郊区县内设置售票窗口(称为无轨车站),由于当时售票方式和技术手段的限制,这些服务项目只能在小范围内实施。

第二阶段,20 世纪 90 年代初至今,公路和民航迅速发展,国内综合运输体系基本形成,客运市场竞争日趋激烈,传统的售票手段显然已不能满足市场竞争的需要。铁路部门开始认识到客票销售的重要性,探索研制计算机售票系统,到 1995 年末,北京、上海、广州等大站开始使

用计算机售票系统，与此同时，延伸服务也开始受到重视，这一时期的延伸服务主要集中于车站的问讯、售票大厅的余票显示、市内代售点的设立等；1996 年底，客票系统开始在全路推广使用，为延伸服务的进一步发展提供了条件，延伸服务开始向多元化、社会化方向发展，出现了电话订票、自动售票机售票、网上订票等新的内容。

二、客票发售与预计系统信息资源服务的趋势

TRS 的推广使用，标志着我国铁路客票计算机发售进入到一个全新的阶段，也为延伸服务的实现提供了技术准备，以客票系统为基础，发展延伸服务，将使铁路客票营销的内容更加丰富，手段更加先进。

延伸服务，是指为了方便旅客出行和适应市场竞争，对传统客运业务所进行的拓展，延伸服务增强了铁路与其他运输方式的竞争力度，有效提高铁路的经济效益。从客票营销的角度来看，延伸服务就是为方便旅客购票而设立的服务项目，如客运信息的查询、电话订票、自动售票机售票、设立远程代售点等。从旅客出行的角度来看，延伸服务包括候车厅、列车的餐饮零售服务，与旅游业、旅馆业相关的服务项目，与其他交通方式的联运等。TRS 中的延伸服务主要包括多样化售票延伸服务、社会订票延伸服务、客运信息延伸服务。多样化售票延伸服务和社会订票延伸服务是主体，它形成了一个全方位的购票环境；客运信息延伸服务是基础，是铁路与旅客进行信息交换的重要的窗口。

（一）多样化售票延伸服务

多样化售票延伸服务是指以改变传统的售票手段和售票方式为目的，通过对售票地点的延伸和售票方式的拓展，使原来必须在车站售票大厅和市内售票处完成的购票行为，可以在其他地点或通过其他方式来完成的延伸服务。多样化售票延伸服务主要包括代售点售票、自动售票机售票、流动售票等。

其中，自动售票机售票是一种全新的售票方式，它通过旅客与自动售票机的直接交互实现整个购票行为，自动售票机售票由自动售票机和电子货币来实现。这一方式的应用，改变了传统的窗口手工售票方式，通过自动售票机的合理设置，可以很容易地实现售票延伸服务。自动售票机售票具有以下特点：不需要售票员和固定的营业场所；可提供昼夜不间断服务；旅客购票方便；使用电子货币，直接与银行产生账务往来。客票系统中自动售票机的分布和设置可以采用以下两种方案：设置于车站售票大厅，适应以短途客流为主的车站；设置于银行、邮电等机构在市区内的各个营业点，适应有较多中长途始发列车的车站。

自动售票机可以采用直接与 TRS 主机连接的方案，直接访问 TRS 数据库，该方案简单易行，初期投资小。但因为所有信息的处理都要通过 TRS 主机来完成，占用了主机较多的资源，增加了系统的负荷，不利于自动售票机应用规模的扩大；此外，由于自动售票机直接访问 TRS 数据库，使得自动售票机软件依赖于 TRS 软件设计，缺乏相对的独立性。

基于以上考虑，在自动售票机和车站客票系统主机之间增加一台管理服务器进行数据处

理和集中管理，形成单独的自动售票机网络（如图 10-4 所示），使得自动售票机系统具有一定的独立性，该方案具有以下优点。

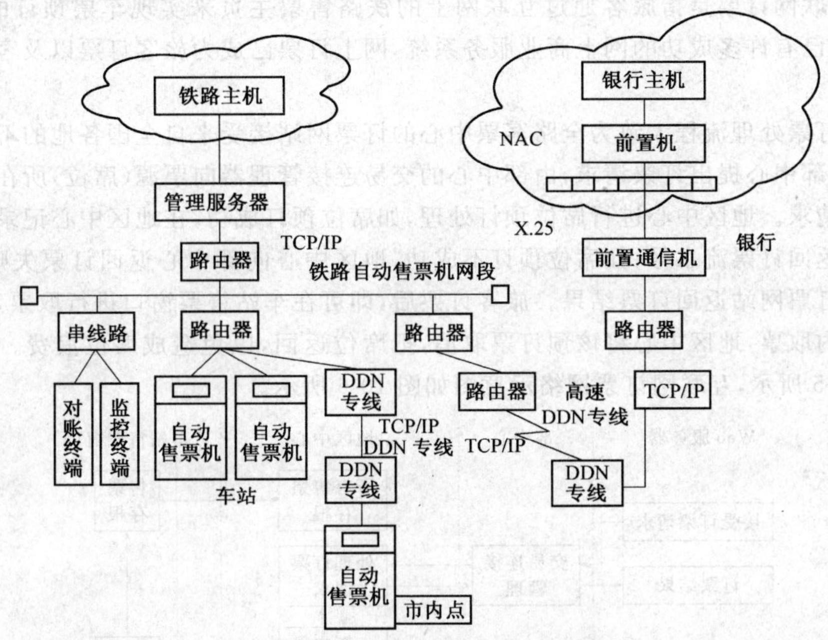

图 10-4　自动售票机网络方案示意图

(1)大量的信息处理由管理服务器来承担，减轻了 TRS 主机的负担。车票申请信息由自动售票机使用专用协议向管理服务器发出请求，再由管理服务器向 TRS 主机申请，申请结果存放在管理服务器上，由自动售票机使用专用协议获取。自动售票机采用专用协议直接与后台的管理服务器和银行通信机进行通信，减少了主机系统网络状况对自动售票机通信的影响。监视报警信息、控制信息、对账信息都由管理服务器来转接，系统安全可靠。

(2)采用管理服务器将自动售票机网段与铁路售票网隔离开来，使自动售票机网段成为独立于 TRS 网络的网段。该网段既可置于铁路，也可置于银行，也可分成两个网段分别置于铁路和银行（中间用专线连通），这使得自动售票机与银行的连接具有更大的灵活性，能适应不同银行、不同城市的金融网络的需求。

(3)所有与 TRS 主机的联系全部由管理服务器转接，具有一定的独立性；简化了自动售票机软件系统，而且不受 TRS 软件的升级和改进的影响；有利于自动售票机的应用功能的拓宽，使自动售票机可以与其他不同的消费系统相连。

(二)社会订票延伸服务

社会订票是指旅客通过提前向铁路预订席位，然后在售票窗口或代售点取票的售票方式，从更深远意义上实现了方便旅客购票。对于本地旅客，不用出门便可以预订到所需的车票；对

于外地旅客，则可以提前预订联程车票或返程车票，以便更好地安排行程。社会订票可以由电话订票和互联网订票两种方式实现。

其中，互联网订票是指旅客通过互联网上的铁路售票主页来实现车票预订的订票方式。目前，在国外已有许多成功的网上商业服务系统，网上订票已成为旅客订票以及客票代理的主要途径之一。

互联网订票处理流程大致为全路客票中心的订票网站接受来自全国各地的不同的订票请求，处理后向部中心提出订票请求，由部中心的交易连接管理器向票源（席位）所在地的地区中心转发席位请求。地区中心进行席位预订处理，如席位预订成功，在地区中心记录预订票存根并向部中心返回订票流水号；如席位预订不成功，地区中心向部中心返回订票失败信息，最后由部中心向订票网站返回订票结果。旅客订票后，即可在车站售票窗口进行取票，如旅客未能在要求时间内取票，地区中心将该预订票取消，把席位返回，以免造成席位浪费。互联网订票流程如图 10-5 所示，互联网订票网络示意图如图 10-6 所示。

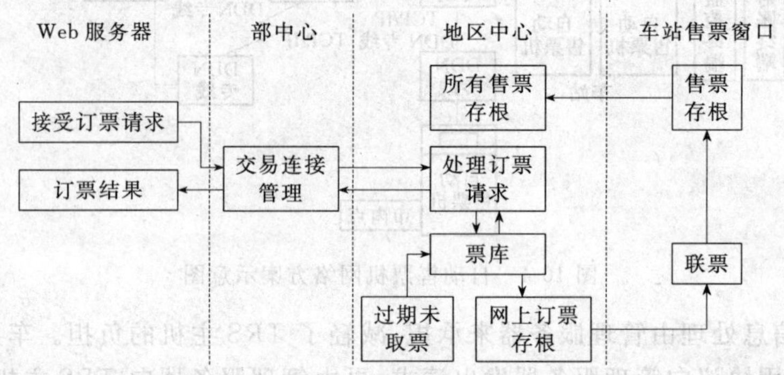

图 10-5　互联网订票流程图

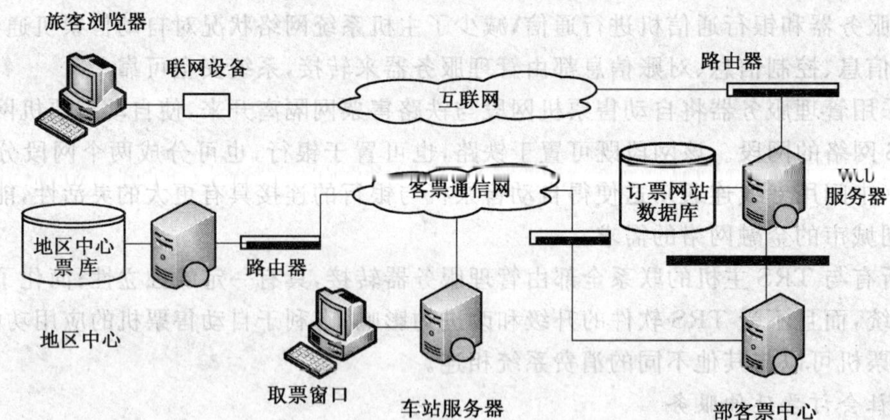

图 10-6　互联网订票网络示意图

该方案优点是只存在部中心与互联网之间的一个对外接口，安全性比较好。只有一个订票网站，便于旅客记忆和搜索到站点，旅客访问该主页即可查询全国铁路有关信息，预订各联网车站车票，树立起铁路统一的服务窗口形象；只需在全路客票中心投入高性能软硬件设备，实施安全防护措施，投资费用比较少，日常维护成本低；与 TRS 关于在铁道部客票中心的支撑下实现全国联网售票的发展目标是相一致的。

(三)客运信息延伸服务

客运信息延伸服务是指提供旅客出行所关心的信息，实现这些信息的社会发布和旅客查询，从而方便旅客购票和出行的延伸服务。客运信息延伸服务从信息的传播范围和使用方式可以分为客运信息发布和旅客信息查询。客运信息发布是指选择必要的信息，采取有利的传播方式和途径，以最快、最广泛的方式向社会传播，由于接受信息的客户不受时间和空间的限制，对于吸引潜在的旅客有很大的作用，可以通过目前社会广泛使用的广播、电视、互联网等传播媒介来完成。旅客信息查询是指采取便利的形式使旅客对他们所关心的客运信息进行查询，可以通过车站的语音查询系统、售票大厅或售票处的大屏幕显示以及互联网查询。

1. 客运信息延伸服务信息共享内容

根据信息服务方式的不同，客运信息延伸服务的信息共享的内容可以分为简要营销信息和详细信息两种。

简要营销信息主要用于客运信息发布，反映当天或一个阶段内的客票营销信息，主要是为了吸引旅客购票，起到促销和导购的作用。这类信息主要包括如下内容。

(1)客运营销举措。

(2)临时客车开行时间、时刻、停靠站以及票价信息。

(3)假日列车开行时间、时刻、停靠站以及票价信息。

(4)旅游专列开行时间、时刻、停靠站以及票价信息。

(5)票价的季节性上浮或下浮。

(6)简要剩余票额信息。

详细信息用于旅客信息查询，包括与旅客出行有关的所有信息，是旅客在购票前或购票时关心的息，有助于旅客对出行行为和方式的选择。详细信息主要包括如下内容。

(1)车次信息。

(2)列车时刻票价信息。

(3)旅客换乘方案信息。

(4)剩余票额信息。

(5)列车晚点信息。

(6)其他信息，包括旅游信息。提供双休日、节假日最佳旅游线路、景点简介，推荐旅店，提供客票导购信息(购票的各种途径介绍、车站各售票处/代售点地址、问讯电话、公交路线等)。

2. 客运信息延伸服务信息共享方案

客运信息延伸服务的信息源主要是客运营销的有关决策和 TRS 中的路网信息、票价信息、车次信息、时刻表信息、列车晚点信息、剩余票信息。信息按时效性可以分为静态信息和动态信息。

静态信息为在一段时期内基本不变的信息，如客运营销决策、路网信息、车次信息、时刻表信息、票价信息等。动态信息为一天内会发生变化的信息，如剩余票额信息、列车晚点信息等。

对于客运信息延伸服务系统应建立独立的信息服务接口数据库，对 TRS 的动态信息进行实时更新，对静态信息进行批量更新，为信息发布和查询系统提供共享信息。这样，既可以减少信息延伸服务系统对 TRS 数据库的访问量，又可保证数据的完整性和一致性，简化信息发布和查询系统的开发，便于今后对系统的改进和升级。客运信息延伸服务信息共享方案如图 10-7 所示。

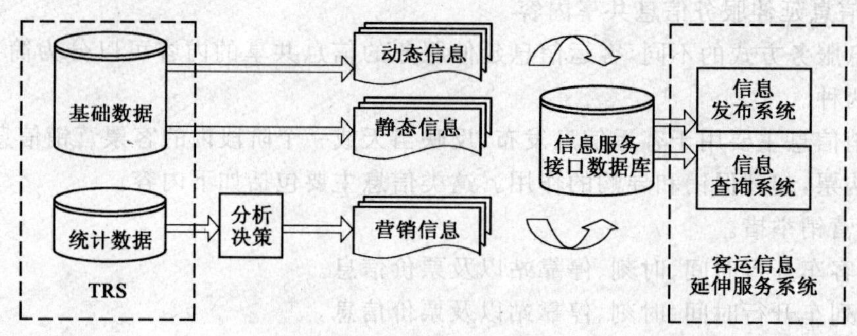

图 10-7　客运信息延伸服务信息共享方案图

随着全路 TRS 的推广使用，极大地方便了旅客购票和出行，提高了铁路客运服务水平和市场竞争能力。TRS 在实现全国铁路联网售票后，其功能也在不断地加强和完善，向社会化、综合化、延伸服务化发展。

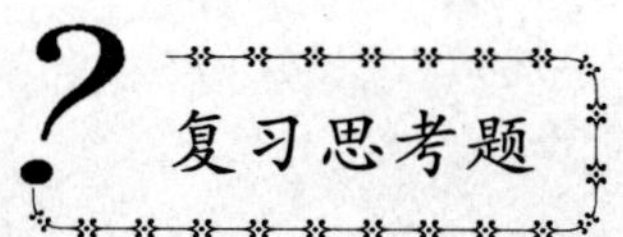

1. TRS 的总体结构由哪些因素决定？
2. TRS 的结构有哪几种类型？分别有什么有缺点？
3. TRS 由哪些子系统构成？
4. TRS 有哪些特殊性？

5. TRS的数据有哪些类型？
6. TRS经历了哪些发展阶段？其特点分别是什么？
7. 铁路客票信息网络在体系上采用什么结构？其特点表现在哪些方面？
8. 保证TRS网络安全的具体措施主要有哪些？
9. 什么是延伸服务？什么是多样化售票延伸服务？TRS的延伸服务主要有哪些？
10. 客运信息延伸服务的信息共享的内容有哪几类？分别起到什么作用？

附 录

阅读资料——计算机室主任权责

（一）掌握计算机软件、硬件工程师应知应会技能，至少精通一个方面。

（二）主持或参加本单位信息系统规划，制定组织分工责任制、年度月度工作计划并组织实施。

（三）掌握本单位计算机局域网结构和运行状态，了解本单位在广域网中的地位，熟悉铁路局网络管理办法，履行上级赋予的网络管理职责，保持网络运行畅通无阻。

（四）贯彻落实《铁路电子计算技术设备维修规程》，组织管内计算机及附属设备维护，维修和大修工作，直接参加关键设备维修、大修工作。保持管内各种设备完好。

（五）直接完成或经常检查计算机操作系统管理，每月至少一次。掌握系统资源利用情况，不断改进系统安全及资源分配。

（六）组织完成上级授权的信息化各系统主要应用软件，数据库升级维护工作。

（七）负责机房、设备、信息安全。

（八）组织新的应用项目开发。

（九）负责应用操作人员培训，组织本室技术交流和继续工程教育。

（十）完成单位领导和上级主管部门安排的其他任务。

阅读资料——操作员守则

（一）计算机操作应用人员应经电算部门考试合格方准上岗。严格按操作规程上机作业。

（二）禁止在生产设备上做任何与生产无关工作。违反本规定造成设备信息损坏、病毒感染等要追究当事人责任。

（三）发现设备异常，及时向计算机房值班人员反映，请求处理。严禁盲目操作、严禁乱卸乱拆。

（四）禁止在工作设备上乱放书报杂物，防止堵塞散热孔。

（五）保持设备和工作间清洁无尘，定期做好计算机设备表面和室内清洁工作。

（六）禁止在计算机操作台上放烟灰缸，水杯，食物，防止一切可能污染设备的行为。

（七）计算机专用电源容量有限，禁止乱接其他用电设备。

（八）操作人员着装必须清洁。

阅读资料——数据库系统加密的要求

(一)由于数据库数据信息的生命周期一般较长,无论采用何种加密方法,都应能达到实际不可破译的程度。

(二)数据信息在加密后,其占用的存储空间不宜明显增大。

(三)加密和解密速度都应足够快,尤其对解密的速度要求更高,应使用户尽量感觉不大由于加、解密所产生的延时。

(四)加密系统要有尽可能灵活的授权机制。

(五)加密系统应同时提供一套安全的、灵活的密钥管理机构。

(六)对数据库的加密不应影响系统的原有功能,应保持对数据库操作的灵活性和简便性。

(七)加密后的数据库仍能满足用户在不同类别程度上的访问。

阅读资料——计算机机房的安全等级划分

为了有效合理地对计算机机房进行保护,应对计算机机房划分出不同的安全等级,相应地提供不同的安全保护措施,根据 GB 9361—88《计算机场地安全要求》,计算机机房的安全等级分为 A 类、B 类、C 类三个基本类别。

A 类:对计算机机房的安全有严格的要求,有完善的计算机机房安全措施。

B 类:对计算机机房的安全有较严格的要求,有较完善的计算机机房安全措施。

C 类:对计算机机房的安全有基本的要求,有基本的计算机机房安全措施。

机房安全标准类别

机房安全类别 / 安全项目	C 类安全机房	B 类安全机房	A 类安全机房
场地选择	—	⊕	⊕
防火	⊕	⊕	⊕
内部装修	—	⊕	⊙
供配电系统	⊕	⊕	⊙
空调系统	⊕	⊕	⊙
火灾报警及消防措施	⊕	⊕	⊙
防水	—	⊕	⊙
防静电	—	⊕	⊙
防雷击	—	⊕	⊙
防鼠害	—	⊕	⊙
电磁波的防护	—	⊕	⊙

注:"—"代表无需要求;"⊕"代表有要求或增加要求;"⊙"代表要求与前级相同。

在实际应用中可以根据所处理信息及运用场合的重要程度,选取适合本系统安装特点的安全等级机房,而不必强求每一个系统一律引用某一类别的所有内容。例如:所处理的信息短时间停止运行不会带来很大的影响，但信息本身又非常重要的场合，可将有关数据保护的安全措施定为A类，把防止系统停机的措施定为B类或C类。但是，对于多机系统，考虑到整个系统的安全性和可靠性，有必要只选择某一类别的安全机房。

机房的安全标准

(一)基层站段、分局、铁路局机房的安全标准

基层站段、分局、铁路局机房的安全标准应采用B类标准。

计算站场地选址方面，B类机房应避开易发生火灾、危险程度高的区域，尘埃、有毒气体、腐蚀性气体等环境污染的区域，避开低洼、潮湿及落雷区域，避开强振动源和强噪声源，避开对系统产生影响的强电场、强磁场的场所，避免设在建筑物的高层以及用水设备的下层或隔壁，避开有地震危害的区域，避开重盐害区域。

开机时，B类机房要求温度在15 ℃～30 ℃，相对湿度在40%～70%，温度变化率<10(c/n)，要不凝露。停机时，温度要求在5 ℃～35 ℃，相对湿度在20%～80%，温度变化率<10(c/n)，要不凝露。B级尘埃粒度要求≥0.5，个数要求≤18 000粒/dm。

B类安全机房和重要的已记录媒体存放间，其建筑物耐火等级必须符合GB J45—82《高层民用建筑设计防火规范》中规定的二级耐火等级。应在机房和媒体库内的活动地板下及吊顶内、主要空调管道及易燃物附近部位，设置火灾报警装置。

(二)铁道部中心结点计算中心机房标准

铁道部中心结点机房标准应采用A类标准。

计算站场地选址方面，除参照B类标准外还应追加一些必要的措施和要求，具体内容可向当地公安系统计算机安全监察部门询问。

开机时，A类机房要求温度夏季在22±2 ℃，冬季在20±2 ℃，相对湿度在45%～65%，温度变化率<5(c/n)，要不凝露。停机时，温度要求在5 ℃～35 ℃，相对湿度在40%～70%，温度变化率<5(c/n)，要不凝露。A级尘埃粒度要求≥0.5，个数要求≤10 000粒/dm。

A类安全机房和重要的已记录媒体存放间，其建筑物耐火等级必须符合GB J45—82《高层民用建筑设计防火规范》中规定的一级耐火等级。应在机房和媒体库内的活动地板下及吊顶内、主要空调管道及易燃物附近部位，设置火灾报警装置。

A、B类机房均应有专门的防雷保护地。并只设一个出入口，另设若干紧急疏散出口，并明显标记疏散路线和方向的示意图。

阅读资料——操作系统安全评估准则

一、操作系统安全性能评估

以下六个方面对操作系统的安全性能做出定性或定量的评估。

（一）安全性政策

必须有一项明确而确定的由系统实施的安全性政策。

（二）识别

必须唯一而可靠地识别每个主体，识别是必要的，以便能够检查主体/客体（目标）的访问请求。

（三）标记

必须给每个客体（目标）结合一个“标号”，指明该客体的安全级别。这种结合（也称为标记该目标）必须做到每次对该目标进行访问请求时都能得到该标号以便进行对比。

（四）可检查性

系统对影响安全的活动必须维持完整而安全的记录。这些活动包括系统新用户的引入，主体或客体的安全级别的分配和变化，以及拒绝访问的企图。

（五）保障措施

计算系统必须包含有实施安全性的机制，必须能够评价这些机制的有效性。

（六）连续的保护

实现安全性的机制必须受到保护以防止未经批准的改变。

下表列出了对 NCSC 鉴定的七个评价级的各级安全性要求。

表可信赖计算机系统评价标准

安全需求/标准	D	C1	C2	B1	B2	B3	A1
安全策略							
任意访问控制	□	+	+	→	→	+	→
客体重复使用	□	□	+	→	→	→	→
标记	□	□	□	+	+	→	→
标记的完整性	□	□	□	+	→	→	→
标记信息的输出	□	□	□	+	→	→	→
对人可读输出进行标记	□	□	□	+	→	→	→
强制访问控制	□	□	□	+	+	→	→
主体敏感性标记	□	□	□	□	+	→	→
设备标记	□	□	□	□	+	→	→
责任							
标识和鉴别	□	+	+	+	→	→	→
审计	□	□	+	+	+	+	→
可信赖路径	□	□	□	□	+	+	→
保证							
系统体系结构	□	+	+	+	+	+	→
系统完整性	□	+	→	→	→	→	→
安全性测试	□	+	+	+	+	+	+
设计规格说明和验证	□	□	□	+	+	+	+
隐蔽信道分析	□	□	□	□	+	+	+
可信赖设施管理	□	□	□	□	+	+	→

续上表

安全需求/标准	D	C1	C2	B1	B2	B3	A1
配置管理	□	□	□	□	+	→	+
可信赖恢复	□	□	□	□	□	+	→
可信赖的分配	□	□	□	□	□	□	+
文档							
关于安全特性用户指南	□	+	→	→	→	→	→
可信设施手册	□	+	+	+	+	+	→
测试文档	□	+	→	→	+	→	+
设计文档	□	+	→	+	→	→	→

注:□代表没有需求;+代表附加需求;→代表需求同左。

二、操作系统的安全标准

铁路各业务信息系统所依赖的操作系统应至少符合 C2 级标准。

表可信赖计算机系统评价标准表明有四组:D 类没有要求;C1/C2/B1 类要求许多商用操作系统共有的那些安全特性;B2 类要求对基础模型的安全性有精确的证明,以及对可信赖计算基(安全核)有阐述性技术规格说明;B3/A1 类要求对可信赖计算基的更精确证明的描述以及形式化设计,这并不是说 C1、C2 和 B1 类是等价的。然而在 B1 和 B2 类之间在强度上有显著的跃升。进而,一个 B3 或 A1 类系统,必须从一开始就要构造并证明一个安全性形式"模型"。因此 B1 类和 B2 之间,B2 类和 B3 类之间有显著不同。

C2 类操作系统必须提供受控的访问保护。一个 C2 类系统将实现自决的控制,只是控制的粒度更细:必须将保护实现至单个用户级。审计跟踪必须能追踪到每个人对(或企图对)每个目标的访问。

对 C2 级新增加的限制是消除残留的泄漏。残留是指在一个过程终止之后留在初级或次级存储器或者寄存器内的数据;这包括终止时在存储区域存在的值以及写入辅存储器中而终止不再保留的数据。C2 级包括这样的要求:在一个目标为另外的用户重用之前,这种残留要被消除,比如通过用写 0 覆盖。

各业务信息系统对操作系统的最大要求就是必须提供受控的访问保护。对于任何一个信息系统用户,当他对数据库作任何意图的访问时,操作系统能够对其进行审计跟踪。此外,消除残留的泄漏对于保证系统基础硬件运行的安全性是至关重要的。目前市场流行的操作系统大部分由美国生产,但是我国目前所能获得的最高安全级别的操作系统是 C2 级。

阅读资料——计算机病毒的清除原则

(一)清除病毒之前,一定要备份所有重要数据以防万一。

（二）清除病毒时，一定要用洁净的系统引导机器，保证整个消毒过程在无毒的环境下进行。否则，病毒会重新感染已消毒的文件。

（三）作为备用的保存磁盘引导扇区的文件，在文件名上要反映出该盘的型号、容量和版本。

（四）操作中应谨慎处理，对所读写的数据应进行多次检查核对，确认无误后再进行有关操作。

阅读资料——铁路计算机信息系统安全保护相关处罚措施

（一）故意制作、传播计算机病毒及其他有害数据的，由公安机关对个人处以 5 000 元以下罚款、对单位处以 15 000 元以下罚款。

（二）违反本办法，应给予行政处罚的，由铁路公安机关依照《行政处罚法》规定的程序给予行政处罚。

（三）铁路公安机关对违反本办法给予行政罚款处罚的，应当实行罚款决定与罚款收缴相分离的制度。铁路公安机关应当确定罚款代收机构，由公安机关出具处罚决定文书，被处罚人到代收银行自行缴纳罚款。

（四）铁路公安机关实施行政处罚，使用公安部制发的《行政处罚决定书》。按照《行政处罚法》第四十八条规定，经当事人提出，由铁路公安机关当场收缴罚款的，铁路公安机关应当向当事人出具财政部指定的收据。

（五）违反本办法、构成犯罪的，依照刑法的有关规定追究刑事责任。

（六）对铁路公安机关依照本办法做出的行政处罚不服的，可以依法向上一级铁路公安机关申请复议或向人民法院提起行政诉讼。

（七）计算机信息系统安全保护工作不落实，导致发生危害后果的单位，除处罚直接责任者外，还要追究单位主要领导的责任。

（八）铁路公安信息网络安全监察部门、人员违反本办法规定，由上一级铁路公安机关依法处罚。

参　考　文　献

[1] 李学伟,汪晓霞.中国铁路信息资源理论基础.北京:清华大学出版社,北京交通大学出版社,2004.

[2] 岳剑波.信息管理基础.北京:清华大学出版社,2004.

[3] 金海卫.信息管理的理论和实践.北京:高等教育出版社,2006.

[4] 孟广均,霍国庆,罗曼等.信息资源管理导论.北京:科学出版社,2004.

[5] 王麟书.中国铁路信息化建设与展望.中国铁路,2003,(11):11-13.

[6] 马费成.信息经济学.武汉:武汉大学出版社,1997.

[7] 何翠华.电子信息资源检索教程.天津:南开大学出版社,1998.

[8] 孙莉芳.信息资源检索与利用.北京:电子工业出版社,2004.

[9] 廖望.Internet 技术与应用.北京:冶金工业出版社,2004.

[10] 鲁威,黄厚宽.铁路共享信息搜索引擎的设计.北方交通大学学报,2003,(2):45-48.

[11] 毛国君,段立娟.数据挖掘原理与算法:2 版.北京:清华大学出版社,2007.

[12] 马张华,黄智生.网络信息资源组织.北京:北京大学出版社,2007.

[13] 饶伟红.网络信息资源管理与检索.北京:电子工业出版社,2004.

[14] 肖剑平.网络信息检索失误认知与检索技巧的改善.情报探索,2007,(7):65-70.

[15] 张帆.铁路客运专线建设项目管理系统安全解决方案研究.铁路计算机应用,2008,(04):3-5.

[16] 陈周堂,丁雷.车站综合管理信息系统的应用与安全运行.铁路计算机应用,2007,(12):52-56.

[17] 梁海刚.HMIS 车辆段级数据库存在的问题及建议.铁道机车车辆,2007,(6):70-74.

[18] 叶年发.铁路客运专线自动检票系统的研究.中国铁道科学,2006,(3):76-80.

[19] 张彦.客运专线自动售检票体系相关问题的探讨.中国铁路,2006,(5):90-94.

[20] 白煜坤.铁路站段事务督办系统的开发.铁道运输与经济,2007,(10):47-51.